2022-2023 年度版

広報・PR実践

PRプランナー資格認定制度
2次・3次試験対応テキスト

公益社団法人 日本パブリックリレーションズ協会 編

序文

　本書は日本で唯一の広報・PRに関する公的資格である「PRプランナー資格認定／検定試験」に対応したテキストである。本試験は公益社団法人日本パブリックリレーションズ協会が主催するもので、2007年に第1回試験を開始し、年2回実施している。総合的な基本知識を問う1次試験、専門領域別に知識を問う2次試験、実務的な企画力を問う3次試験、の3段階に分かれており、広報・PRに関する幅広い分野から網羅的に出題される。3次試験に合格してPRプランナーに登録した人は、2022年3月末時点で約3000人に上る。

　広報・PR活動は企業や組織のコミュニケーション戦略に不可欠なものであり、メディアリレーションズだけではなく、IRやCSR、グループ広報や危機管理など、本来的な広報・PRの領域の重要性が、21世紀を迎える頃になってようやく実社会で認識されるようになった。その背景には、社会・経済環境の大きな変化と、情報化・グローバル化・ガバナンスの重視の急速な進展の中で、企業の透明性や説明責任、信頼性やコンプライアンスが強く求められるようになったことが大きい。企業の現状を等身大で幅広いステークホルダーに伝えることが急務となり、広報・PRの必要性が広く認識されるようになってきたのである。しかしながら広報・PRの現場では、目先のメディア対応や編集作業に追われ、なぜ企業が情報発信することが重要なのか、という本質的な意義を見失いがちである。

　組織がステークホルダーと双方向に情報を受発信し、良好なコミュニケーションを行って信頼関係を構築していくことの重要性について、大局的な視点で考えることが必要だ。PRプランナー資格試験を受験することは、そうした広報・PRの重要性を再認識することでもある。

　本試験に対応した公式テキストとしては、2010年に『広報・PR概論』（1次試験対応）、2011年に『広報・PR実務』（2次・3次試験対応）を出版した。しかしその後も社会・経済環境の構造的変化は急激に進んだ。広報部門は社会

との窓口といわれるほど、社会情勢を敏感に取り入れて対応を考えなければならない職務であるため、試験内容も常に新しい要素を盛り込む必要がある。

そこで広報・PR業界の現状に合わせて従来の試験内容の一部を変更すると同時に、2次・3次試験に対応した既出のテキスト『広報・PR実務』の改訂版として本書を刊行することとした（姉妹編の『広報・PR概論』の改訂版も『広報・PR概説』として刊行）。資格試験に対応してはいるが、広報・PRに関する基本を網羅した内容であり、大学の「広報・PR」に関する授業の応用発展編の教科書としても適した構成になるよう、企画・編集には配慮したつもりである。

なお、本書においても、「広報」「PR」「コーポレート・コミュニケーション」という概念の表記は。米国の文献を参考にする場合を除いて「広報・PR」という名称で統一している。現実に日本では「広報」という部門の名称が一般化していること、広報の専門会社は「PR」と称していることが多く、日本パブリックリレーションズ協会が主催する資格であること、資格名称が「PRプランナー」であることなどに鑑みたものである。また、製品広報についても「マーケティングPR」「マーケティング・コミュニケーション」などの表記があるが、本書では、「コーポレート・コミュニケーション」に対応した表記にするため、「マーケティング・コミュニケーション」という名称に統一した。

また、広報・PRについては多くの専門書・実務書が出版されているが、本書は学術書ではなく教科書であることから、読者が比較的容易に入手できる書籍および執筆者が引用した文献のみ巻末に「参考文献」として掲載した。広報・PRの領域は幅広いので、各分野の知見を深めてほしい。

本書を読むことで、広報・PRの概念をより深く理解してもらうきっかけとなり、高いレベルの広報・PR専門家が多く育って企業のコミュニケーション戦略を担っていただければ幸いである。

PRプランナー資格制度試験委員長

東京経済大学教授　駒橋　恵子

目　次

序文 ……………………………………………………………………………… 1

科目Ａ　企業経営と広報・PR

第1章　経営環境の変化と広報・PR

Ⅰ　近年の経済・社会環境の変化 …………………………………………… 8

Ⅱ　ステークホルダーの多様化と広報・PR戦略 ………………………… 14

Ⅲ　コンプライアンスと経営倫理 …………………………………………… 21

Ⅳ　企業経営と広報・PRの課題 …………………………………………… 26

第2章　CSRと広報・PR

Ⅰ　企業活動とCSR ………………………………………………………… 34

Ⅱ　CSR推進と広報の役割 ………………………………………………… 44

Ⅲ　経営とSDGs（持続可能な開発目標） ………………………………… 52

第3章　インターナル・コミュニケーション戦略

Ⅰ　労働環境の変化 …………………………………………………………… 56

Ⅱ　インターナル・コミュニケーションの戦略的意義 ………………… 65

Ⅲ　グループ企業におけるインターナル・コミュニケーション ……… 72

第4章　IR活動の実務

Ⅰ　コーポレートガバナンスの変化とIRの動向 ………………………… 78

Ⅱ　IR活動の戦略と計画 …………………………………………………… 87

Ⅲ　ディスクロージャー ……………………………………………………… 90

Ⅳ　株価と企業価値 …………………………………………………………… 97

第5章　グローバル広報の実務

Ⅰ　海外進出企業の発展過程……………………………………………… 104

Ⅱ　グローバルな情報発信の必要性……………………………………… 106

Ⅲ　日本企業のグローバル広報の現状と留意点………………………… 112

Ⅳ　アジア・中東のPR環境……………………………………………… 116

Ⅴ　グローバル広報における危機管理…………………………………… 118

第6章　危機管理広報の実務

Ⅰ　近年の危機管理広報の動向…………………………………………… 120

Ⅱ　企業の危機管理体制の構築…………………………………………… 126

Ⅲ　クライシス・コミュニケーションの実務…………………………… 130

科目B　マーケティングと広報・PR

第7章　マーケティング・マネジメント

Ⅰ　マーケティングとは何か……………………………………………… 146

Ⅱ　市場環境と市場分析…………………………………………………… 149

Ⅲ　マーケティングに関わるマネジメント戦略………………………… 152

Ⅳ　マーケティング・マネジメントの4ステップ……………………… 158

Ⅴ　ブランド・マネジメントの理論……………………………………… 162

第8章　マーケティング・コミュニケーションの実務

Ⅰ　戦略的マーケティング・コミュニケーション……………………… 168

Ⅱ　生活者との接触ポイントの活用……………………………………… 177

Ⅲ　マーケティングの新概念……………………………………………… 188

第9章　マーケティング・コミュニケーションの潮流

Ⅰ　マーケティングにおけるKPIの考え方 …………………………… 191

Ⅱ 「自分ゴト化」を導くコンテンツづくり ……………………… 203

Ⅲ PRにおけるターゲット設定 ……………………………………… 213

Ⅳ ソーシャルメディア活用術……………………………………… 218

科目C　コミュニケーションと広報・PR実務

第10章　メディアの種類と特性

Ⅰ 新聞……………………………………………………………… 222

Ⅱ 通信社・地方紙・専門紙など……………………………………… 230

Ⅲ 雑誌……………………………………………………………… 233

Ⅳ テレビ…………………………………………………………… 237

Ⅴ Webニュース ………………………………………………… 242

Ⅵ ソーシャルメディア…………………………………………… 248

第11章　メディアリレーションズの実務

Ⅰ 記者発表の実務………………………………………………… 252

Ⅱ 取材への対応…………………………………………………… 260

Ⅲ 情報拡散の手法………………………………………………… 272

第12章　自社メディアの活用

Ⅰ 自社メディアの種類…………………………………………… 278

Ⅱ 自社メディアの実務…………………………………………… 283

Ⅲ ソーシャルメディアの運営…………………………………… 293

第13章　広報・PR戦略立案の実務知識

Ⅰ 広報・PR戦略の立案………………………………………… 300

Ⅱ 広報・PR戦略作成の実務…………………………………… 304

Ⅲ 広報・PR関連調査の実務…………………………………… 305

| Ⅳ | 調査実施に関する実務 | 312 |
| Ⅴ | 広報効果測定のための調査 | 315 |

3 次試験対応

第14章　3次試験「課題A」「課題B」の対応策と参考解答例

Ⅰ	課題A「ニュースリリースの作成」の評価基準	322
Ⅱ	過去問題（課題A）：ニュースリリースの作成と参考解答例	325
Ⅲ	課題B「広報・PR計画の立案と作成」の評価基準	332
Ⅳ	過去問題（課題B）：コーポレート課題と参考解答例	347
Ⅴ	過去問題（課題B）：マーケティング課題と参考解答例	358

参考文献 369

あとがき 372

PRプランナー資格認定制度について 374

科目 A

企業経営
と広報・PR

# 経営環境の変化と広報・PR

　第1章では、近年、グローバリゼーションやデジタライゼーションの急激な進展を背景として、経営理念の浸透やコーポレートガバナンス、企業内諸制度の改革に取り組む一方、ステークホルダーとの対話・コミュニケーションを通じて新たな時代の企業価値も探り出そうとしている企業の動向について考えてみよう。

Ⅰ　近年の経済・社会環境の変化

　2013年6月、第二次安倍内閣が「日本再興戦略」を掲げた。これにより、製造業の国際競争力強化や高付加価値サービス産業の創出による産業基盤の強化、医療・エネルギーなど戦略分野の市場創造、国際経済連携の推進や海外市場の獲得など、政府・経済界の取り組みが活発化してきた。こうした政治的変化も含めて、経営環境の変化を広報・PR部門の一員としてどのように捉えるべきかを整理しておこう。

1. 高齢社会の進展

　日本の人口は1億2808万人（2008年）を頂点として年々減少し、2050年には9708万人にまで落ち込んでしまうと予測されている。加えて世界でも先例のない高齢化が進んでおり、高齢化率（65歳以上の高齢者が人口に占める割合）は2030年に31.6％、2050年には38.8％に達すると見られている。

　社会の働き手である生産年齢人口も減少し、2050年にはピーク時（2000年）

から 3600 万人も少ない 5000 万人ほどになる（**図表 1-1**）。また地方圏から都市部や東京圏への社会移動が活発となり、この結果、少子高齢化や過疎化の進行で消滅する集落も少なくないと予測されている。

歴史を振り返れば、1955 年から 1960 年代にかけての高度成長期に日本は飛躍的な成長を遂げた。しかし 2 回にわたるオイルショックや数次にわたる貿易摩擦回避への取り組みの後、1985 年 9 月、先進 5 カ国によるプラザ合意の結果として、為替市場に協調介入が行われてドル高是正（円高誘導）が行われた。同時に、1986 年 4 月に発表された前川レポート（国際協調のための経済構造調整研究会報告書）をきっかけとして、日本の市場開放や規制緩和が進められることになった。

前川レポートでは、「日本は工業製品の輸出に突出するのではなく内需拡大を図って輸入を増やすべき」「長時間労働の短縮に努め積極的に余暇を創出しサービス業を振興し消費を拡大すべき」「海外直接投資を促進して工場や産業を国外へ移転すべき」「農作物を含む国内市場を開放して関税を下げ非関税障

【図表 1-1　高齢者人口及び生産年齢人口の推移と予測（左軸）・高齢者 1 人当たりの生産年齢人口（右軸）】

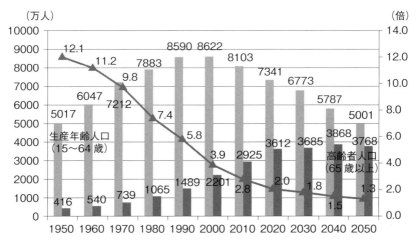

出典：総務省「国勢調査」及び「日本の将来推計人口」（国立社会保障・人口問題研究所）を基に文部科学省作成

壁も撤廃して輸入の促進を図るべき」「金融を自由化し円の国際化を進めるべき」「国際協力を進め世界経済に貢献すべき」など、かなり大胆な提案が盛り込まれていた。今日振り返ると、このレポートに書かれていたさまざまな改革提案のほとんどがこれまでに実現してきていることがわかる。

さらにレポートの中には「節度ある企業行動」として、「シェア拡大第一主義に傾きがちな企業行動が摩擦を発生させる可能性が大きいこと等にかんがみ、我が国企業においても国際的責任を自覚した行動が望まれる」という一節が書き込まれていた。

実際、このレポートが公表された後、日本はバブル経済の崩壊をはさみ、グローバリゼーションや規制緩和の大号令のもとに、さまざまな分野で改革作業が進められてきた。経済産業研究所が 2012 年にまとめたディスカッション・ペーパーによれば、日本の企業経営は徐々に変化し、業績指標として売上高よりも利益を重視する傾向が強まり、利益処分、新分野への進出、不採算事業からの撤退、経営者の交代といった経営上の重要な意思決定に対する株主の影響力が拡大する傾向が見られ、M&A や不採算事業の売却といった大胆な事業再編が行われるようになってきている。

このような経営・制度改革の動きは、企業分野にとどまらず、雇用、医療、農業、大学を含む学術機関などにも及んでいる。その一方、内需拡大のかけ声の下で 1990 年代から国債の発行残高が増加し、2021 年度末には 1000 兆円を超えるまでになった。

2. 脱「日本的経営」と経営改革

前川レポートの中で批判された企業行動は、高度成長期に確立された「日本的経営」を反映している。「日本的経営」とは、年功序列、終身雇用、系列・下請、メインバンク、株式持ち合い、企業別労働組合など、企業のさまざまな経営慣行を総称して命名された言葉である。経済財政白書（平成 18 年度）では、日本的経営の特徴として、①終身雇用と年功序列賃金制に代表される企業内部組織、②企業内部から昇進した経営者と銀行を中心とした企業統治、③企業グ

ループや系列といった企業間の長期的な取引関係の構築、という3点をあげている。

これらの制度や慣行が1995年頃から何度も改革論議の俎上に載せられ、今日に至る多様な制度改革として結実しつつあり、その総仕上げかつ新たな成長戦略を担ったのが第二次安倍内閣のときに進めた「金融政策」「財政政策」「成長戦略」の三本の矢といわれる政策である。

これは長期景気低迷から脱却しようとする試みであるが、その一方で人口減少や高齢化の進行、財政危機の深刻化、中央・地方格差、貧困層の拡大、自然災害の増大、インフラ劣化などさまざまな難問への対応という面もある。このような状況の中で、企業には一方で稼ぐ力を伸ばしつつ、雇用、賃金、人材育成などを通じて日本の新たな成長・発展に貢献していくことが求められている。

その際に考慮すべきことは、高度成長期のさまざまな社会制度やその後も長年にわたり維持され続けてきた日本的経営慣行による常識からいかに脱却するか、という視点である。

長年にわたり経営哲学や経営者がとるべき行動について提言してきた経済同友会は、2015年3月に「進展するグローバル化時代の経営戦略に関する報告書」を発表した。その中で日本企業の競争力強化の方向を提言し、江戸時代後期の近江商人たちの「売り手良し、買い手良し、世間良し」という、日本企業の多くが実践してきた理念が、マイケル・ポーターのCSV（Creating Shared Value）やISO26000と共通性があると指摘している。そして近年ではこの理念が欧州でも求められるようになってきたことを評価した上で、日本企業の相対的な国際競争力を強化するための課題が3つあるとしている。

3. 企業改革とコミュニケーションの課題

経済同友会が指摘している課題の第1は、事業環境が大きく変化する状況にあっても「常に揺るぎない価値観に基づく経営理念」を持ち続けることである。経営理念とは、経営者あるいは組織のシンボルとしての信念や価値観・行動指針などを表した言葉を組織として共有しているものである。トヨタ自動車の「豊

田綱領」や大阪ガスグループの社是「サービス第一」などがそれに当たるが、なぜこの企業が存在しているのかなど、経営者と従業員がコミュニケーションを通じて経営理念を確認・共有することによって、社会課題の解決となるような価値創造が将来の競争力向上につながる。

第2は、「事業継続のために時代を予見し、明確な経営ビジョンを設定した上で、柔軟に変化に適応すること」である。そのためには経営環境の変化を事前に捉え、将来を予測して必要な事業を強化するとともに、非コア事業を切り離すことが求められる。事業ポートフォリオの再構築の例としては、事業分離、JV（ジョイントベンチャー＝戦略的提携による合弁会社）解消や組成のほか、経営統合、事業統合など、さまざまな形態がある。

第3は、「それらの事業方針・活動が適切な方向に向かい、企業の持続的な成長につながっているかをモニタリングし、必要なら是正するガバナンスの強化をすること」である。これまでの日本企業は、法令遵守などの「守りのガバナンス」を強化してきたが、グローバル競争で勝ち抜いていくためには「攻めのガバナンス」にも重点を置き、攻めと守りのバランスをとっていくべきだとする。広報・PR部門の役割はここにある。

全ての企業がこれらの状況を経験することはないかもしれないが、経営者の多くが企業の持続的成長のために、このような展望のもとで「価値創造」「事業ポートフォリオ再構築」「ガバナンス改革」を軸として経営改革に取り組んでいくとなると、企業コミュニケーションの課題も再検討しなければならない。

企業の意思決定の仕組みや事業構造の再編成に伴って、従業員は職場での働き方やキャリアプランから生活スタイルまで見直すことが求められ、取引先も事業構造の見直しを迫られる可能性がある。株主は企業のビジョンや戦略が継続的な価値創造につながるのかに関心を持たざるを得ないし、地域の住民・行政は事業所が引き続き稼働するのか撤退するのかに注目せざるを得ない。

企業にはそれぞれのステークホルダーの関心や利害を踏まえた適切なコミュニケーションを、スピーディに行っていくことが求められる。

4. 企業の影響力拡大と透明性への要望

　企業は産業社会における最も基礎的な生産組織であり、資本主義社会における経済主体となっている。企業の法的形態としては、今日では株式会社が主流を占めており、とりわけ証券市場に上場し株式を公開している会社は、その経済力や事業活動の範囲が大きいため、市民生活から社会全般に至る大きな影響力を持っている。だからこそ、企業の経営方針や組織・事業活動・業績からその成果配分である賃金・配当といった実績、また事件や事故、法律違反や社会的モラル逸脱による不祥事などに注目が集まるのである。さらにそれらの問題への対応や、経営者の意見や動向にも、社会からの関心が高まる

　企業に対する関心の範囲は一層広がりつつあり、安全・安心の確保や環境保全などの社会的側面から企業活動に伴う人権擁護、労働安全、能力開発などのCSR（企業の社会的責任）に関わる側面にも注目が集まるようになってきた。もはや大企業の活動に注目するのはマスメディアの報道だけではない。さまざまなステークホルダーの利害に関わる問題の解決に向けて支援をする各種団体（NPO・NGO）が登場しているし、ブログやSNSを活用して批判や改善策を表明する個人も多い。そうした流れのきっかけとして、欧米のテキストにもよく引用されるのが1995年のシェル石油の事件である。

　1995年2月、シェル石油は英国政府の認可を得て、北海ブレント油田で使用していた銅鉄製の貯油・積出施設（スパー）を深海底に投棄処分することを決めた。この決定に至るまでにシェルは約5年の歳月を費やして、経済性だけでなく環境や安全、健康などの側面まで検討し、さらに環境主義者や漁民などとの合意も取り付けた。

　ところが、環境保護団体のグリーンピースが海洋汚染や秘密裏での決定などを理由に強力な反対運動を始め、有力紙への意見広告やインターネットでの情報伝達を活発に行った。さらに投棄妨害のためにスパーに上陸を試みると、シェルは警備のため活動家を排除したため、そのビデオ映像がマスメディアに提供され、ニュース番組で繰り返し放映された。

　こうした「環境コミュニケーション活動」は欧州の消費者、なかでもドイツ

でのシェル製品不買運動を高揚させた。6月になると、国内のスタンドへの抗議は200カ所に達した。50カ所が損壊を受け、2カ所に爆弾、1カ所には銃弾が放たれ、6月20日、シェルは急遽、深海底への投棄を断念するに至る。

「シェルは、この事件で新しいメディアの威力に気づかされた。不買運動は大小さまざまな団体を通じて急速に拡大したが、それはコミュニケーション・ネットワークなくしてはあり得なかっただろう」と、ドイツの有力週刊誌『シュピーゲル』も論評した。

同社はこの年、油田を保有するナイジェリアの人権問題にも直面し、アムネスティなどの抗議活動を受けた。このような「ネットワーク・コミュニティ」によるレピュテーション危機に直面したことに対して、同グループのフィル・ワッツ代表取締役（当時）は、「どの問題も通信革命により社会が企業を見る目（実際は社会が全ての組織を見る目）が変わってきたことに起因している。当社は世界中が見つめる金魚鉢の中で仕事をするやり方を学ばなければならない」と分析した。「企業は金魚鉢の中にいる」という比喩は、企業活動の透明性を象徴する例えとして興味深いものがある。

Ⅱ ステークホルダーの多様化と広報・PR戦略

広報・PR活動ではステークホルダーとの関係が基本となる。近年はステークホルダーの対象範囲が広がり、概念も多様化してきた。元来の「stake」という単語は、〔競争の〕賞金や褒美、〔賭け事の〕賭け金などの意味から転じて、利害関係、〔ある状況の〕危険の度合い、〔企業への〕出資金などの意味をもつようになったといわれている。では、現在の広報・PRにおけるステークホルダーの概念をまとめておこう。

1. ステークホルダーの概念と相互関係

ステークホルダーとは、「企業の事業活動によって影響を被るか、事業活動に影響を及ぼすか、いずれかの個人または集団」（『経営倫理用語事典』白桃書

房）とされ、株主・投資家、従業員、顧客・消費者、取引業者・納入業者、行政機関・行政官庁、非政府組織（NGO）などから構成される（**図表 1-2**）。

ステークホルダーの概念を体系づけたのはE.フリーマンで、2007年には『利害関係者志向の経営』を刊行し、新たなステークホルダー概念図を公表し、ステークホルダーを二層に分けた（**図表 1-3**）。

【図表 1-2　企業を巡る主なステークホルダー】

【図表 1-3　ステークホルダーを二層に分けた概念図】

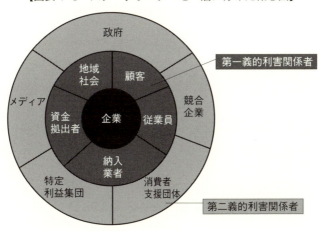

出典：フリーマン、2007

フリーマンは資本主義の本質を「社会的協調と価値創造の制度」として捉え、企業は「複数価値が経済活動の真の基盤を構成する」様式ゆえに機能するとしている。そして株式会社こそ、まさに「利害関係者が相互の価値を創造するための共同的かつ協働的な事業に従事するための手段」なのであり、そのために経営者は顧客、納入業者、資金拠出者、地域社会そして従業員たちの利害に関わる各種の価値および目的を理解する」ことが必要とされると述べ、これらを第一義的利害関係者としている。

外側の第二義的利害関係者は、第一義的利害関係者と企業との関係に間接的に影響を及ぼすことができる利害関係者を意味している。環境団体は地域社会や特定の顧客に影響を及ぼすことができるし、政府は製品やサービスの設計や納入に対して法的な制約を加えることによって納入業者などに影響を及ぼすことができるとする。

このように企業と利害関係者（ステークホルダー）、またステークホルダーとステークホルダーとの関係は単純な構図ではなく、実はかなり複雑なのである。企業がステークホルダーと何らかの関係性をもち、全員が企業の価値創造に関係していると考えれば、経営陣の仕事は、「社員が幸せな気分で仕事をし、それがお客様に伝わって顧客満足度が高まり、投資家にとって望ましい業績が達成され、投資家がそこで得た利益の一部を再投資して会社が成長する、という好循環を創り出す」ことに帰結するといえる。

2. 広報・PR のプロセスと広報戦略

近年我々の仕事や生活に欠かせない情報環境が様変わりと言えるような大変化を示してきている。このことが従来からの広報戦略や広報の手法にも変化をもたらしている。従来は、企業の情報発信がマスメディアを通じてステークホルダーやオピニオンリーダーなどに伝達され、その反応がまたマスメディアを通じて企業活動の評価や世論形成につながった。それが今日では、**図表 1-4** のような複雑な構造となりつつある。

企業発の情報の起点は「1つの事実」であっても、その情報が新聞社などの

ニュース系メディアが取材して記事にすると、「面白い」「共感した」と感じた個人がソーシャルメディアにコメント付きでアップする。さらにそれが多くの人びとの共感を呼び、拡散されて何十万という「たくさんの事実」がネット環境に溢れ、それがまた新聞をはじめとするマスメディアによって「新たな情報」として取り上げられる。

　もちろん、このような情報が配達されていくルートは、その情報の内容やステークホルダーの関心、社会情勢などによってさまざまである。その企業は、情報を発信さえすればよいのではなく、その情報を多様なステークホルダーが受容した際に、どのような反応や関心を示すのか、その情報追跡や反応内容の調査も必要になってくることもある。

3. 企業行動とコミュニケーションの基本スタンス

　ステークホルダーとのコミュニケーションを円滑に行い、良い印象形成するためには、広告・宣伝や一方的広報・PRのような「説得」に重点を置くのではなく、双方向の「対話型」のコミュニケーションを行う必要がある。

　企業が双方向のコミュニケーション活動を始めたときによく見られる現象は、企業や組織がもっている経営資源や経済力をはるかに超えた期待や責任をステークホルダーから求められることである。そうした声を気にして、財源がない、人手が足りない、技術的に不可能といった理由を挙げて否定してしまうと、その時点で対話は不成立となる。

　まずは対話を継続させることである。そして、現在の能力とそれを上回る期待・責任とを両立させるためのコミュニケーション施策を用意し、お互いに問題を解決する対話活動に入っていく必要がある。直接利害を有する人々だけでなく間接的な利害をもつ人々を含めて、全てのステークホルダーとの透明性のあるコミュニケーションを行うことが不可欠である。しかし、どのような場合であっても、ステークホルダーとの積極的な対話やエンゲージメントがうまくいくという保証はないし、あるステークホルダーが満足しても他のステークホルダーには不満が残ることもある。

18　Ⅱ　ステークホルダーの多様化と広報・PR戦略

【図表 1-4　情報流通構造の概念】

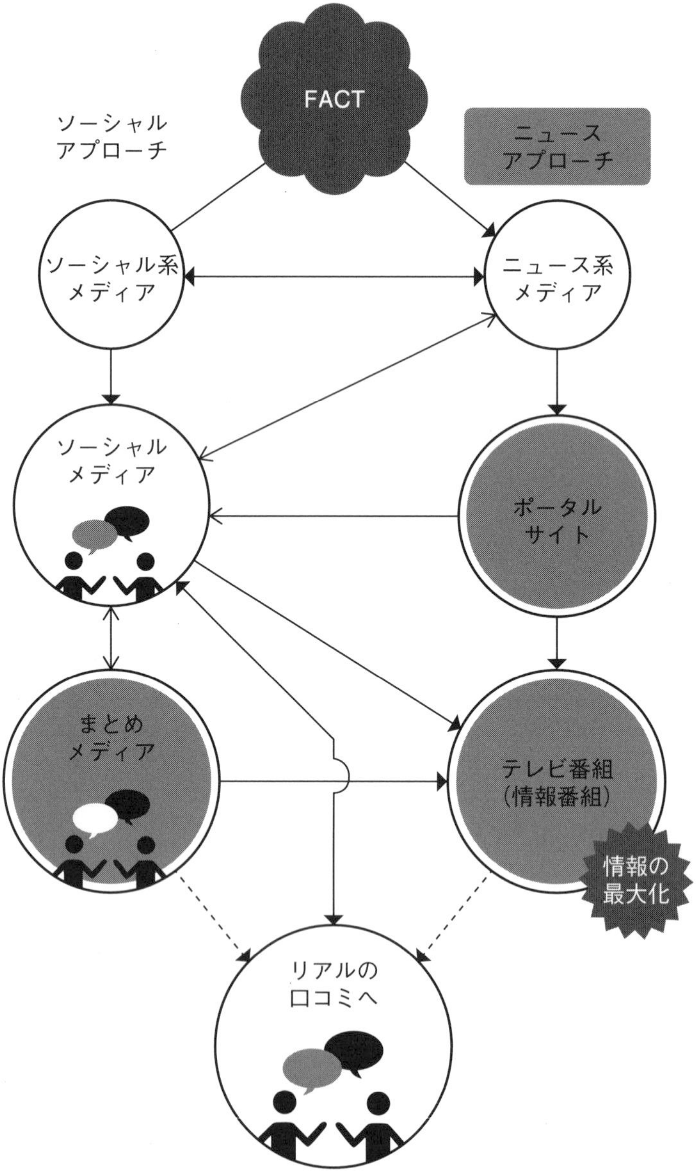

FACT

ソーシャル
アプローチ

ニュース
アプローチ

ソーシャル系
メディア

ニュース系
メディア

ソーシャル
メディア

ポータル
サイト

まとめ
メディア

テレビ番組
(情報番組)

情報の
最大化

リアルの
口コミへ

出典：企業広報戦略研究所編著『戦略思考の魅力度ブランディング』

日本経団連は 2017 年 11 月、1991 年に制定した「企業行動憲章」10 項目を大幅に改訂して公表した。これは会員企業に対して呼びかけられた宣言であるが、政府政策とも連動していることから、全ての企業に対するメッセージとして理解する必要がある。

2017 年の改訂では、持続可能な経済成長と社会的課題の解決を図ることや人権の尊重、働き方の改革の実現に向けて表現を追加するとともに、多様化・複雑化する脅威に対する危機管理に対応すること、さらに自社・グループ企業だけでなくサプライチェーンにも行動変革を促すことなどが新たに書き加えられた。

これは日本経団連が、持続可能な社会の実現こそが企業の発展の基盤であると認識し、社会に有用で新たな付加価値を増進することや、雇用の創造、ESG（環境、社会、ガバナンスの英語の頭文字を合わせた言葉）に配慮した経営に向けた本格的な取り組みが必要だ、との認識に立ったものである。

近年、グローバリゼーションの進展により国境を越えた経済活動が活発に行われつつある反面、反グローバリズム・保護主義の動きが高まり、自由で開かれた国際経済秩序の維持や発展が脅かされる懸念が出てきた。さらに、企業にも社会の一員として、社会的課題の解決に向けて積極的に取り組むよう促す動きが顕在化し、国際社会では「ビジネスと人権に関する指導原則」（2011 年）や「パリ協定」（2015 年）などが採択された。また国連で、持続可能な社会の実現に向けた国際統一目標である「SDGs（持続可能な開発目標）」（2015 年）が採択され、その達成に向けて民間企業が創造性やイノベーションを発揮することも求められるようになってきた。

こうした動きは資本市場にも変化をもたらす。これまでの社会的責任投資（SRI）から長期的な ESG への投資という考え方に大きく転換したためである。SRI では一部の企業しか投資選択の対象にならなかったが、ESG 投資は対象企業を大きく拡大した。GSIA（The Global Sustainable Investment Alliance）の 2021 年報告によると、世界の ESG 投資額は総額で 35 兆 3000 億ドルに達する。日本でも、2014 年の 7 億ドルから、2020 年には、2 兆 8740 億ドルへと急

20　Ⅱ　ステークホルダーの多様化と広報・PR戦略

拡大した。

　持続可能な社会の実現に向けて「選ばれる企業」となるためのアプローチとして、この憲章が有力な手がかりとして位置づけられる。日々の広報・PR業務から企業の中長期計画策定に至るまで、下記の企業行動10原則を参考にしたい。そのための実務的な手がかりが「企業行動憲章　実行の手引き」として公表されている。

企業行動憲章
― 持続可能な社会の実現のために ―

一般社団法人 日本経済団体連合会
1991年9月14日　制定
2017年11月8日　第5回改定

企業は、公正かつ自由な競争の下、社会に有用な付加価値および雇用の創出と自律的で責任ある行動を通じて、持続可能な社会の実現を牽引する役割を担う。そのため企業は、国の内外において次の10原則に基づき、関係法令、国際ルールおよびその精神を遵守しつつ、高い倫理観をもって社会的責任を果たしていく。

（持続可能な経済成長と社会的課題の解決）
1. イノベーションを通じて社会に有用で安全な商品・サービスを開発、提供し、持続可能な経済成長と社会的課題の解決を図る。

（公正な事業慣行）
2. 公正かつ自由な競争ならびに適正な取引、責任ある調達を行う。また、政治、行政との健全な関係を保つ。

（公正な情報開示、ステークホルダーとの建設的対話）
3. 企業情報を積極的、効果的かつ公正に開示し、企業をとりまく幅広いステークホルダーと建設的な対話を行い、企業価値の向上を図る。

（人権の尊重）
4. すべての人々の人権を尊重する経営を行う。

（消費者・顧客との信頼関係）
5. 消費者・顧客に対して、商品・サービスに関する適切な情報提供、誠実なコミュニケーションを行い、満足と信頼を獲得する。

（働き方の改革、職場環境の充実）
6. 従業員の能力を高め、多様性、人格、個性を尊重する働き方を実現する。また、健康と安全に配慮した働きやすい職場環境を整備する。

第1章　経営環境の変化と広報・PR　*21*

（環境問題への取り組み）
　7.　環境問題への取り組みは人類共通の課題であり、企業の存在と活動に必須の要
　　　件として、主体的に行動する。

（社会参画と発展への貢献）
　8.　「良き企業市民」として、積極的に社会に参画し、その発展に貢献する。

（危機管理の徹底）
　9.　市民生活や企業活動に脅威を与える反社会的勢力の行動やテロ、サイバー攻撃、
　　　自然災害等に備え、組織的な危機管理を徹底する。

（経営トップの役割と本憲章の徹底）
　10.　経営トップは、本憲章の精神の実現が自らの役割であることを認識して経営に
　　　あたり、実効あるガバナンスを構築して社内、グループ企業に周知徹底を図る。
　　　あわせてサプライチェーンにも本憲章の精神に基づく行動を促す。また、本憲
　　　章の精神に反し社会からの信頼を失うような事態が発生した時には、経営トッ
　　　プが率先して問題解決、原因究明、再発防止等に努め、その責任を果たす。

Ⅲ　コンプライアンスと経営倫理

　加固三郎は1984年に著書『戦略広報の手引き』で、広報・PR業務の倫理
性について次のように述べている。「広報マンには職能上の倫理性の自覚が強
く求められる」として、「広報マンはみずからの行動における誤りをおかさぬ
ため、みずからの立場と職能を深く認識し、その機能の誤用と悪用を未然に防
ぐことが、広報活動の健全な発展に不可欠の要件となる」と、自主的行動基準
の設定を呼びかけた。

　その後、経営倫理が喧伝されるようになった2000年以降、経済団体やシン
クタンクなどからさまざまな指針も提示されるようになった。

1.　倫理・コンプライアンス・CSR

　企業や行政機関の不祥事や事件・事故が人々の関心を集めるにつれて、「倫理」
という言葉がメディアにもたびたび現れるようになってきた。倫理（ethics）は、
ギリシャ語のethosに由来する言葉で、社会における人と人との関係を定める
規範や原理のことである。法律が国家による強制力を有するのに対して、倫理

は、人間の良心や社会の慣習などの非強制力を基盤にしている。

　私たちの社会・経済が成り立っているのは、さまざまな企業・団体がその目的実現のために、効果的かつ効率的に運営されると同時に、社会的存在として、周囲の人々に迷惑をかけたり、自由な行動を阻害したり人権を蹂躙したりしないからである。さまざまな企業・団体の運営にとって必要な考え方や基準、実践方法の体系が「経営倫理」であり、その中で、特に企業という組織体に特化した概念が「企業倫理」である。

　伝統的な経済学の考え方では、企業は「利潤の極大化」を指向する組織とだけ捉えてきた。しかし、企業も地球生態系の中の社会的存在であり、ステークホルダーから支持されることが必要である。

　また企業倫理に近い言葉として、「コンプライアンス」という用語がある。「コンプライアンス」とは、一般に「法令遵守」と訳され倫理と同様の意味と解釈される場合もあるように、狭義では「関係する法令の遵守」を意味する。広義では①「法令の遵守」にとどまらず、②「社内諸規則・業務マニュアル等社内規範の遵守」や、③「法の精神や社会の良識、常識等社会規範の遵守」を含むものとされている（『経営倫理用語辞典』白桃書房）。この3番目の領域と経営倫理とが重なるため混同される場合も出てくるわけだ。

　一方、CSR（企業の社会的責任）の基盤になるとみられている、国際標準化機構（ISO）が2010年11月に発行した「社会的責任に関する手引き」（SR規格）では、社会的責任とは「健康及び社会の繁栄を含む持続可能な開発への貢献」「ステークホルダーの期待への配慮」「関連法令の遵守及び国際行動規範の尊重」「組織全体で統合され、組織の関係の中で実践される行動」を通じて、組織が「社会や環境に及ぼす影響に対する責任」となっている。

　つまり「経営倫理」や「コンプライアンス」「CSR」の3つの用語は、それぞれ重点となる概念があり、学問的には分類できても、実務的には重なり合う部分が多いのである。

2. 広報・PR における倫理

　日本パブリックリレーションズ協会（PRSJ）や国際パブリックリレーションズ協会（IPRA）には「倫理綱領」がある。これらの行動原則は、ISO の SR 規格や CSR イニシアティブ行動基準など、具体的な企業行動に横串を指す原則と考えられ、以下のような意義を持っている。

　それは第 1 に、パブリックリレーションズ（PR）という経営機能が、組織を存立させ、成長・発展させる上で大変重要な機能をもっているからである。その機能を正しく、適切に活用することが求められる。

　第 2 に、PR はその定義からわかるように、組織がその方針や事業活動などを「社会に知らせる機能」をもつだけでなく、広聴（調査や情報収集）機能を活用しつつ、社会との関係性を構築し、良い世論をつくり出すように努力する機能をもっているからである。特に世界中で事業を展開している大企業は、事業活動の面だけでなくコミュニケーション活動の面でも、その社会・経済・文化、ときには政治や外交に対しても思わぬ影響を与えることがある。

　広報・PR の仕事は、コミュニケーション技術や手法、メディアに関する知識や慣行を習得すれば誰にでもできる仕事のように見える。しかし、その組織や社会への影響力を考慮するならば、組織や社会の実態や課題、組織の方針や目標を理解するだけでなく、広範な社会常識や企業倫理、関係法令などをよく理解していなければならない。

　特に不祥事や事故発生の場合などに見られるような、経営幹部の社会に対する姿勢や対応の問題は、企業倫理に関わる部分がかなりある。企業倫理は、法令による行政規制よりも範囲が広く、その時々の社会・経済情勢によっても大きく左右される。それだけに、役員や従業員には企業倫理の個別行動基準を丸覚えしてもらうのではなく、その基本的な視点や考え方をよく理解してもらい、わが社の状況や対応は「今日及び将来の社会・経済の情勢と適合しているのか」を常に問いかけていく必要がある。

　1982 年に米国で発生したジョンソン＆ジョンソン社のタイレノール事件（カプセル剤にシアン化合物が故意に混入されて死亡者が出た事件）では、全製品

のリコールを発表し、素早く全国に伝えた PR 活動が、人命第一の採算を度外視した行動であり、被害の拡大を防ぐのに大いに貢献した、と賞賛された。その一方、1989 年にアラスカ沖で発生した巨大タンカー座礁事故では、経営幹部のパブリックリレーションズの不手際に加えて、莫大な海洋生態系被害を起こしたことから、企業イメージを大きく低下させてしまった。

このような事例は米国にとどまらず、日本でもたびたび起こっている。今日の消費者は買い控えや企業への抗議を厭わないし、販売責任を問われる流通事業者もクレームには敏感である。行政の規制も年々厳しさを増し、2009 年 9 月には消費者庁が発足し、消費者保護の仕組みが強化された。

今日では、良い製品・サービスを提供するだけでなく、その原材料調達から使用・廃棄に至るまでのライフサイクルの全局面で、組織には環境負荷の低減や使用段階の安全確保、事故の未然防止などの努力が求められるようになってきた。無論、製造責任だけでなく販売責任も問われる。その意味でも企業には、法令遵守（コンプライアンス）に加えて、幅広い社会的責任（Social Responsibility）が求められるようになってきたといえる。

3. 広報・PR プロフェッショナルの要件

プロフェッショナルとは、「知的職業人」「専門家」などを意味し、単に知識があるとか、専門能力があり自立して生活しているというだけに留まらない。ある専門分野における仕事において一般人より高い目標や技術・技能をもち、第三者によりその仕事の内容や成果が認められている人のことを言う。それだけに広報・PR プロフェッショナルには、高い知識と専門能力が要求されるとともに、クライアントや社会に多大な影響を与える可能性があることから、高い倫理性が要求される。

日本企業では、組織に勤務する広報・PR パーソンは人事異動でたまたま配属されたゼネラリストが多いが、欧米企業では MBA コースなどで専門教育を受けた人材が、スペシャリストとして広報・PR の要職を占めている。例えば米国では、約 700 大学で 3 万 5000 人以上の学生が PR を専攻し、米国学生 PR

【「倫理綱領」（日本パブリックリレーションズ協会）】

倫理綱領

パブリックリレーションズは、ステークホルダーおよび社会との間で健全な価値観を形成し、継続的に信頼関係を築くための活動である。その中心となるものは、相互理解と合意形成、信頼関係を深めるためのコミュニケーションである。

本協会とその会員は、パブリックリレーションズの社会的影響を良く認識し、常に倫理の向上に努め社会からの信頼に応え、個人、企業、団体、機関、国家など国内外の幅広く多様なステークホルダーの間の対話と相互の理解を促進する。加えて、パブリックリレーションズを通じて新たな社会的価値を創出し、社会的責任を全うする。 この綱領は本協会と会員が自らの行動を判断し、行動する際の指針であり、その活動を支えるためのものである。

1. 公共の利益と基本的人権の尊重
   われわれは、パブリックリレーションズの諸活動を企画、実施するにあたって、各種の国際規範及び日本国憲法、法律、規則を遵守するとともに、常に公共の利益を意識し、基本的人権と個人の尊厳を尊重して行動する。

2. 公正・正確・透明性の原則
   われわれは、メディアが社会に果たす役割を理解し、言論と報道の自由を尊重する。自らのパブリックリレーションズ活動においては、公正、誠実に諸活動を行い、国内外のステークホルダーに事実を正確に、適宜・適切に開示し、透明性を高める。虚偽の情報や誤解を招くような情報は流布しない。

3. 中立性・公平性の保持
   われわれは、正しく情報を伝達するとともにその評価を素直に受け入れ、ステークホルダーとの関係の中で中立・公平な立場を保つ。また、自らを厳しく律し、品格を損なうような行為は行わない。

4. 情報と権利の保護
   われわれは、パブリックリレーションズの諸活動を通じて知り得た情報や個人情報等の漏えい、目的外の使用や内部情報を利用し不正に利益を図るような行為は行わない。また、著作権、知的財産権等を尊重しその権利を適切に保護するとともに、個人情報の保護に努める。

5. 社会的価値の創出と持続可能社会の実現に貢献
   われわれは、人のため社会のために尽くすという考え方を根底に、多様性を受け入れながら、健全で創造的な社会の発展と新しい社会的価値の創出に寄与する。加えて、良き企業市民としての社会的活動を通じて、地球環境の保全と持続可能な社会づくりに貢献する。

協会（PRSSA）には約 9600 人の学生が所属しているといわれるが、日本の大学や専門職大学院での教育は十分に確立されているとはいえない。

　広報・PR のプロフェッショナルとして、高い専門知識と専門能力を維持し、高い倫理性を磨いていくためには、公益団体や関連の学会などでの研究プログラムや教育研修コースに参加したり、他企業の人々と事例交流を重ねたりしつつ、学んだ知識や事例を体系的に整理し人にも教えていくことが効果的である。

　前頁に、日本パブリックリレーションズ協会が 2016 年に制定した倫理綱領を掲げてある。この倫理綱領は、同協会の定款第 4 条の事業目的第 1 項にも「倫理綱領の確立及び実践」として掲げられ、会員として入会する際にもその受諾が求められている。広報・PR に関するプロフェッショナルにとって、国の憲法や会社の社是に相当するものである。

Ⅳ 企業経営と広報・PR の課題

　近年の日本経済を振り返ってみると、1990 年から日本の GDP（ドルベース）はほとんど伸びておらず、経済成長は止まったかのようだ。その期間は四半世紀にも及ぶ。その一方、個別の企業業績は、IT バブルやリーマンショック、東日本大震災などの影響で一時的に落ち込んだものの、その後は目覚ましく回復してきており、日本経済再生の牽引力として期待されている。こうした経済環境における経営課題と戦略的な広報・PR 活動についてまとめておこう。

　21 世紀に入って 20 年近くが経過し、政治、経済、社会、文化など各分野の構図も大きく変わりつつある。なかでも現代の経済・社会を動かし、企業経営に大きな影響を与えている課題は、①グローバリゼーション、②コーポレートガバナンス、③ICT（Information Communication Technology：情報通信技術）やデジタライゼーションの進展と、これら①～③による統合的なコミュニケーションの仕組み確立（3＋1 の構造）であろう。

　加速度的に進みつつある「グローバリゼーション」の中で、透明・公正かつ迅速・果断な意思決定を行う仕組みの基準となる「コーポレートガバナンス」

が問われ、経営改革に対応したマネジメントとしての広報・PR活動が求められるようになったのである。さらに、ICTの進展やデジタライゼーションの諸技術の活用も大きな課題の1つになっている。各課題について説明していく。

1. グローバリゼーション

まずグローバリゼーションの急速な進展の意味について考えてみよう。1989年のベルリンの壁崩壊を契機として、世界は自由経済対計画経済の対立構造からグローバルな市場へシフトし、世界中の市場競争が激化し、モノの取引に加えてEC（Electronic Commerce：電子取引）が拡大している。

日本でも1985年から経済構造改革の取り組みが始まり、バブル経済崩壊後には、規制緩和、市場開放の象徴としての金融市場改革も進められ、銀行、証券、保険分野の多くの企業の再編が進んだ。21世紀に入ると、労働市場の規制緩和がさらに進み、医療、農業、教育などさまざまな分野での改革も取り組まれている。この結果、世界規模での企業の合従連衡や取引が進んだ。経済産業省の「第50回海外事業活動基本調査（2020年9月調査）」によると、現地法人数は2万5693社（製造業43.6％、非製造業56.4％）、現地法人の従業員数は564万人に達する。現地法人の売上高は263.1兆円、製造業の現地法人の海外生産比率（国内全法人ベース）は23.4％である。

外国人の雇用状況も急速に変化しつつある。国内の外国人労働者は2019年10月には約166万人に達し、国籍別では中国が約42万人、ベトナムが約40万人、フィリピンが約18万人の順である。

また、大都市で買い物やレジャーを楽しむ外国人観光客の姿は、インバウンド消費とも呼ばれる現象になった。訪日外国人旅行者数は、2000年には476万人に留まっていたが、2012年末からの円安の進行やビザ規制の緩和によって急速に増加し、2019年には約3188万人に達し、訪日旅行客が日本で消費した金額も約4兆8113億円となり、7年連続で過去最高値を更新した。こうしたインバウンド消費の拡大は、大規模小売店の店舗や商品・人員構造、有名観光地での交通・宿泊・飲食業等の規模や形態にも変化をもたらした。

しかし 2020 年に入り、新型コロナウイルス感染症の拡大に伴い、多くの国で入国制限や海外渡航禁止等の措置が講じられ、日本でも「水際対策」を段階的に強化したこと等により、2020 年の訪日外国人旅行者数は 412 万人、2021 年はわずか 25 万人に留まった。

2. コーポレートガバナンス

第 2 の課題は、グローバル市場に対応したコーポレートガバナンスの確立が求められているという点である。全社・グループ全体の経営構造からマネジメントの仕組みまでを中長期的にどのように変えていくか、が問われている。

(1) コーポレートガバナンスの定義と概念の普及段階

コーポレートガバナンスとは、「会社が、株主をはじめ顧客・従業員・取引先・債権者、地域社会等の立場を踏まえた上で、透明・公正かつ迅速・果断な意思決定を行う仕組み」（東京証券取引所 2015）とされ、一般に「企業統治」と翻訳されているが、単に統治の方法論が問われているのではない。

コーポレートガバナンスは、広義では、企業と株主などのステークホルダー（利害関係者）との関係を意味するほか、会社という制度と構造を示す専門用語であり、「会社は誰のために存在するか」「誰の利害をどのように会社経営に反映させるか」という問題にも関わることから、企業のコミュニケーション機能、ひいては広報・PR 部門の業務内容にも及ぶ課題である。

コーポレートガバナンスは、株式会社が一般的な会社経営形態となり、所有と経営が分離している状況の中で、経営者をいかに牽制していくかという課題に対応するために提起された概念である。1976 年には OECD が加盟国政府に対して「多国籍企業行動指針」（OECD Guidelines for Multinational Enterprises）をまとめて勧告したことを通じて各国でも関心が高まった。

一方、1980 年代の米国では、企業経営者が適切な経営判断を行うための仕組みとして、経営委員会制度や社外取締役制度などが導入された。また英国においてはキャドベリー報告書（1992 年）を受けて CEO と会長の分離などの改

革が行われてきたが、米国で破綻したエンロン（2001）、ワールドコム（2002）等の史上最大の経営破綻を契機としてコーポレートガバナンスの改革がさらに進められた。OECD 多国籍企業行動指針もこれまで 5 回、改正されてきた。

　日本においても 1980 年代のバブル経済期に典型的に見られた企業不祥事の続発を背景として、1993 年以降、数次にわたる商法改正を経て 2005 年に会社法改正（2006 年施行）が行われ、欧米と同様に委員会設置会社等の制度改革が一部企業でも採用されるようになった。

　さらに 2003 年に経済同友会から『「市場の進化」と社会的責任経営』（第 15 回企業白書）が発表され、CSR に関する記述が盛り込まれた。本業とは別の社会貢献をやっていればよいという経営発想を転換し、①市場機能の活用を通じて、その収益力と競争力を高め、より効果的な経済的価値創造を行うことにより、低迷する経済を活性化させること、②企業は上記を行うに当たって全てのステークホルダーに対する義務を履行するという理念を固め、それが実現するためのガバナンスを確立していくこと、という 2 点が提唱された。

(2) 行動規範（コード）の導入

　2015 年 6 月、企業の上場基準に「コーポレートガバナンス・コード」が追加された。同時に、企業価値やリスクを評価する機関投資家には「スチュワードシップ・コード」が導入された。スチュワード（steward）とは執事、財産管理人という意味を持ち、このようなコード（code：行動規範）が設定されたのは、金融機関による投資先企業の経営監視などコーポレートガバナンスへの取り組みが不十分であったことが、リーマンショック時の金融危機を深刻化させたとの反省に立って、2010 年に英国で導入された。

　コーポレートガバナンス・コードが企業の行動規範である一方、スチュワードシップ・コードは株式投資などを行う機関投資家の行動規範であり、いずれも法的拘束力はないが遵守事項を導入していない場合はその理由の「説明責任」を負うことから実質的な自主基準として機能しつつある。そして、これまで別々に取り組まれがちであった IR／財務部門と広報・PR 部門とが連動して取り組

む必要も生まれてきたのである。

IR や CSR に関わるさまざまな基準や遵守項目に対応して環境報告書や CSR レポートを各部門縦割り体制で個別に発行する方法から、次第にアニュアル・レポートも含めて全社統合的な発想で「統合報告書」を発行するようになってきた。経営企画、人事総務、法務、コンプライアンスなどの部門全体が取締役会と協議を続けながら、どのステークホルダーに対して、どんな企業情報を、最適のコミュニケーション方法で開示し、対話できるか問われている。

(3) 統合報告書の増加

「統合報告」とは、英国の IIRC（International Integrated Reporting Council：国際統合報告評議会）が推進する企業情報開示の枠組みや基準で、これまでアニュアル・レポートや IR 報告で行われていた財務情報と、環境報告書や CSR レポートなどで行われていた非財務情報を統合し、企業がリスクを回避しつつ企業価値をどのように上げようとしているのか、その仕組みや実績、将来の見通しなどの説明に用いようとするものである。

日本企業では、すでに 2006 年頃から統合報告書の発行に踏み切っていたところもあるが、IIRC が 2013 年 12 月に「国際統合報告フレームワーク」を公表して以来、「統合報告書」を発行する企業が年々増加している。統合報告書というのは、財務報告と環境・CSR など非財務報告の両者を単に 1 冊にまとめて企業情報の開示を行うだけではなく、さまざまな経営情報を整理し、それぞれのデータや情報のつながりや因果関係を「有機的に結合した形」で開示するものである。

その背景には、リーマンショックなどの反省に立ち、企業の中長期的かつ持続可能な成長をどのように確認・評価していくかという問題認識がある。そして企業の中長期的な価値創造を評価するために、企業内情報の内容要素を一定のフレームで表現するよう求め、ステークホルダーとの相互理解を促進し、新しい生産的な関係性を構築するよう促す意義を持っている。

このように、IIRC が提示したフレームワークは、企業全体の活動の概略と

その方向性を、株主を含む多様なステークホルダーに伝えるコミュニケーションツールとして参照されてきている。これまで企業における広報・PR は、IR や CSR のコミュニケーションを除くと、企業情報の内容やその表現形式・枠組みについてはほとんど触れてこなかったが、統合報告フレームワークを手がかりとしてこの面に踏み込み、標準化への道を歩み出したといえる。

　このような流れを踏まえて、経済産業省は 2016 年 8 月に「持続的成長に向けた長期投資（ESG・無形資産投資）研究会」を設置し、持続的な企業価値の向上と中長期的投資の促進のために、①持続的な企業価値を生み出す企業経営・投資のあり方や②長期的な経営戦略に基づく投資最適化を促すガバナンスの仕組み、さらにそれらの③評価や情報提供のあり方などについて見解をまとめた。これは 2017 年 5 月に「価値協創ガイダンス」として公表されている。

　これらの経営概念や情報開示原則は、いずれも法律など強制力を伴う規制ではなく、「指針」「ガイダンス」という名称で公表されている。このことは、企業が自主的に取り組むことが期待されていると説明されている内容が、事実上「企業が情報を開示すれば、ステークホルダー（投資家や顧客、地域住民など）がその情報を手がかりとして企業を選別する仕組み」であることを意味している。つまり、「グローバリゼーション」の進展を受けて確立されてきた「コーポレートガバナンス」の仕組みによって、企業の広報・PR 活動は「単に知らせたい情報だけを知らせる活動」から「ステークホルダーが求める、非財務情報を含む企業情報」を適切に開示し「企業目的を効果的に達成する」ための経営活動としての性格を色濃く帯びるようになったのである。

　すなわち、これまでの狭い意味での広報・PR 活動の枠を越えて、文字通り「コーポレート・コミュニケーション活動」の一環としての広報・PR 活動が要求される時代を迎えているといえる。このようにグローバリゼーションが進行してきた今日、企業全体を捉える活動は、狭い意味での広報・PR 活動の枠を超えつつある。

3. 情報通信技術の革新

　グローバリゼーションの進展やコーポレートガバナンスと新たなコミュニケーション体制・手法の導入、また財務・非財務を総合した統合報告の導入などの業務構造の変化は、ICTの革新と成長に依存している。

　スピーディな情報の伝達や双方向のコミュニケーション、情報のアーカイブ化などを支援するツールが毎年のように誕生し性能を上げている。ITによる業務の自動化・効率化をデジタライゼーション第1ステージとすると、さらに信頼性やオープン性が加わり、ウェアラブル端末、スマート家電、コネクテッドカーといった新製品が登場するようになるのが第2ステージである。また第3ステージで、これまで扱えていなかった「感覚」や「カタチ」「動作・状態」などのデジタル化によるビジネスが登場すると、市場そのものの形態や競争環境も大きく変貌することになるだろう。

　このように、さまざまなサービスやハードウェアの普及による「デジタル化の波」は、広報・PR部門の業務のあり方やコミュニケーションツールも徐々に変えてきた。

　企業の広報体制や主要な広報活動も変化してきた。本社機構で広報を担当する組織名称は、以前は広報部が約半数を占めていただが、近年ではコミュニケーション活動を統括するコーポレート・コミュニケーション部へと変化していることがわかる（**図表1-5**）。

【図表1-5　本社組織で広報を担当する組織名】

広報担当部門の名称	2017年度	2020年度
広報部（室）—「広報宣伝室」など	43.7%	37.6%
コーポレート・コミュニケーション部	8.9%	14.6%
企画部門—「総合企画部（室）」「経営企画部（室）」など	16.9%	13.5%
その他広報部（室）—「渉外広報室」「広報CSR室」など	8.9%	13.5%
広報IR部（室）	10.3%	7.9%
総務・人事部門—「総務部」など	4.7%	6.2%
秘書部門・社長室—「秘書室」「社長室」など	2.8%	3.4%
管理部門—「管理部」など	2.3%	0.6%
その他の部門	1.4%	2.8%

出典：経済広報センター「第14回企業の広報活動に関する意識実態調査」（2021）

第1章　経営環境の変化と広報・PR　　*33*

　また、本社広報部門で対応している広報活動は、「報道対応」と「社内広報」が9割以上を占めており、「危機管理」や「広告・宣伝活動」「ブランド戦略の推進」なども5〜6割の企業が取り組んでいて、この業務内容は、10年間であまり変わらない。しかし、同じ「社内広報」であっても、10年前はそれほど充実していなかった「イントラネット」や「グループ報」が加わり、海外従業員にも迅速に企業情報が届けられるようになったり、タウンホール・ミーティングや社長ブログ、社内パネルディスカッションなど、経営層と社員との直接対話の仕組みを多くの企業で実施するようになったりと、広報・PR活動の内容は変化している。

　対外広報にも各種「ソーシャルメディア」が登場したし、3割程度の企業には海外拠点にも広報専任担当者が駐在しており「グローバル広報会議」を開催する企業も増えてきた。ICT化の進展とともに、企業の広報・PR活動は新しい課題に直面し、その体制や広報・PR活動の手法も変化しつつある。

CSRと広報・PR

　CSR（Corporate Social Responsibility～企業の社会的責任）という言葉が社会に浸透するようになって久しい。2000年以降、企業の不祥事も相まって社会からの注目度も高くなった。企業活動において意識せざるを得なくなってきている要素の1つであろう。本章では広報・PRと関係性の高いCSRについて述べる。

Ⅰ 企業活動とCSR

　CSRは、社会における企業活動と関わりのあるさまざまな主体との関係性で成り立つ。まさに、企業、行政、学校、NPO等あらゆる組織体が、その組織を取り巻く多様な人々の間に継続的な信頼関係を築いていくための考え方と行動のあり方であり、パブリックリレーションズとの親和性が高い。ここではまず、CSR推進に影響を与えるさまざまな環境変化や、企業活動におけるパブリックリレーションズとCSR推進について触れていく。

1. CSRを取り巻く状況の変化

　2000年に入って食品偽装やリコール問題など企業不祥事が頻繁に起きたことが一因となり、さまざまなメディアにおいてCSRという言葉が登場する機会が増えた。それと同時に投資家、株主、顧客や生活者、社員、取引先、地域社会、NGO／NPO等幅広いステークホルダーがCSRを意識するようになり、企業を見る目も厳しくなった。

また、グローバル化が進み、事業活動推進にあたって考慮すべき社会課題やステークホルダーも広がりを見せるなかで、企業の社会的責任の範囲もおのずと広がっていく。温暖化や労働・人権に対する配慮など国際的な課題となっているテーマに応えていく必要性も高まってきた。つまり、CSRはすべての事業活動、企業内すべての組織に関連してくる要素であるといえる。

(1) 経営者意識とCSR

前述のような状況下において、経営者のCSRに対する意識も高まってきた。2014年に経済同友会から発表された経営者意識調査では、次のような結果が出ている (**図表2-1**)。

「貴社にとってのCSRには、どのような項目が含まれますか」という質問に対して、回答が多い項目を見ると、「法令を遵守し、倫理的行動を取ること」が88％で最も多く、「より良い商品・サービスを提供すること」が85％、「本業を通じ"社会的課題"に取り組むことで、社会に貢献すること」81％と、企業活動そのものがCSRであるという意識をもつ経営者が多いことがわかる。続いて、公害問題等歴史的背景からも多くの企業で早くから取り組まれてきた「環境負荷の軽減」77％、そして「収益をあげ、税金を納めること」69％、「人権の尊重」69％、などが続く。1990年代に多くの企業が取り組みをはじめたメセナ活動やフィランソロピーといった活動は41％である。

また同じ調査で、CSRを「経営の中核」と考える企業経営者は71％、逆にCSRを「払うべきコスト」と考える企業経営者は42％という結果が出ている。過年度の同調査と比較すると、CSRをコストと考える経営者は減少傾向にあり、経営の中核と位置付けていることが分かる。法令遵守の意識を高く持ち、より良い製品・サービスを提供するという本業を通じて収益を上げるという、企業経営のあるべき姿がそのままCSRである、という意識が高まってきているようだ。

【図表2-1 貴社にとってのCSRには、どのような項目が含まれますか（複数回答）】

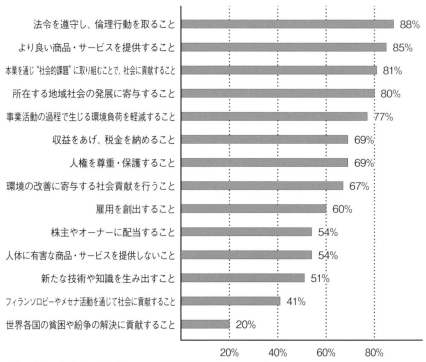

出典：経済同友会「日本企業のCSR自己評価レポート2014」

(2) 国際的な環境の変化

　企業のグローバル化は、CSRの推進にも大きな影響を与えている。企業が取り組みを検討、実施し、情報を開示するにあたって関連する規格や制度、国際的なガイドラインの動きについて、主だったものを挙げておこう。

① GRIガイドライン

　GRI（Global Reporting Initiative）は、企業が地球環境保全のために守るべき10カ条「セリーズ原則」を策定した米国の市民団体CERESが国連環境計画（UNEP）との協力で、1997年にスタートさせたプロジェクトである。環

境報告書の内容の質、信頼性や比較可能性の向上のために世界で統一した内容の基準を作成している。発足ののち、英国のサステナビリティ社が提唱した「トリプルボトムライン」（環境的側面、社会的側面、経済的側面の3つから企業活動を評価）など、ヨーロッパで広がる新たな動きをふまえ、環境報告のみならず、社会面、経済面を加味した持続可能性報告書のガイドラインとなった。

　日本国内では、2002年にGRI日本フォーラム（2007年にサステナビリティ日本フォーラムに改名）が結成され、普及啓発を行っている。2003年には環境省より「環境報告書ガイドラインとGRIガイドライン併用の手引き」も出されており、環境報告書やCSR報告書を出す数多くの企業が取り組みを報告するにあたって参考にしている。2000年に発行されたGRIのガイドラインは改訂を繰り返しており、2013年には第4版が公表された。2016年には、その第4版を基に、新たな基準となる「GRIスタンダード」が発表され、2021年にはその改訂版が公表されている。

② 国連グローバル・コンパクト

　国連グローバル・コンパクトは、1999年の世界経済フォーラム（ダボス会議）の席上で、当時のアナン国連事務総長が提唱したイニシアティブ（議案）である。企業を中心としたさまざまな団体が持続可能な成長を実現するための世界的な枠組みづくりへの自発的参加を促している。

　国連グローバル・コンパクトには、2021年9月時点で、世界162カ国で1万4054企業が署名し、4領域（人権、労働、環境、腐敗防止）10原則を軸に活動を展開している（**図表2-2**）。日本（グローバル・コンパクト・ネットワーク・ジャパン）では2022年2月時点で457企業・団体が加盟している。

③ OECD（経済協力開発機構）の多国籍企業行動指針

　OECDの行動指針参加国の多国籍企業に対して、企業に期待される責任ある行動を自主的にとるように勧告するために、1976年に策定されたものである。世界経済の発展や企業活動の変化に応じて、5回の改訂が行われている。

38　I　企業活動と CSR

【図表 2-2　国連グローバル・コンパクトの4分野・10原則】

人権	原則1：人権擁護の支持と尊重 原則2：人権侵害への非加担
労働	原則3：組合結成と団体交渉権の承認 原則4：強制労働の排除 原則5：児童労働の実効的な廃止 原則6：雇用と職業の差別撤廃
環境	原則7：環境問題の予防的アプローチ 原則8：環境に対する責任のイニシアティブ 原則9：環境にやさしい技術の開発と普及
腐敗防止	原則10：強要や贈収賄を含むあらゆる形態の腐敗防止の取組み

出典：グローバル・コンパクト・ネットワークジャパン Web サイト

　OECD 多国籍企業行動指針には、一般方針、情報開示、人権、雇用及び労使関係、環境、贈賄・贈賄要求・金品の強要の防止、消費者利益、科学及び技術、競争、納税等、幅広い分野における責任ある企業行動に関する原則と基準が定められている。直近の 2011 年の改訂では、人権に関する章の新設や、リスクに基づいたデューディリジェンス（企業の意思決定及びリスク管理システム）に欠くことのできない部分として、企業が実際の及び潜在的な悪影響を特定し、防止し、緩和し、どのように対処したかについて説明することが可能となるプロセスを実施すべき等の規定が新たに盛り込まれている。

④ ISO26000

　2010 年に発行された SR（Social Responsibility：社会的責任）の国際規格が ISO26000 である。これはあくまでもガイドラインであり認証ではないが、CSR 推進における新たな指標であり、企業に限らずさまざまな主体を対象とした手引きとなっている。ISO/SR 国内委員会事務局により公表された「ISO26000 の構成と規格概要が次のように示されている（**図表 2-3、図表 2-4**）。

　ISO26000 では、社会的責任を果たすための7つの原則として、①説明責任、②透明性、③倫理的な行動、④ステークホルダーの利害の尊重、⑤法の支配の

【図表 2-3　ISO26000 構成】

章番号	タイトル	内容
1	適用範囲	ISO26000 の目的、用途、位置づけを解説
2	用語及び定義	ISO26000 で使われている用語及びその定義
3	社会的責任の理解	社会的責任の歴史的背景と近年の動向、特徴となるポイントを解説
4	社会的責任の原則	社会的責任の 7 つの原則と組織が行うべき行動を解説
5	社会的責任の認識及びステークホルダー・エンゲージメント	組織の社会及びステークホルダーとの関係性を理解することの重要性を指摘し、ステークホルダーの特定とエンゲージメントの方法と要件を解説
6	社会的責任の中核主題に関する手引	社会的責任に取り組む際に検討すべき 7 つの中核主題とそれらに含まれる課題について解説
7	組織全体に社会的責任を統合するための手引	社会的責任を組織内で実践する際の検討項目、組織全体に社会的責任を統合するための方法、コミュニケーションの役割と重要性などの手引を解説
附属書 A	社会的責任に関する自主的なイニシアチブ及びツールの例	社会的責任に関連するイニシアチブとツールを紹介し、ISO26000 の内容との対応を整理
附属書 B	略語	ISO26000 に使用されている略語を整理
参考文献	参考文献	ISO26000 で参照している国際的な文書の出典を示す

出典：日本規格協会 ISO/SR 国内委員会「やさしい社会的責任（解説編）」

尊重、⑥国際行動規範の尊重、⑦人権の尊重が明示されており、文書においてはこの原則を記した直後にステークホルダー・エンゲージメントについて独立した章が設けられているのが特徴的だ。

　エンゲージメントとは、「企業が社会的責任を果たしていく過程において、相互に受け入れ可能な成果を達成するために、対話などを通じてステークホルダーと積極的にかかわりあうプロセス」と定義されている。そして組織の社会及びステークホルダーとの関係性を理解することの重要性を指摘し、ステークホルダーの特定とエンゲージメントの方法や要件を記している。

　そして、CSR に関わる取り組みを見直すにあたって軸ともなるのが 7 つの中核主題で、①組織統治、②人権、③労働慣行、④環境、⑤公正な事業慣行、

40　I　企業活動とCSR

【図表 2-4　ISO26000 の 7 つの中核主題のポイントと取り組み例】

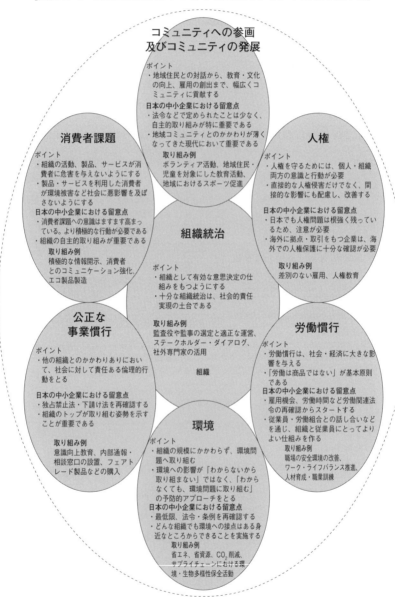

出典：「やさしい社会的責任・概要編」（前掲）

⑥消費者課題、⑦コミュニティへの参画及びコミュニティの発展、がある（**図表 2-4**）。最近では、各企業が自社の取り組みを伝える CSR レポート等において中核主題に対する対応状況を報告している例が多くみられるようになった。

2. 企業活動における CSR と企業価値創造

　前述のように、企業活動において経営と CSR の関係性が意識されるようになった。実際、CSR は全ての事業活動、組織と関わってくる要素である。ただ残念なことに、歴史的に高度経済成長期における公害問題は企業活動が一因となったことや、昨今の企業不祥事に対応して社会に対する「責任」が追及されたという背景から、CSR について、「マイナスの側面で社会に与えるインパクトを減らす」という意識もまだ強い。

　しかし、グローバル化が進み、事業活動の範囲とそれに伴うステークホルダーが広がりをみせるなかで、社会的課題はさまざまな要因で発生する。1 社だけの企業の取り組みで解決できるものではない。そして、社会全体が持続可能性を追求する中で、新たな価値を創造し、プラスの影響を与える取り組みを推進することも、企業の社会的責任である。

(1) 2つの側面と企業価値への影響

　CSR を推進するにあたっては、大きく 2 つの側面がある。1 つはマイナスの側面である。社会に対してマイナスの影響を与えた場合、同時に企業は社会やステークホルダーの信頼を大きく損なう。もう一方はプラスの側面である。例えば事業活動を通して社会課題を解決する取り組みや、製品・サービスや、ステークホルダーとともに価値を生み出す活動は、信頼を得て、さらには企業価値をあげることにつながる。

　このように、2 つの側面にはステークホルダーとの関係性が強く影響してくる。それによって、企業に対する信頼性やイメージが形作られ、ひいてはブランド形成につながることになる。この点において欠かせないのが PR（パブリックとのリレーションズ）である。ステークホルダーとの関係において生まれる

42　I　企業活動と CSR

プラス面とマイナス面のそれぞれの影響を踏まえ、関係づくりを行っていくなかで、信頼関係を構築することができるか否かが決まる。それが企業価値の形成にも影響してくるのである。

　経済同友会では、2007年に「CSR イノベーション─事業活動を通じた CSR による新たな価値創造」の中で、「企業が持続的に発展していくためには、法令遵守は当然のこととして、企業がその事業活動を通して、新しい価値をもたらし、社会の問題解決に貢献し、社会から信頼されることが重要」であるとし、「そのような CSR 経営を推進することにより、お客様、社員、取引先、株主などから選ばれる企業となることができる」としている。さらに「CSR 経営は、企業経営の負担を増やすものであるという考え方ではなく、企業競争力の強化につながる認識を持つことが必要」であるとしている（**図表 2-5**）。

【図表 2-5　事業活動を通じた CSR による新たな価値創造】

企業の「事業活動を通じた CSR」のグッド・プラクティス

具体例が必要
（環境配慮型製品、SRI など）

（潜在的）

法令等を上回る
社会のニーズ

（顕在化）

社会ニーズを先取りする経営
（価値創造をめざす「攻め」の経営）

競争力

価値
創造

法律・規制

規範・慣習

遵法経営／リスクマネジメント
（信頼を得るための「守り」の経営）

信頼
構築

不祥事

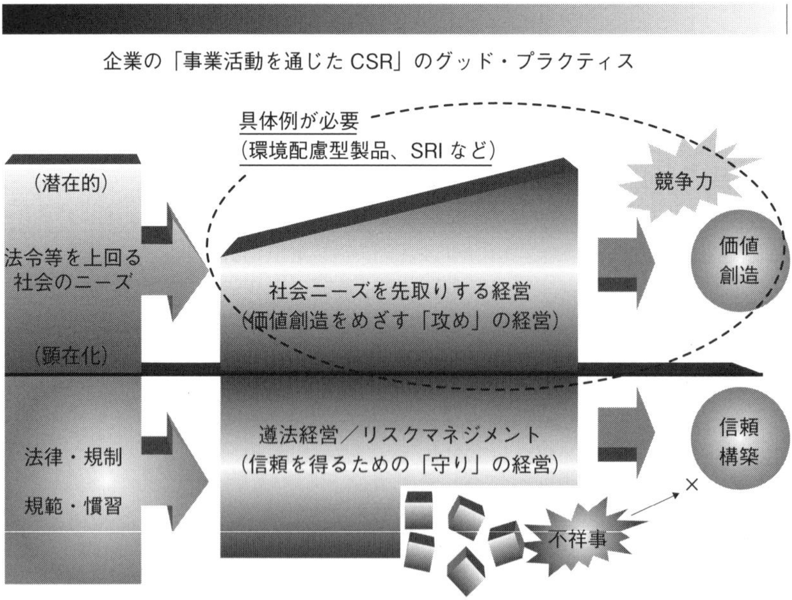

出典：経済同友会「CSR イノベーション─事業活動を通じた CSR による新たな価値創造」［2007］

(2) 守りと攻めのCSR

CSR活動には、マイナスとプラスの側面がある。1つは守りのCSRとして、社会に対して負の影響を与えないように、企業活動においてマネジメントを徹底し、社会的リスクを生まない活動を行っていくことである。前述したISO26000の中核主題を踏まえると、事業活動のなかで生まれる社会的リスクとしては、人権や労働慣行を損なう、環境に負荷を与える、事業慣行を損なう、消費者の権利を侵す、地域やコミュニティに対して悪影響を与えるといったことが想定される。

昨今の企業の不祥事につながる動きは、これらの要素にすべて関わっている。グローバル化が進む中、現地の工場で児童労働や労働環境の不備が発覚し、NPOから指摘を受け、デモやWebサイト上で生活者に訴えかけている企業もある。近年だけでも、食品偽装や車のリコール問題、不正会計、個人情報の流出など、顕著な不祥事がメディアを通して報じられ、企業に対する信頼性は著しく低下した。このような社会に対するマイナスの影響を起こさないように、法令遵守はもちろん、取引先を含めたマネジメントを行い、事業活動を行っていく必要がある。

また、攻めのCSRとは前述のように、社会課題の解決、ステークホルダーのニーズを満たす取り組み、さらにはステークホルダーとともに新たな価値を生み出していくことである。社会課題を解決する製品やサービスの開発もその1つである。例えば、売り上げの一部を寄付にまわすコーズ・リレーテッド・マーケティング（CRM）といわれる取り組みも2000年初頭から目立ってきた。このようにマーケティングに関わるものだけでなく、企業内で優れた人材を育成するリクルーティング、将来世代に投資する取り組み、地域との協働による地域活性化とともに新たな事業活動を創出していくことも、社会にプラスの影響を与える攻めの活動といえる。

2011年にハーバード大学教授のマイケル・ポーターが提唱したCSV（Creating Shared Value：共通価値の創造）という考え方は、攻めのCSRにつながる視点といえる。社会課題の解決と企業の競争力向上は同時に実現する、

という考え方だ。CSVを実践している企業の代表例として取り上げられるのがネスレである。ネスレにおける共通価値の創造は、「栄養・健康・ウエルネス分野」でリーディングカンパニーであり続ける中で、社会課題と事業活動との関係性に注目し、社会課題を解決する取り組みは、自社の事業活動を安定化させ、事業機会を保っていくことにつながるという考え方を基盤としている。

　ネスレの共通価値の創造においても、法令遵守やコンプライアンスの考え方は必要条件となっている。その上で、守りと攻めの2つの側面をとらえつつ、バランスよく展開していくことが重要である。その推進に欠かせないのは、①常に事業活動と社会課題の関係性に目を向けること、②ステークホルダーとの関係性や、そこから生まれるマイナス・プラスの影響を踏まえ、そのリスクをおさえて新たな価値を生み出していくこと、である。つまり、守りと攻めの2つの側面と、ステークホルダーとのより良い関係づくりを行うパブリックリレーションズの考え方が、CSR推進には欠かせないのである。

Ⅲ CSR推進と広報の役割

　守りと攻めの側面を踏まえ、バランスよくCSR活動を推進していくにあたって、ステークホルダーとのより良い関係づくりが重要であることは前述した。次に、コミュニケーションツール等、具体的な施策とともに、CSR推進と広報の役割について考えていきたい。

　CSR活動は、社内外のステークホルダーにその取り組みを伝えることによって、双方向の関係性を生み出すことができる。その上で社会に対して、そしてステークホルダーに対して、マイナス・プラスの影響をどのように与えているかを把握し、新たな取り組みを生み出していくことが必要だ。活動を伝える媒体としては、マスメディアだけでなく、ソーシャルメディアをはじめとしたさまざまなメディアやツールが存在する。広報・PR活動として、社会課題を抽出し、社内外の橋渡しとしての情報発信や情報創造を行う視点が重要となってくる（**図表2-6**）。

【図表 2-6　CSR 推進と広報の役割】

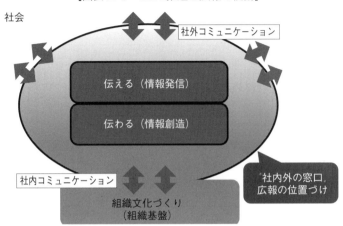

著者作成

1.「伝える」情報発信

　CSR 活動を社外のステークホルダーに伝える方法として、①紙媒体・WEB 媒体等、②広告、商品・サービス、③リアルな場での取り組み、の3つが挙げられる。社内向けには、社内の媒体や会議・ミーティング・イベントなどを通して行う（**図表 2-7**）。

　各社がさまざまな方法で各ステークホルダーに対して CSR 活動を伝えている。例えば ANA（全日空）グループの自社サイトではお客様、株主・投資家、取引先、社員、行政、地域社会、地球環境と、ステークホルダーとのかかわりについて、ANA グループがどのような責任をもって取り組んでいるのかについて、具体的な対話方法とともに示し、それを Web サイトに掲載している（**図表 2-8**）。

　最近は、Facebook や Twitter などソーシャルメディアで CSR に関わる活動を伝える企業もある。コーポレート活動を伝えるページのなかで CSR の取り組みを1つのコンテンツとして伝えている企業が多くみられるようになった。

　このように、CSR 活動を伝える方法は特別なものではなく、日々の広報活

46　Ⅱ　CSR 推進と広報の役割

【図表2-7　CSR 活動を伝えるコミュニケーション方法】

●紙媒体、Web媒体等を通して	・CSR レポート、環境報告書、サステナビリティレポート／統合報告書 ・自社の Web サイト、動画 ・Twitter や Facebook 等のソーシャルメディア ・他社の Web サイト（SRI（社会的責任投資）に関わる研究機関や、評価機関による分析結果やランキング開示など） ・企業活動にかかわるアンケート／取材を基にしたテレビ、新聞、雑誌、書籍、Web ニュース
●広告、商品・サービスを通して	・テレビ CM、Web 広告、新聞広告、雑誌広告、ラジオ広告 ・商品パッケージへの記載など
●リアルな場での取り組みを通して	・工場や店舗等で配布・設置するリーフレットや案内看板、POP ・自社／他主体とのイベントやセミナー ・工場視察 ・出前授業 ・環境、CSR に関わる展示会への出展 ・ステークホルダー・ダイアログ（対話）
●社内メディアやリアルな場を通して	・社内報 ・イントラネット ・社内イベント

筆者作成

　動のなかで意識されているコミュニケーションツールと同様である。どのステークホルダーに何を伝えるのかを明確にし、適切なツールと明確なメッセージを盛り込んでいくことが大前提となる。

　ただし、CSR に関わる取り組みを伝えるにあたっては、社会やステークホルダーに対してプラス・マイナスの両面でどのような影響を与えているかを把握したうえで、ステークホルダーと双方向の関係をつくっていくことをより強く意識する必要がある。そのために日々の広報活動においては、自社の取り組みを情報受発信するだけでなく、自社と社会をつなぐ役割として、関連する社会課題についての動向を把握し、社内へのフィードバックを行っていくことが重要である。

　また、CSR に関わる取り組みは、商品やサービス等マーケティングに関わる情報と異なり、ステークホルダーに効果的に伝えることが難しい。話題化と

第2章　CSRと広報・PR　47

【図表 2-8　ANA グループ「ステークホルダーと皆さまとのかかわり」】

	ANA グループの責任	主な対話方法
お客様	◆ すべての事業において安全を絶対的な使命とし、安心と信頼を高めます。 ◆ 常にお客様視点にたちながら新しい価値を創造することでお客様満足で世界のリーディングエアライングループとなることを目指します。	・カスタマーサービス窓口 ・お手伝いの必要なお客様の相談窓口 ・顧客満足度調査 ・機内コメントレター ・グループインタビュー
株主・投資家	◆ 株主価値の向上に向け、安定的に利益を生み出し、継続的に利益還元ができる企業体質の構築を進めます。 ◆ 適時・適切な社会情報の開示を徹底します。	・株主総会・投資家説明会 ・IR 活動 ・社会的責任投資に関するアンケート ・株主向け情報誌「ANA VISION」の発行
ビジネスパートナー	◆「ANA グループ購買方針」に基づいて関係法規を遵守した誠実・公正な取引を行い、自ら CSR 調達を実践します。 ◆ 取引先、協力・提携会社、各種団体とのパートナーシップを重視し、持続可能な社会の実現に向けて協働しながら、ともに発展することを目指します。	・取引先説明会・研修・意見交換会 ・取引先向けアンケート ・取引先工場視察 ・アライアンス航空会社とのプロジェクト
社員	◆ 社員の人権を尊重し、自立的な成長と多様な働き方を支援することで、社員一人ひとりが年齢・性別・国籍などにかかわらず、働きがいを感じて能力が発揮できる企業グループを目指します。	・社内イントラネット -Web 社内報 ・社員満足度調査 ・教育・研修 ・内部通報窓口（ヘルプライン） ・労使協議
行政	◆ 法令遵守や納税などの義務を果たします。 ◆ 国内外における人流・物流の維持拡大、地域経済の活性化など、日本および国際社会の持続的発展に向けて協働、支援を行います。	・業界団体・国際航空運送協会を通じた活動 ・政府審議会などにおける意思具申 ・官民共同プロジェクト
地域社会	◆ 事業活動とボランティア活動の双方を通して、社会的課題の解決に取り組み、地域社会の発展に貢献します。 ◆ NGO・NPO や地域社会と連携し、復興支援活動に継続して取り組みます。	・ボランティア活動 ・CSR 講演、次世代教育支援 ・NGO・NPO との意見交換会
地球環境	◆ 自らの事業活動による環境負荷を謙虚に認識し、持続可能な社会の実現に向けて人と地球のためにできることを常に考え、取り組みます。 ◆ 中長期環境計画「ANA FLY ECO 2020」の着実な遂行により、「環境リーディングエアライン」を目指します。	・環境課題への各種取り組み ・環境コミュニケーション活動 ・アニュアルレポート、Web サイトなどを通じた情報公開

出典：ANA グループ Web サイト

　いう意味では非常にハードルの高いコンテンツである。その意味でも、常に自社の事業活動が社会に与える影響を把握し、社会課題と解決に向けた自社の取り組みの関係性を考え、ブラッシュアップしながら、情報発信していくことを意識していきたい。

　CSR に関わる取り組みの範囲は、グローバル化に伴い、国内外へと広がっているし、社員の労務環境等についても注目されるようになってきた。こうしたステークホルダーとどのような関係づくりを行っていくことができるか、どうやってステークホルダーと共に価値を創っていくことができるか、その点を踏まえたコンテンツづくりが必要になってくる。

2.「伝わる」情報創造とコンテンツづくり

前述のように、CSR の取り組みをステークホルダーに効果的に伝えていくことは容易ではない。そもそも、メディアに取り上げられることは、生活者をはじめ各ステークホルダーが注目する可能性が広がるという意味では、広報・PR の観点から考えても重要である。しかしメディアに取り上げられることのみが最終目的ではない。

中長期的な視点でさまざまなステークホルダーに対して効果的に情報を届け、より良い関係づくりを行っていくためには、一方的に「伝える」だけでなく、ステークホルダーに「伝わる」コンテンツを届けなければならない。そのために考慮すべき点を考えていこう。

(1) マテリアリティの原則による重点課題の抽出

企業をはじめ各主体の CSR に対する取り組みは、各業種・業態・事業活動によってさまざまであり、その影響の度合いやインパクトも異なる。

前述の CSR に関わる活動の報告ガイドラインを策定している GRI（Grobal Reporting Initiative）が 2013 年に公表したガイドラインの第 4 版では、「マテリアリティ」を強調している。マテリアリティとは、CSR 領域における重要課題のことで、もともと会計用語で財務面で重要な影響を及ぼす要因を指していたが、現在では経済的視点のみならず、社会的、環境的視点を含む非財務面に関わる要因を踏まえて企業活動を報告することが重視されるようになっている。企業がどのような情報を開示すべきかを決定する際の柱となる。

GRI では、マテリアリティの原則として、「組織が経済、環境、社会に与える著しい影響を反映し、ステークホルダーの評価や意思決定に実質的な影響を与える」（GRI／公益財団法人日本財団　G4 サステナビリティ・レポーティング・ガイドライン日本語版 [2013]）に該当する側面を取り上げるべきであるとしている。

(2) ステークホルダーとの対話プロセスからの課題抽出

　企業各社は重点課題を整理するにあたってステークホルダーの声の抽出や有識者との対話を行っており、そのプロセス自体がより良い関係づくりにつながっていることにも注目したい。例えば、セブン＆アイホールディングスでは、重点課題を特定するにあたって、自社の方針や国内での社会課題や検討すべき社会課題などを抽出し、抽出した社会課題について顧客、取引先、株主・投資家、社員に対してアンケート形式でヒアリングを実施。ステークホルダーの声を通して重点課題候補を作成したうえでさまざまな有識者とのダイアログを行い、対話を通して取り組むべき重点課題を特定している。

　プロセスのなかであぶりだされる重点課題は、その企業ならではの課題であり、その企業がステークホルダーとの関係づくりを行いながら事業活動を通して解決しうる課題である。なぜ企業がCSR活動に取り組むのか、その企業が捉える社会課題をどのように解決につなげていくのか、そうした背景とプロセスを理解し、ステークホルダーの声を含めて情報を届けていくことが「伝わる」情報創造につながる。

(3) ストーリーづくり

　前述の通り、各企業、各主体ならではの情報を発信していくにあたっては、ステークホルダーとの関係づくりを行いながら、「なぜ、どのように取り組むのか」をプロセスも含めて届けていくことがポイントとなる。ただ事実を並べていくのではなく、ステークホルダーの声を反映しながら、ストーリー（物語）として伝えていくことを意識していきたい。ストーリーをつくっていくにあたっては、さまざまな主体とのコラボレーションも考慮したい要素である。

　CSRに関わる活動を推進するにあたってのコラボレーションについては、例えばNPO・NGO等民間団体との取り組みが挙げられる。以前より社会貢献活動の一環として、NPO団体に寄付をしたり、関連イベントでボランティアとして参加し人的支援を行うなどを行っている企業は多いが、更なる関係づくりを意識していきたい。

50　Ⅱ　CSR 推進と広報の役割

　前述のマテリアリティ（重点課題）は、社会課題と事業活動のインパクトを踏まえ抽出される要素である。NPO・NGO 等民間団体は、活動のテーマとする社会課題に常にアンテナを張って、活動基盤となる地域とのリレーションを強くもち、特定した課題解決に向けて取り組んでいる主体である。各企業が重点課題と設定したテーマに特化して活動している NPO・NGO とコラボレーションすることによって、社会課題に対する感度をより高めることができる。

　双方が目指すゴール設定ができれば、マイナスの側面への対応のみならず、新たな価値の創造につながるプラスの活動の展開も可能だ。それはコーポレートの活動のみならず製品・サービスのマーケティングにもつながる視点である。より目標を明確にしたコラボレーションに発展させていくことで、ストーリーとして語ることのできる要素が広がってくる。

3.　組織文化づくりと CSR

　CSR に関わる取り組みをステークホルダーに情報発信し、伝わるコンテンツのための情報創造を行いながら、ステークホルダーとのより良い関係づくりを行っていくことは、組織文化を形作ることにつながっていく。前述のISO26000 では「社会的責任に関する多くの実践活動には何らかの形で内部及び外部とのコミュニケーションが必要である」とされている。コミュニケーションすることは、説明責任による透明性の担保やステークホルダーとの対話への後押しにつながり、さらに企業と社会、ステークホルダーとの関係づくりを行い、改善点を見出すことが、企業活動の進化・発展につながる。まさに、PDCA サイクルを回していくイメージとなる。このプロセスそのものが、企業活動のパフォーマンスを上げ、社内外ステークホルダーとのより良い関係づくりや組織文化づくりにつながる。

　企業のグローバル化や企業再編、組織再編等の動きが激しい昨今、組織の基盤となり、重要なステークホルダーである社員向けのコミュニケーションが、インターナル・コミュニケーションとして注目されている。社内報、社員公聴会など、円滑なインターナル・コミュニケーションによって、「職場の連帯感

と相互信頼」「社員への企業理念の浸透、共通認識と価値観の醸成」「社員の活性化」「新しい体質と文化の創造」「社員の声が経営トップに届くボトムアップ経営」などの成果が生まれる（日本パブリックリレーションズ協会　FAQ categories より）。

インターナル・コミュニケーションとCSR推進は直接関係しないと考える組織はまだ多い。しかし、CSRは社会やステークホルダーとの関係性で成り立つものであり、全ての事業活動に関わってくる要素である。CSR推進が事業活動にもたらす影響を全社員が意識することができるよう、全社を巻き込んだ情報発信・情報創造が必要だ。

インターナル・コミュニケーションにおけるCSR推進にあたっては、ドライブをかける意味でも、トップのコミットメントが非常に重要である。残念ながら、CSRはボランティアであり経営とは関係しない、という考え方の経営者もまだ存在するようだが、広報・PR担当者としては、トップに対して、自社のマテリアリティに関わる社会動向や、他社動向などのCSRトレンドを定期的に伝え、トップがコミットする仕組みをつくっていくことも重要だ。

例えば、昨今の大きな社会動向の1つとして社員の働き方、ライフスタイルの変革を踏まえた「働き方改革」が挙げられる。インターナル・コミュニケーション、CSR推進を検討する上での重要な要素であり、社内を横串でつなぐ広報担当者として、人事担当部署など社内間組織連携を行い、社員の声に耳を傾けつつ、その声を、トップをはじめとした社内、そしてその取り組みを社外に発信することも役割の1つである。また、社外の動向、政府や業界団体、他社動向などを敏感に察知する積極的なコミュニケーション活動がますます求められる。

このようにCSR推進には、コミュニケーションに関連した要素が密接に関係しており、広報の役割は非常に大きい。そして、CSRに関係するテーマは非常に幅広く、組織横断的に取り組んでいく必要がある。広報部門としては、CSRを推進する部署や各部署と連動し、社内外ステークホルダーとの関係づくりを進め、「伝わるコンテンツ」を生み出していくことが求められている。

52　Ⅲ　経営とSDGs（持続可能な開発目標）

Ⅲ　経営とSDGs（持続可能な開発目標）

　近年は、グローバルな視点からの社会的責任について、SDGsの視点が不可欠になりつつある。CSRレポートにも自社のSDGsへの取り組みを挙げる企業が増えている。広報・PR実務において必要な基本的な概念を整理しておこう。

1. 2030年に向けた17の目標

　2015年9月25日から2日間、ニューヨーク国連本部において開催された国連持続可能な開発サミットにて、150を超える加盟国首脳が参加し、その成果文書として「我々の世界を変革する：持続可能な開発のための2030アジェンダ」が採択された。その際に掲げられた、人間、地球及び繁栄のための行動計画としての宣言および目標が「SDGs（持続可能な開発目標＝Sustainable Development Goals＝エスディージーズ）」である。国連に加盟するすべての国は、2015年から2030年までに、貧困や飢餓、エネルギー、気候変動など持続可能な開発のための17の目標と169のターゲットを達成するために尽力することが掲げられている。地球上の誰一人として取り残さない、「世界を変えるための17の目標」として国連は次のような目標を挙げている。

　「持続可能な開発のための2030アジェンダ」発足の際、加盟国は、個人の尊厳を基盤とすること、および、すべての国と人々、社会各層について、アジェンダの目標とターゲットを達成すべきことを認識した。

　「誰も置き去りにしないこと」が2030アジェンダの根本的原則である。

2. 日本における取り組み

　日本においては、2016年12月、政府主導のもと、全省庁、市民サイド、企業サイドが集まり「SDGs実施指針」を策定した。優先課題として、①あらゆる人々の活躍の推進、②健康・長寿の達成、③成長市場の創出、地域活性化、科学技術イノベーション、④持続可能で強靭な国土と質の高いインフラの整備、⑤省エネ・再エネ、気候変動対策、循環型社会、⑥生物多様性、森林、海洋等

［世界を変えるための17の目標］

目標 1：あらゆる場所で、あらゆる形態の貧困に終止符を打つ。

目標 2：飢餓に終止符を打ち、食料の安定確保と栄養状態の改善を達成するとともに、持続可能な農業を推進する。

目標 3：あらゆる年齢のすべての人々の健康的な生活を確保し、福祉を推進する。

目標 4：すべての人々に包摂的かつ公平で質の高い教育を提供し、生涯学習の機会を促進する。

目標 5：ジェンダーの平等を達成し、すべての女性と女児のエンパワーメントを図る。

目標 6：すべての人々に水と衛生へのアクセスと持続可能な管理を確保する。

目標 7：すべての人々に手ごろで信頼でき、持続可能かつ近代的なエネルギーへのアクセスを確保する。

目標 8：すべての人々のための持続的、包摂的かつ持続可能な経済成長、生産的な完全雇用およびディーセント・ワーク（働きがいのある人間らしい仕事）を推進する。

目標 9：レジリエントな（回復力のある）インフラを整備し、包摂的で持続可能な産業化を推進するとともに、イノベーションの拡大を図る。

目標 10：国内および国家間の不平等を是正する。

目標 11：都市と人間の居住地を包摂的、安全、レジリエントかつ持続可能にする。

目標 12：持続可能な消費と生産のパターンを確保する。

目標 13：気候変動とその影響に立ち向かうため、緊急対策を取る。

目標 14：海洋と海洋資源を持続可能な開発に向けて保全し、持続可能な形で利用する。

目標 15：陸上生態系の保護、回復および持続可能な利用の推進、森林の持続可能な管理、砂漠化への対処、土地劣化の阻止および逆転、ならびに生物多様性損失の阻止を図る。

目標 16：持続可能な開発に向けて平和で包摂的な社会を推進し、すべての人々に司法へのアクセスを提供するとともに、あらゆるレベルにおいて効果的で責任ある包摂的な制度を構築する。

目標 17：持続可能な開発に向けて実施手段を強化し、グローバル・パートナーシップを活性化する。

＜誰も置き去りにしないために＞

の環境の保全、⑦平和と安全・安心の社会、⑧ SDGs 実施推進の体制と手段、が挙げられている。企業としての取り組みについては日本経済団体連合会や経済同友会をはじめ SDGs 達成に向けての動きが加速している。

2017 年 1 月の世界経済フォーラムの年次総会（ダボス会議）でも取り上げられ、SDGs は各国の経営者が注目するテーマとなっている。各メディアにおいても取り上げられることが多くなっており、各企業が CSR 推進をはじめ企業活動を進める上で意識せざるを得ないテーマとなった。

2017 年 12 月には、総理大臣官邸で行われた SDGs 推進会議で「SDGs アクションプラン 2018」が公表された。同月には第 1 回「ジャパン SDGs アワード」も開催され、282 の企業・団体が応募して 12 の企業・団体が受賞している。

3. SDGs 課題を組み込んだ CSR 戦略

SDGs に関する情報を世界へ発信しているのは、国連広報センターである。環境対策や貧困の撲滅などの目標を達成するためには、世界中の行政機関や企業の協力が欠かせない。

企業にとっては、SDGs の取り組みを自社の CSR 戦略に組み込み、グローバルな視点で環境・社会の課題改善に貢献していくことが求められている。原材料の確保、資源の採掘、生産工場での環境への配慮や労働環境、製品のパッケージ素材、使用済み製品の廃棄など、全ての事業活動に環境・社会に対する SDGs 課題が関係する。

まずは SDGs の課題解決に向けた取り組みを行うことが重要であり、そのような取り組みを行っている企業であるということを多くのステークホルダーに伝えていくことが広報・PR の役割である。グローバルな目標課題に沿って積極的な活動を行っているということは、レピュテーションを高め、良好なコーポレート・ブランドを構築する。その活動から、従業員のモチベーションにも貢献し、愛社精神につながるだろう。

企業の SDGs（17 の目標達成）のために行われている取り組みを紹介する。

スターバックスは、コーヒー豆の生産地で NGO と協力して、農場のサポー

トや、生物多様性の保護を行っている。また社会開発プロジェクトに投資し、国際フェアトレード認証されたコーヒーの購買者となるなど、SDGs の課題に沿った CSR の取り組みを続けている。2018 年には、プラスティックストローを 2020 年までに全廃する、と発表した。こうした取り組みは、Web サイトを始めとするさまざまなメディアを通じてステークホルダーに伝えられ、CSRや環境問題の記事や文献に引用されている。そしてスターバックスのブランド価値を高めることに寄与し、消費者はコーヒーを楽しむことでグローバルな視点で持続可能な環境・社会の実現に貢献しているというストーリーを追体験できるのである。

　日本でも多数の企業が SDGs 課題を組み込んだ CSR 戦略に着手しており、グローバルな NGO 団体と協働して積極的な活動を行っている。

　王子ホールディングスでは、国内に 26 万ヘクタールの森を保有し、植林活動を展開している。世界的に広く適用されている国際基準の FSC® 認証紙を業界に先駆けて主要製品に導入した。また、トイレットロールやティッシュの売り上げの一部で、東ティモールでのユニセフの活動を支援し、現地でのトイレづくりや屋外排泄根絶を目指すプログラムに貢献している。グループ会社の王子ネピアでは、WWF ジャパンと連携し FSC® 認証紙への理解推進にも取り組んでいる。これらの活動は、SDGs の「目標 6 ：安全な水とトイレを世界中に」「目標 15 ：陸の豊かさも守ろう」につながる取り組みである。

　セブン＆アイ・ホールディングスは、社会ニーズの変化や環境問題等、さまざまな社会環境の変化に対応するため、環境宣言『GREEN CHALLENGE 2050』を定めた。セブンイレブン等の店舗に太陽光発電パネルや温暖化への影響を低減した冷蔵ケースを配置し、ペットボトルリサイクルにも取り組む。

　こうした持続可能性を意識した、世界的な環境・社会への取り組みは、今後ますます重要となっていくだろう。

インターナル・コミュニケーション戦略

　従業員の活力を高めてモチベーションを上げるためには、インターナル・コミュニケーションを活性化しなければならない。企業内で情報共有ができてこそ、従業員は組織の一員として「やる気」を発揮する。本章では、戦略的な社内広報を行うためのインターナル・コミュニケーションについて解説していく。

I 労働環境の変化

　20世紀後半の日本企業は、終身雇用制度、年功序列の賃金体系、企業内労働組合を特徴としてきたが、グローバル化の進展の中で近年の労働環境は大きく変化した。中途入社の増加、職種の多様化、従業員の外注化、成果主義の導入、公私の分離意識などである。インターナル・コミュニケーションを考える上で、従業員の勤務形態や就業意識の変化は重要な要素である。まずはこの数十年間の労働環境の変化を振り返ってみよう。

1. 人材の流動化：中途入社の増加

　20世紀後半の企業は、終身雇用・年功序列賃金制度の下で、ほぼ全ての従業員が新卒で入社した正社員であり、数年に一度の人事異動を繰り返しながら、コツコツと働けば確実に賃金は上昇した。上司が残業していれば自分も居残って仕事を続けるのが礼儀という雰囲気があり、残業手当を全て請求しなくても、「ブラック企業」と呼ばれることはなかった。いわゆる「受付嬢」は全社員の名前と顔を覚え、頻繁に来社する取引先とも顔見知りだった。宴会や運動会な

どインフォーマルな社内コミュニケーションも活発で、組合活動を通した若手社員とのコミュニケーションを重視していた企業もある。

しかし、1980年代の半ば頃から転職希望者が増え、グローバル化の進展とともに外資系企業が中途採用の募集をするようになったこともあり、人材の流動化が進んできた。特に1990年代後半に大手金融機関や大手企業の破綻が相次ぎ、優秀な人材でありながら転職を余儀なくされた人たちが外資系企業で活躍するなどして、ポジティブな転職の可能性が具体化されていったといえる。企業側も経営の悪化により、新卒入社で研修費をかけ、定年まで生涯雇用を続け、退職後も終身年金を出すような福利厚生制度が続けられなくなり、即戦力となる人材を中途採用した方が得策だと考えるようになってきた。さらにインターネットが進化する中で求人サイトも増加し、転職活動を目立たないように行うことができるようになったことも後押しし、労働力の流動化が徐々に進んできたのである。

その結果、企業に就職しても条件の良い職場が見つかれば安易に転職していく者が増えた。厚生労働省の「新規学卒者の離職率に関する調査」（2021年）によれば、1995年以降、大卒者が3年以内に離職する率は30％を超えており（2009年卒のみ28.8％）、3人に1人が3年以内に離職している。

終身雇用が当然だった頃、新卒で入社して数年後、「ウチらしい顔になってきた」というのは上司から部下への褒め言葉であり、企業文化は暗黙のうちに受け継がれていった。同じ業種の同じ業務でも、企業によって業務の呼称は違い、自社の専門用語を使いこなすことで何となく連帯感が芽生えていたといえる。1990年代、銀行や航空会社が合併すると、社内用語の使い方が大きく違うので業務の引き継ぎが困難になったり、被合併企業の社員が肩身の狭い思いをしたりしたのも、企業文化が異なるからである。

しかし現在のように、人材が流動化して転職者が増加してくると、企業文化を暗黙のうちに形成することは困難である。しかも転職者は前職でキャリアを築き、そのノウハウを持ち込んで新天地で活躍しようと意気込んでいるのだから、新入社員のようにゼロから時間をかけて自社の企業文化を体得せよという

わけにもいかない。

　こうした時代だからこそ戦略的なインターナル・コミュニケーションが必要なのである。職人が仕事の流儀を覚えるような前時代的な方法でなく、各事業部門を横断するような情報共有と明示的な従業員向けのメッセージ発信により「風通しの良い企業文化」を構築しなければならない。社内広報はその一翼を担っている。

2.　職種の多様化：総合職・専門職・地域限定職

　従業員を採用するのに「総合職」「専門職」などの名称が生まれたのは、1986 年に男女雇用機会均等法が施行されたときである。それまで多数の企業では、男性社員が主要業務を担当し、女性社員は補助的な役割に徹し、結婚すれば退職するのが慣例というケースが多かった。「キャリアウーマン」という言葉は 1970 年代からあり、労働基準法で産休制度は定められていたが、職場の慣例の壁は厚く、実際に組織の中で女性がキャリアを重ねることができたのは、公務員やマスコミなど限られた職種か、一部の企業の非常に恵まれた職場に過ぎなかった。内閣府の「男女共同参画白書」によれば、1989 年に民間企業の部長級職に占める女性の割合は 1.3％に過ぎなかった（2019 年は 6.9％）。つまり、高度成長期に日本的経営の典型とされた「年功序列と終身雇用」は男性社員の就業形態を指す言葉で、ほとんどの女性は戦力視されておらず、一斉採用されても、男性と女性では配属される職場も仕事内容もキャリアパスも違っていたといえる。

　しかし社会環境は変化して職場の理解も進み、女性もキャリアを重ねる人が少しずつ増え始めた。そして男女雇用機会均等法の施行により、採用の基準に「男子のみ」「女子のみ」という条件をつけるような採用方法は禁止され、女性従業員を女性であるという理由だけで補助的業務に就かせることは禁止された。そこで企業は慣例を守るため、男女別ではなく、「総合職」「一般職」という区分を設けた。「総合職」は管理職になることを期待された幹部候補社員で、転居を伴う転勤がある（ほぼ全員が男性）。「一般職」は補助的な業務を行う社員で、転居を伴う転勤はない（全員が女性）である。その後、「専門職」「技術

職」などの研究職ができて別採用になったり、「準総合職」という中間の職位を設けて意欲のある女性社員を昇格させたり、転居を伴わない地元社員の制度として「地域限定職」を導入したりするようになった。

21世紀に入ると社会環境は変化し、全国どこでも、あるいは世界中どこでも人事異動で転勤させられるような雇用形態を好まない男性が増加してきた。少子化で親元を離れられないなど、現実的な事情もある。企業側も、経済環境の低迷が長引き、全ての男性社員に将来の管理職ポストを用意することが困難になっていく。近年では、男性でも「地域限定職」を選んで応募することができる企業が増加している。

3. 従業員の外注化：派遣・契約・アルバイト

「派遣社員」は、人材派遣会社に登録した人が企業の要請に応じて派遣される仕組みである。1986年の男女雇用機会均等法施行により、「女性秘書」や「受付嬢」の募集が禁止されたため、専門職の募集を可能にするために抱き合わせで施行されたのが1986年の労働者派遣法である。秘書や受付は専門職業務として、外注される形で派遣社員が担うこととなった。当初は職種が限定されていたが、1999年に大幅改正されて派遣対象となる業種が拡大し、さらに2004年の改正で製造業務の派遣が解禁され、2006年の改正では派遣受入期間の延長や派遣労働者の労働保険等への配慮も盛り込まれた。2012年の改正では多数の業務が派遣の対象となり、派遣労働者は急増した。このほかに企業と直接契約する「契約社員」も急増している。

総務省の「労働力調査」によれば、雇用形態別雇用者数は、1980年代までは80％以上が正社員（正規雇用の職員・従業員）だったが、1990年代から70％台に漸減し、2021年には全雇用者5620万人のうち正社員比率は62.8％まで下落した（**図表3-1**）。約3分の1が非正規雇用ということになる。派遣社員や契約社員のほか、期間限定職やアルバイト・パート採用もあり、非正規従業員の比率が高まっている。

インターナル・コミュニケーションの目的は、企業組織内で理念や情報を共

I 労働環境の変化

【図表 3-1　正規雇用者と非正規雇用者の推移（総務省「労働力調査」）】

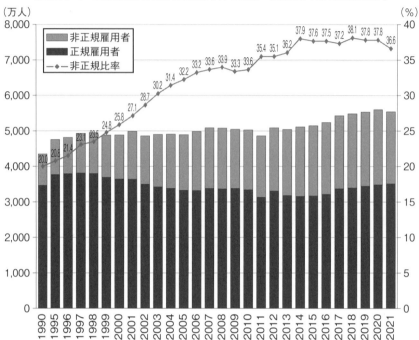

（注）雇用形態の区分は、勤め先での「呼称」によるもの。正規雇用労働者は、勤め先での呼称が「正規の職員・従業員」である者。非正規雇用労働者は、勤め先での呼称が「パート」「アルバイト」「労働者派遣事業所の派遣社員」「契約社員」「嘱託」「その他」である者。非正規雇用率は、正規雇用労働者と非正規雇用労働者の合計に占める割合。
出典：総務省「労働力調査」

有して意識を統一することである。外部から見れば、就業形態の違いは関係がない。例えば飲食店で、接客してくれる人が正社員であってもアルバイトであっても、「感じが良かった」「不愉快だった」などの印象は、その店に対する記憶として形成される。ディズニーランドは非正規社員が9割を占めているが、高レベルの接客水準を保っていることで定評がある。金銭的な報酬や組織ポジションを与えられるだけでは人は働かない。非正規社員を戦力化するためには、その組織の一員であるという所属意識が誇りと自己実現につながるような、気持ちの上でのモチベーションと、組織の情報を共有し、組織の中で自分が貢献

第3章　インターナル・コミュニケーション戦略　*61*

していることを明示的に実感できるような仕組みづくりが必要だ。それが業績
表彰制度や社内広報誌であり、組織横断的な情報共有なのである。

　一方で、多数の非正規社員が組織の中にいると、20世紀型のように無防備
なファミリー意識のままではなく、機密情報の扱いやモチベーションの醸成に
配慮して、1人ひとりを戦力化するためのマネジメントを意識しなくてはなら
ない。インターナル・コミュニケーションに求められる役割は高度化してきた
といえる。

4. 成果主義の導入：年俸制・出来高制・労組縮小と個別交渉

　前述のように、日本企業は長年、年功序列賃金だった。新卒の入社時は全員
が同じ初任給で、毎年一定額のベースアップと昇給がある。勤続年数が10〜
20年と長くなると、業務査定によって昇給・昇格に差がつくが、少なくとも
若手のうち同期社員の給与は平等だった。そのシステムを支えていたのは企業
内組合で、経営者と組合の労使交渉による春闘の昇給妥結額やボーナス支給月
数の合意状況について、個別企業ごとにまとめた一覧表は毎年、『日本経済新聞』
に掲載されていた。

　しかし、1990年代半ば頃から、労働組合の組織率が下がって団体交渉の意
味が薄れたこと、経済環境が低迷して年功序列の賃金を支払うのが厳しい企業
が増えてきたこと、グローバル化の波を受けて外資系企業との市場競争が進み、
高額の年俸を提供する外資と人材を獲得する競争をしなければならないことな
どから、仕事の業績を上げた人が高い報酬を得る、という「成果主義」を導入
する企業が増え始めた。さらには欧米系企業のように、毎年の年収を上司との
交渉で決める「年俸制」や、営業社員の歩合制のような「出来高制」も導入さ
れていく。

　しかし、終身雇用制を前提とすれば長期的なビジョンを持ってコツコツと働
き続けることもできるが、毎年、成果を挙げて上司に自己申告しなければ昇給
できないとなると、自己PRの巧拙や上司との相性によって不平等が生じる上、
短期的な業績を上げるために無理をするなど、成果主義の弊害が目立ってきた。

62　I　労働環境の変化

そこで人事コンサルティング会社の人事評価システムを導入するなど、近年は欧米型の成果主義が軌道修正されている。特に広報部門や総務部門など、短期的な業績を上げる必要がない部門については成果主義を導入せず、その代わりに自己申告と面談による目標到達度を昇給の査定基準とするなど、修正型の人事評価制度が大多数になっている。

　いずれにしても、従業員のモチベーションや求心力は、金銭的な報酬だけで上がるものではないし、短期的に業績を上げた社員が高額の年俸をとっても、翌年も前年を上回る業績を期待されてしまうと厳しい状況となる。仕事はチームワークが重要なのに、自分の業績をアピールしてばかりいると同僚との関係も悪化する。しかも住宅ローンや子供の教育費など、長期的な家計支出を考えれば、将来にわたって安定的な賃金保証があることは重要である。

5．サービス残業など労働問題の表出

　前述したような労働環境の変化は、職場にさまざまな摩擦を引き起こした。将来の長期ビジョンを持てずに従業員が心身の健康を害したり、勤務内容の過密化で精神的なダメージを受けたり、過労死が発生したりと、勤務先に対する訴訟も増加した。

　高度経済成長期から続く悪習慣としてまず問題視されたのが、残業代の未払いである。残業しても全額を申請しないのが慣例であり（「サービス残業」と呼ばれた）、その代わりに業務中に多少は休憩しても減給されないし、残業は必ずしも過密な労働ではない（通称「ダラダラ残業」）、というのが日本企業の暗黙の了解だった。しかし、2000年代に入って生産性向上が求められる中で、緊張感の強い状態で過密な長時間労働を続けさせたため、従業員は疲労困憊し、体調を崩す者が続出した。そもそもサービス残業は労働基準法違反であると問題視されるようになったのである。

　2005年に労働基準監督局から是正指導を受け、100万円以上の未払い残業代を支払った企業は過去最多の1500社超で総額200億円超である。指導を免れた企業も含めれば、いかに多数の企業でサービス残業が行われていたかがわか

る。管理監督者は残業代の支払いが免除されるため、名目だけを「店長」など の管理職にして権限を与えないまま残業代を払わないという「名ばかり管理職」 の訴訟が相次いで社会問題化したのも同時期である。

　労働災害（労災）の認定も増えた。それまで労災といえば工事現場などでの 事故が多かったが、精神疾患を発症して労災認定される人が増加し、過労死の ケースや、過労が原因で鬱症状となり自殺したケースなどでも、大手企業が次々 と裁判判決で賠償命令を受けた。過労死の防止は国全体の責務であるとして、 2014 年 11 月には過労死等防止対策推進法が施行されている。

　こうして労働問題が表面化しても職場環境はなかなか改善せず、2014 年に 厚生労働省が全国で受けた労働相談件数は 7 年連続で 100 万件を超え、そのう ち「いじめ・嫌がらせ」などパワーハラスメント関係の相談は約 6.2 万件で 3 年連続最多となった。パワハラによる自殺や、職場でのセクハラ（性的嫌がら せ）、マタハラ（妊娠・出産に関する嫌がらせ）に関する訴訟も後を絶たない。 若者を不当に働かせすぎる企業は「ブラック企業」として、行政指導の対象と なっている。そして 2016 年に某企業の新入社員の自殺が過労による労災と認 定されたことにより、残業問題は社会の重大関心事となった。

　2010 年ごろから、労働基準監督局への申告や未払い残業の件数は減少傾向 にある。しかし厚生労働省が 2014 年に長時間の過重労働が疑われる全国の事 業所を重点監督した結果、過半数の事業所で違法残業が行われており、過労死 ラインを超える月 100 時間超の事業所は 16％に上り、残業代の不払いが生じ ていた事業所も 21％あった。労務環境に問題を抱えた企業はまだ多い。

6. メンタルヘルスの課題

　1996 年に経団連の企業行動憲章が改訂され、「従業員のゆとりと豊かさを実 現し、安全で働きやすい環境を確保するとともに、従業員の人格・個性を尊重 する」と記述された。これで従業員への配慮が CSR の一部であることが明記 されたといえる。さらに 2010 年の改訂では、「従業員の多様性、人格、個性を 尊重するとともに、安全で働きやすい環境を確保し、ゆとりと豊かさを実現す

64　I　労働環境の変化

る」となり、ダイバーシティ（性別、人種、障害等の相違を超えて多様な人材を積極的に登用すること）に関連した記述となっている。

　そして前述のような労働環境が社会問題となる中で、従業員の健康管理は企業の盛衰を分けるようになった。従業員の過労自殺などが問題視されて労働環境が「ブラック」だと批判を浴びたことで、業績が急激に悪化し、一部事業を売却するなどの対応を迫られた企業もある。一方で、午後8時以降の残業を禁止して朝型勤務に時間外手当をつけたり、4時間勤務の正社員を認めたりした企業は、メディアで華々しく報道され、企業イメージが向上した。労働環境を整備することは企業にとってパブリシティのニュースでもあるのである。

　こうした環境の中で経済産業省は2015年から、東京証券取引所の上場企業の中から、従業員等の健康管理を経営的な視点で考えて戦略的に実践している企業を「健康経営銘柄」として選定（1業種1社）して社名を公表した。選定に当たっては、経済産業省が全ての上場会社に対して、経営と現場が一体となった健康への取り組みができているかを評価するための調査を実施し、回答のあった企業について、①経営理念・方針、②組織・体制、③制度・施策実行、④評価・改善、⑤法令遵守・リスクマネジメントという5つの側面からスコアリングを行い、さらに各業種上位企業の中から財務面でのパフォーマンスが良い22社を選定した。「従業員の活力向上や生産性の向上等の組織の活性化をもたらすことで中長期的な業績・企業価値の向上を実現し、投資家からの理解と評価を得ることで株価の向上にもつながること」を期待したものである。まさに企業のインターナル・コミュニケーションが良好かどうかは、株価に反映される時代に入ったといえそうだ。

7.　ワーク・ライフ・バランスと個人情報の重視

　従業員への配慮が企業の社会的責任であると明示されたのと同時期から、健全な労働環境を実現し、労働時間の短縮と生産性向上を両立させるために、公私を分離する「ワーク・ライフ・バランス（仕事と生活の調和）」が重視されるようになっている。2007年に内閣府の主導で「ワーク・ライフ・バランス

憲章」及び「仕事と生活の調和推進のための行動指針」が策定され（2010年改訂）、男性も女性も家庭生活を大切にしながら自己実現可能な仕事を続けて豊かな生活を送ることができるよう、求められるようになった。ワーク・ライフ・バランスとは、具体的に以下のような社会を指す。

1. 就労による経済的自立が可能な社会
2. 健康で豊かな生活のための時間が確保できる社会
3. 多様な働き方・生き方が選択できる社会

内閣府では、このワーク・ライフ・バランスを実践するためのキャンペーンとして、従業員がプライベートを楽しむために早く帰る、という意味から、「カエルジャパンキャンペーン」を行った。

また、厚生労働省は急速な少子化に対応し、女性の育児休業取得率を上げて働き続けやすい環境を整備しようと、2003年に「次世代育成支援対策推進法」を施行し（最終改訂は2014年）、行動計画を策定した企業のうち、一定の基準を満たした企業を「子育てサポート企業」として認定することとした。2017年3月末時点で、2695社が認定を受け、厚生労働大臣認定の「くるみんマーク」をWebサイトなどで使用して従業員に対するCSRに配慮した企業であることを明示している。

2003年に個人情報保護法が制定され、雇用者は従業員のプライバシーを重視し、業務上知り得た個人情報を不当に利用してはいけないことが義務付けられた。これによって社内広報誌では従業員の個人情報を気軽に掲載するのは差し控えられるようになり、自宅訪問や家族登場の読み物コーナーは減り、企業情報を共有するためのツールという色彩が濃くなっていく。インターナル・コミュニケーションの本来の戦略的意義が見直されてきたのである。

Ⅱ インターナル・コミュニケーションの戦略的意義

企業の不祥事が増加する背景には、経営の透明性や情報開示が重視される時代に前時代的な経営を継続しているという経営マインドに問題がある。これは

広報部門が情報参謀として考えなければならない点であり、PRパーソンとして広報マインドを全社レベルに拡大していく上での課題である。インターナル・コミュニケーションを活性化して経営資源化することが、企業経営にどのようなメリットをもたらすかについて、経営学的に分析した「暗黙知と形式知」の概念を用いて解説する。

1. 暗黙知と形式知の概念と情報の戦略化

従業員はその企業に所属することに満足感や帰属意識を持ち、組織的に目標を達成するために協同して業務を行う。各従業員の行動は相互に影響し合い、技術・技能を教えてもらったり、仕事のコツを習得したりする。それぞれの組織内の情報を共有し、人間同士の信頼感を育てていくことで、組織全体の活力が生まれるのである。その概念を理論的にいうと、「暗黙知の形式知化」である。もう少し詳しく説明してみよう。

M.ポランニーは「暗黙知」「形式知」という概念を提唱し、勘や経験などの抽象的な知識と、図表やグラフなどの具象的な知識を分類した。これを日本的な経営に応用して理論化したのが野中郁次郎で、日本企業は、主観に基づく洞

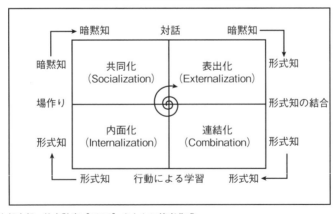

【図表3-3　暗黙知と形式知の流れ】

出典：野中郁次郎・竹内弘高［1996］をもとに筆者作成

察や直感、経験など、目に見えにくい「暗黙知」を経営資源としている、と分析した。そして日本企業は従業員の「暗黙知」を、企業全体で製品・サービスや業務システムという「形式知」へ転換することに成功してきており、その「組織的知識創造」は日本企業が成功した最大の要因だと指摘したのである。

　西洋的な組織観では、知識は明示することができる「形式知」であり、意思決定は数字的な裏付けを元に合理的に下されるものだと考えられていたが、日本企業の意思決定プロセスは、明示的でない情報を「組織的な知識」として創造していく過程に特徴がある。外部知識を取り込み、組織内で共有することで、連続的なイノベーションを創り出していく。そのプロセスは以下の通りである。

　まず、個人の暗黙知はグループ内で「共同化」され、対話によって明示的なコンセプトとして「表出化」した形式知となる。各部門の形式知が結合し、「連結化」して企業全体の形式知が生まれ、明示的に知識が提示される。それを各従業員が自分のものとして「内面化」し、さらに新しい暗黙知を生み出していく。これが「知識創造スパイラル」である。知識創造スパイラルを促進するためには、①組織の意図：企業経営のビジョンがあること、②自律性：個人が自主的に任務を設定するなどの自律性があること、③ゆらぎと創造的なカオス：情報に曖昧さがあり、自らの知識体系を向上させようとする自主性を活かせること、④冗長性：組織の情報が重複していて、非公式なコミュニケーションがあること、⑤最小有効多様性：複雑な外部環境に対応するための内部多様性をもつこと、の５つが必要である。

　こうした経営方法を「ナレッジ（知識）マネジメント」という。少し難しい概念だが、簡単に言えば、個々の従業員のノウハウやコツなど、職人的な技能を事業部全体で共有して明示的な技術とし、さらにそれを全社的に情報として共有することで企業全体の「知識創造」が可能となる、という理論である。職人的な技能や事業部ごとの技術など、従業員が持つ「情報」を明示し、相互に共有することで、全社的な「知識」に転換していくのである。

　従業員の情報を共有する方法は、全員で顔を合わせてコミュニケーションするような「場」をつくることがベストだが、企業規模が大きくなると全社的な

コミュニケーションの頻度は限られていく。そこで広報・PR の専門部門が、社内広報誌やイントラネット、社内ビデオなどを活用して、全社的な相互理解を促し、情報を戦略化していくのである。全従業員のノウハウが全社的な戦力となれば、その情報は経営資源として新しい製品開発や事業立案につながったり、営業活動や店舗運営のヒントとなったりする。暗黙知を形式知化することで、情報は戦力化していくといえる。

2. 従業員意識の活性化と業績向上の関係

　従業員は金銭的な対価だけで働くわけではない。「やる気」を出して意欲的に働くためには、仕事に対する誇り、上司に対する尊敬、その企業に所属することの満足感など、精神的な要素が重要になってくる。それが「モチベーション」であり、アイデアの源泉や生産性の向上につながる。簡単にいえば、企業の業績を左右するのは従業員の「やる気」なのである。

　優秀な人材が継続的に向上心を持って働き続けるためには、会社が自分を必要としてくれていることを実感できることが不可欠であり、その仕組み作りが重要である。従業員意識を活性化するためには、自分たちがどの方向を向いて仕事をすべきなのか、という理念や組織風土を明示する必要がある。

　何か大きな事故が発生するときは、原因を究明していくと、現場の担当者などが仕事の手を抜いて、それが慣例となり、大きな不祥事や事件につながっていることが多い。従業員一人ひとりが、自分の担当する仕事をきちんとこなすことがいかに大切かの証左といえよう。

　ここで、従業員意識を活性化するために自社の価値観を意識的に明示することは業績に良い影響があることを示す研究を紹介しよう。1987 年にハーバード大学大学院の調査で、企業戦略に合致した強い企業文化がある企業は業績が良い、ということが証明された。その内容は以下の通りである。

　まず J. P. コッターと J. L. ヘスケットは約 200 社を対象に質問票を送り、「経営者は自分の企業のスタイルを口にすることが多いか」「主義とか信条という形で企業の価値観を明示し、経営者たちはこれに従うように指導しているか」

などの質問への回答に基づいて企業文化の強度を定量化した。そして10年間の財務指標（純利益の伸び率やROEの伸び率など多数の指標）を抽出し、業績の向上と企業文化（顧客重視・株主重視・従業員重視などの指標）を比べたのである。

　その結果、全てのステークホルダーを尊重し、管理者のリーダーシップの発揮を重視する文化を備えた企業は、売上高、従業員数、株価の点で大きく成長していることが明らかになった。反対に、大規模で傲慢・狭量・官僚主義的な特徴のある企業は、環境の変化を無視して硬直的な方法に固執した経営になることが多く、組織を変革したり、環境に適応したりすることができずにゆっくりと業績が低下していく。そして急激な業績の立て直しに成功した企業は、トップ経営者が現在の危機を認識し、企業文化の変革に取り組み、従業員との対話の中で適切な価値観を共有していくことで、ダイナミックな変革が可能な企業文化が生まれていったという。つまり、従業員が同じ方向を向き、有益な変革を進める企業文化を共有することで、市場の競争環境に適応していくことが可能となるのである。

3. コンプライアンスの重視

　談合や不正決算、データ偽装にサービス残業の強要など、いずれも法律違反だということは、社会人なら誰でもわかっているはずだ。それなのにこうした不祥事は後を絶たず、トップ経営者が知っていて黙認しているケースも多い。1993年のゼネコン談合事件では、県知事や市長など、多数の自治体の現役首長が逮捕・起訴されたし、2013年の食品の表示偽装は大都市の多数のホテル・百貨店で行われていた。大手監査法人が監査をして適正評価をしていたのに、その会計処理を巡って不祥事に発展した企業もある。全てはコンプライアンス違反である。

　「コンプライアンス」という概念は1980年代から使われるようになり、2000年ごろから一般化した。一般的に「法令遵守」と訳されるため、法務部の仕事になっている企業が多い。しかし実は「法令や倫理の遵守」と解釈すべき概念

である。2008 年の船場吉兆の不祥事では、前の客の料理を使いまわしていたことが発覚したが、食品衛生法で禁止されているわけではなかった。しかし料理の使いまわしは倫理的に許されることではなく、予約は次々とキャンセルされて倒産に至っている。法律に違反しなければ許される、というものではないのである。

　不祥事が発生すると、マスメディアからの問い合わせは広報部へ集中する。謝罪会見でトップ経営者が「業界で長年やっていたことで」などと正直に話して炎上した事件も多い。たとえ法律違反でなくても社会常識や倫理観に照らして悪いことであれば、それはコンプライアンス違反であり、企業としてやってはいけないことである。

　社会常識に照らして是か非か、という倫理観を持ち続けられるのは、「企業と社会の窓口」と言われる広報部門である。かつて世界的な広報・PR の教科書の著者であるカトリップは、広報パーソンの役割について、「地平線に現れた黒雲」を発見し、経営への影響を予測・分析して対応することだ」と言ったという。一般的に、「会社の常識は社会の非常識」になりやすく、談合や不適切会計、過剰残業など、長年の業務慣行が社会環境の変化によって不祥事となるケースも多い。特にファミリー経営の同族会社では、ファミリー意識が先行して放漫経営や経費流用をするケースが後を絶たない。倫理的な社会常識に照らしてコンプライアンス違反がないよう、インターナル・コミュニケーションによって会社全体の意識統一を図るべきといえよう。

4. 経営の透明性の重視

　「情報開示」や「経営の透明性」というと、会計的な財務諸表や財務的な経営指標の話だと思われがちである。確かに、会社法や金融商品取引法等で定められているのは会計・財務の数値であるし、これが開示できないようであれば、健全な企業とはいえない。

　しかし、経営指標の数値が Web サイトに載っているだけで、投資家がその会社の株式を購入するわけではない。だからこそ IR の担当者は、3000 社以上

の上場会社の中から自社を選んでもらうために、財務数値を時系列のグラフにしたり、画像や動画を工夫したりと、法律や規則で定められた以上の方法で、さまざまな工夫をしているのである。

　財務以外の情報についても同じである。経営トップのプロフィール、新製品の開発ストーリー、新しい店舗のコンセプトなど、開示義務はなくても、経営に直結する情報は多数ある。こうした多数の情報を開示することこそ、「経営の透明性」であり、長期的に見れば業績向上につながる。

　不祥事を起こした企業で、年に一度しか取締役会を開いていなかったことが明るみに出て、さらにバッシングが加速したことがある。経営が不透明であれば、悪い情報が上がらず、不祥事の温床となるのである。そうではなく、経営陣が情報を共有し、従業員に情報を伝え、そして外部のステークホルダーに情報を開示することが、真の意味での「情報開示」だといえる。

5. 個人情報に関する意識の変化

　20世紀後半、社員は自分の会社を「うちの会社」と呼び、平日は同僚と飲み屋へ寄り、休日は接待ゴルフをしたり、上司の引越しを手伝ったりと、公私の区別なく働くことが美徳とされた。寮や社宅に住んでいれば個人情報は筒抜けだし、子供同士が同じ学校に通っていれば、同僚の家族状況まで把握できてしまう。そうした人間関係の会社は「ファミリー的な企業」とか「アットホームな会社」などと呼ばれていた。社内報に、社員の冠婚葬祭や休暇の情報を満載し、多数の家族写真を掲載していた企業もある。

　しかし、社会的にプライバシーに関する意識が強くなり、社員の個人的な情報が会社内で流通することを快く思わない風潮が強くなってきた。特に家族関係や病歴、性格や容姿の評価など、仕事に関係ない情報が全従業員に知れわたるのは避けたいと思う人は多い。データベース化して人事部だけが把握しているならともかく、広報課で社内広報誌を作る際にどこまで個人情報に踏み込むかは、十分に配慮した方がよい。本人の同意が得られれば聞いてもよいが、無断で情報を収集して掲載することは避けるべきである。

Ⅲ　グループ企業におけるインターナル・コミュニケーション

　企業コミュニケーションは単体企業にとどまらず、グループ企業全体のコーポレートイメージやブランド力と関係している。したがってインターナル・コミュニケーションは、グループ全体の広報と関わることもある。そもそも、グループ広報が必要になってきた背景には、日本経済の変化がある。経済が右肩上がりの時期は単体企業でも市場競争を勝ち抜けるが、厳しい経済環境が続く中で、買収・合併などが続き、グループ従業員の一体感醸成が課題となってきたのである。経済環境の変化の中で、なぜグループ広報が必要とされていくのか、近年の流れを整理しておこう。

1．日本経済と市場環境の変化

　日本の GDP（国内総生産）成長率は 1990 年代に入って鈍化し、個人消費は伸び悩み、企業の設備投資意欲は減退した。最大の理由はモノを中心とした消費社会が終わって市場規模の拡大が鈍化したことである。しかも中国・インドなどアジア諸国の低価格製品が市場に大量に流通し、日本企業は家電分野などで世界市場のトップシェアを明け渡すこととなる。行政機関の規制緩和や政策変更により自由競争は激化する一方、曖昧な業界慣行には厳しい行政指導が入るようになった。従来のビジネスモデルは通用しなくなり、しかも ICT 社会の進展でシステム投資は高額化する。

　2008 年 9 月には米国のサブプライムローン（信用度の低い借り手への住宅ローン）の不良債権化をきっかけとして大規模な資産暴落が起き、名門銀行のリーマン・ブラザーズが破産申請した。負債総額 6000 億ドル（当時の為替で約 64 兆円）という史上最大の倒産は「リーマン・ショック」として世界的な金融危機を誘発する。米国のダウ平均株価も日本の日経平均も大暴落し、さらに金融不安が高まることで銀行株が急落するなど、世界に影響が波及した。企業倒産件数は、1991 年から 23 年間、1 万件超を続けた。

　市場環境の悪化に追い打ちをかけるように、2011 年 3 月に東日本大震災が

【図表 3-4　日経平均株価の推移】

発生する。2000年頃にバブルの後遺症が消えないことで「失われた10年」と呼ばれたが、その喪失感は長引き、「失われた20年」という呼称が定着するほど、経済の低迷期が続き、再び景気が回復基調に向かうのは2013年後半からである（**図表 3-4**）。

　世界的に不安定な経済環境の中で、日本企業は生き残りをかけて合併・統合を行ったり、分社化や持株会社化を進めたりするようになった。すでに2000年3月期から、有価証券報告書の財務諸表が本格的な連結決算中心主義となり、グループ経営の必要性は財務的な課題にもなっていた。多数の大手企業が持株会社（ホールディングカンパニー）を設立して、傘下に資本関係のあるグループ会社を結集して事業の分散を図るようになる。

　一方、不採算部門を部門ごと売却・買収するケースも増加している。ドラスティックな組織再編が頻繁に行われるようになり、業界地図が塗り替わっていく。企業の経営資源を選択・集中させることでリスクを軽減することが必要になったからである。

2. 企業の合併・買収と組織再編

　このほか、業務提携や包括提携・統合など、いろいろな合従連衡が続いている。その大きな選択肢の1つがM&Aである。

　合併の最初の波は金融再編に始まり、1990年に「都市銀行」は13行もあったのに、1997年の北海道拓殖銀行の破綻のほか、合併が相次いだ結果、10年余りの間で4行になった。2007年以降は地方銀行も経営統合が進んでいる。製薬会社も世界的な市場競争の中で新薬開発への投資負担などから合併が相次いでいる。流通業界の再編も激しく、劇的な再編が続いている。また、大手都市銀行の合併でグループ企業が接近した結果、損保、信託、建設などの業態でも統合・合併も進んだ（**図表3-5**）。

　合併すれば、重複部署がスリム化する。2社に広報部門が1つずつあったとして、合併すれば1つですむ。また工場や研究所が閉鎖され、それに伴い人員

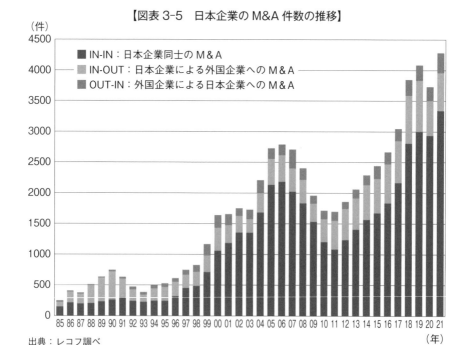

【図表3-5　日本企業のM&A件数の推移】

出典：レコフ調べ

が削減されることもある。多くの従業員が新しい部門に配属になり、自主的な退職を促されるケースも発生する。従業員が不安に陥るのは当然といえよう。社内の混乱を招かず、被買収企業の経営陣や従業員とコミュニケーションを取り、信頼感を醸成することが非常に重要である。

　従業員のモチベーションを高く保つには、賃金体系の修正だけではなく、企業文化や勤労意欲など、組織構成員の「気持ち」への配慮が必要である。店舗閉鎖やブランド変更なども発生するから、顧客や取引先への十分な説明が必要であり、それには従業員が納得していなくてはできない。長期的な経営理念を両者の従業員が共有し、統合的なコーポレートブランドによる広報・PR戦略を展開していくことで、合併・統合の成否は決まると言っても過言ではない。

3. グループ内の一体感とシナジー効果

　前述のように、近年の日本企業は戦略的な買収・合併が急増している。外部のステークホルダーから見れば同じグループ会社になり、連結決算で業績も一体化する。それなのに出身企業の業務方法に固執してグループ内部で一体感を持てなければ、人間関係の摩擦や業務上の問題が発生する。

　グループ内の一体感を高めることで、シナジー効果（相乗効果）が発揮される。＜1＋1＝2＞ではなく、＜1＋1＝2＋a＞になるように、グループ内の従業員の気持ちを同じ方向へ向けるのがグループ広報である。

　経済広報センターの調査（2018年）によると、約3分の2の企業がグループ広報を実施しており、約3分の1の企業は海外のグループ広報も行っている（**図表3-6**）。グループ広報の目的としては、約3分の2の企業が「経営方針、経営情報などのグループ内共有化」を挙げている。続いて「グループ内コミュニケーションの推進」「グループのブランド戦略の推進」「グループ社員としてのアイデンティティの醸成」などが多かった。単なるコミュニケーション促進のためにグループ広報を行っているわけではなく、全グループ社員が共通の目標や理念を共有し、社員のエンゲージメントを強めることによって、企業価値の向上を目指そうとしている企業が増加している（**図表3-7**）。

【図表 3-6　グループ広報の実施状況】

凡例
■国内、海外統一的に実施している　■国内、海外それぞれで実施している　□国内でのみ実施している　■実施していない　■無回答

2017年度（N=213）：23.0 ／ 11.7 ／ 33.3 ／ 31.5 ／ 0.5　（%）

出典：経済広報センター『第13回企業の広報活動に関する意識実態調査』

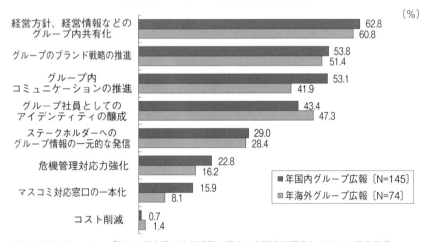

【図表 3-7　グループ広報の主な目的】

項目	年国内グループ広報〔N=145〕	年海外グループ広報〔N=74〕
経営方針、経営情報などのグループ内共有化	62.8	60.8
グループのブランド戦略の推進	53.8	51.4
グループ内コミュニケーションの推進	53.1	41.9
グループ社員としてのアイデンティティの醸成	43.4	47.3
ステークホルダーへのグループ情報の一元的な発信	29.0	28.4
危機管理対応力強化	22.8	16.2
マスコミ対応窓口の一本化	15.9	8.1
コスト削減	0.7	1.4

出典：経済広報センター『第13回企業の広報活動に関する意識実態調査』をもとに筆者作成

　また、同じ経済広報センターの別の調査（「コーポレートブランドに関する企業アンケート」調査対象企業は76社／2013年実施）では、コーポレートブランド戦略に取り組んでいる企業が社内で抱える問題として、「社内へのブランド浸透」と「企業ブランドに関する部門間（グループ間）の価値意識の共有と連携」が上位に挙がった。つまり、人事部門の研修に任せておくだけではなく、社内SNSを活用したり、社内向けのブランド理念ブック（冊子）を作成して配布したり、社長ブログなどトップのメッセージを発信したりと、広報部

門が連携しながら取り組むことが求められているといえる。

4. グローバルなグループ展開

　日本企業の海外進出は1980年代後半から急増し、欧米を中心とした海外視察ツアーの開催、海外拠点の設置、外貨建債券の発行などが熱心に行われた。同時に東アジアの新興市場が経済政策によって諸外国の資本流入を推進したため、日本の多数の電気機械産業や輸送機械産業がアジア地域に工場進出し、低コスト生産を始めた。そこには、グローバルなグループ展開と異文化コミュニケーションの歴史がある。

　近年、海外の現地法人は増加の一途にあり、経済産業省の調査では（集計対象企業数：本社企業7318社、現地法人25693社、回収率73.8%）、2019年度末の海外現地法人数は2万5693社で、現地法人従業員数は564万人に上る。製造業の海外生産比率は23.4%と高い。現地法人の売上高は約263兆円で、輸送機械や情報通信機械の比率が高くなっている。

　日本で活躍しているグローバル企業の広報施策を見てみると、グローバルなブランドを対外的に強くアピールし、海外主要拠点の各広報責任者と頻繁に情報交換を重ねながらも、日本人の広報責任者が報道機関の取材を自らの判断で仕切っているケースが多いようである。従業員施策についても、本社の経営トップが強い求心力を持ちながら、日本法人で独自の社内広報誌を作成し、日本法人内のイントラネットやSNSサイトを立ち上げている。

　一般に異文化コミュニケーションでは、宗教上の礼拝時間や休日の設定に配慮すべきであるほか、食べ物のタブーがあったり、肯定と否定を示すジェスチャーが逆だったり、礼節を表すつもりの動作が侮蔑を示したりと、地域性によってさまざまなギャップが生じる。海外広報において最も重要なのは、インターナル・コミュニケーションだといってもよいほどである。日本本社で大筋の主導権を取りながらも日常業務は現地化し、企業理念の統一と自律性の確保を両立させ、複雑なコミュニケーション課題を克服して、全世界的なグループ広報を展開していくことが求められているのである。

第4章 IR 活動の実務

　上場企業や上場を目指している企業においては、IR 機能の基盤を社内に構築しておくことは不可欠であり、広報・PR 機能の一部として、あるいは広報・PR 機能と一体として IR 機能を確立しておくことが求められている。この章では、まず IR 活動の全体像とコーポレートガバナンスとの関係を解説した後、IR 活動を進めていく上で求められる実務要件や株式と株価の理論的背景を概観する。

Ｉ コーポレートガバナンスの変化と IR の動向

　広報・PR 実務におけるインベスターリレーションズ（以下、IR）の重要性は、近年、ますます高まってきている。株式市場を中心とした資本市場はグローバル化しており、株主や投資家といったステークホルダーを意識せずに企業経営は成り立たない。仮に事業展開が国内に限っている企業であっても、株主や投資家といったステークホルダーを意識すると、海外との接点も勘案せざるを得ず、グローバル視点での IR 活動が必須となっている。

1. IR とコーポレートガバナンス

　IR とは、企業（主に上場企業）が株主（既存株主）や投資家（潜在株主）に対し、株式の売り、買い、あるいは保持といった投資判断に必要な情報を開示することである。

　日本においては、海外での資金調達が活発に行われるようになった 1980 年

代後半から、先進的なグローバル企業において IR 専門部署が設置されるようになった。近年では、日本企業に対する外国人投資家の増加や国境を越えた M&A の活発化、さらには団塊世代の退職金マーケットや NISA（少額投資非課税制度）の導入による個人投資家層の形成などの影響もあって、IR の重要性が高まってきている。

　また、日本特有の株式持合いの慣習が崩れていく中で、IR 活動によって自社のファンを増やし、その結果として安定的な株式の保有構造を構築することが求められてきている。

　IR 活動の目標は、資本市場において企業が継続的に適正な評価を受けることであり、それによって初めて資本市場で決定される株価が適正になる。つまり、「適正な評価」のもとで「適正な株価」になっていることが、スムーズで低コストな資金調達につながり、結果として資本コストを低減させるのである。

　ポジティブな情報を出し惜しんだ末に発表したり、実態以上の脚色で発表して資本市場を驚かせること（いわゆるポジティブサプライズ）を意識して演出することや、ネガティブな情報を出し惜しんだ末に最後の最後で発表することで資本市場を驚かせること（いわゆるネガティブサプライズ）は、いずれも株価を乱高下させることになり、ボラティリティ（株価の変動率）の高い銘柄として、ある時はハイリターンが期待できるかもしれないが、その一方でハイリスクな銘柄として認識され、結果として資本コストが高くなってしまう。あくまで、企業の経営実態の変化（業績の伸張や衰退）に合致した安定的な株価の変化を目指すのが、IR 活動の目標になる。

　コーポレートガバナンスとは、経営者を規律づけする仕組みともいえ、資金を提供する株主と、その資金を託され経営を委ねられた経営者との間の規律の仕組みによって担保されるという見方もできる。株主と経営者との間には利害が一致しない部分もあり、当該企業の経営に関する情報においては、必ず情報の非対称性が発生する。経営者はその企業に対するあらゆる情報に接することができるが、株主は限られた情報にしか接することができないからである。

　このような情報の非対称性を、できるだけ小さくし、株主に適切なガバナン

スを効かせてもらうためにも、IR の果たす役割が大切になってくる。既存の株主だけではなく、潜在株主とみなせる投資家にまで、適切な情報を提供し、双方の信頼関係を構築することが IR の大切な使命と考えることができる。

2. 株主構造の変化

　最近の日本の上場企業の株主構造は変化してきている。株式相場の影響なども受けて、外国人の株式保有比率の伸びは停滞した時期もあるが、中期的には増加傾向にある。個人も底堅い保有比率を維持している。その分、相対的に減少してきているのが事業会社や金融機関の「持合い」とみられる部分である。戦後の高度成長下において、日本的経営の 1 つの特徴でもあった「株式持合い」、すなわち、事業会社同士あるいは、銀行や保険会社などの金融機関との間で安定的に株式を保有し合う構造は、日本の経済や産業が成熟し、グローバルな金融資本市場の動向に左右されるようになるにしたがって、変化を余儀なくされてきた。

　特に 1990 年代初頭のバブル崩壊後、持合い株式の含み損が発生するなどにより、その保有の重荷が顕著となり、安定的な株主としての位置づけを相互に放棄せざるをえない状況になっていった。その結果、外国の機関投資家、国内のファンドや個人投資家といった経済合理性をもとに投資の意思決定を行う主体の株式保有比率が高まった。さらに、2015 年のコーポレートガバナンス・コードの適用に助長され、持合い株式にあたるいわゆる「政策保有株式」について、適切な資本活用が行われているか等の説明が求められるようになるなど、コーポレートガバナンスに対する関心が高まった。このような変化が、IR に対するニーズの高まりの背景にある。

　企業の IR 活動としては、このような株式保有主体のマクロ的な変化を把握し、かつ自社の株式保有主体を日本企業の平均像とも比較しながら、自社の IR 戦略を構築する必要がある。例えば、日本企業の平均に比較して、相対的に劣っている保有主体へのアプローチを強め（弱みを補完する）たり、逆に相対的に勝っている保有主体へのアプローチをいっそう強める（強みをより強固

にする）ことで、他社の IR 戦略に差別化を図ることなどが検討されるべきだといえる。

3. スチュワードシップ・コードとコーポレートガバナンス・コード

経済合理性を重視する株主や投資家の増加に合わせ、かつ日本企業の成長を促すことを目指し、近年、さまざまな議論がなされてきたが、その 1 つの成果として、IR に深く関わる 2 つのガイドラインが策定されている。

(1) スチュワードシップ・コード

2014 年 2 月に、「責任ある機関投資家」の諸原則として、金融庁により日本版スチュワードシップ・コードが策定された。これは、機関投資家が自らの受託責任（大半の機関投資家自身は、年金や投資信託などから資金運用を委託されており、自ら受託責任を有している）を果たすため、投資先企業との対話を通じ、企業の中長期的な成長を促すことを目的として定められた。スチュワードシップ・コードは、2010 年に英国において金融危機の際に策定されたが、日本版では企業の中長期の成長を強く意識しているのが特徴である。

全体で 7 つの原則を定めているが、IR との関係で整理すると、機関投資家に対して、①自ら投資先企業の状況を的確に把握すること、②「目的をもった対話（エンゲージメント）」を通じて投資先企業との認識の共有と問題の改善に努めること、③投資先企業に対するスチュワードシップ活動を適切に行う実力を備えること、などを求めている。

つまり、このようなスチュワードシップ・コードに基づく責任を果たすために機関投資家側に求められている活動があり、企業としては、これらを的確に受け入れた対応をしなければならない。つまり、IR 活動には、スチュワードシップ・コードの責任を負う機関投資家に対峙する相手として自らを位置付け、相手方に的確かつ丁寧に対応することが、信頼関係の醸成のために求められる。

2014 年 2 月に日本版スチュワードシップ・コードが策定され、2017 年 5 月には、コーポレートガバナンス改革を「形式」から「実質」へと深化させてい

82　Ⅰ　コーポレートガバナンスの変化と IR の動向

【図表 4-1　スチュワードシップ・コード　8 つの原則】

1. 機関投資家は、スチュワードシップ責任を果たすための明確な方針を策定し、これを公表すべきである。
2. 機関投資家は、スチュワードシップ責任を果たす上で管理すべき利益相反について、明確な方針を策定し、これを公表すべきである。
3. 機関投資家は、投資先企業の持続的成長に向けてスチュワードシップ責任を適切に果たすため、当該企業の状況を的確に把握すべきである。
4. 機関投資家は、投資先企業との建設的な「目的を持った対話」を通じて、投資先企業と認識の共有を図るとともに、問題の改善に努めるべきである。
5. 機関投資家は、議決権の行使と行使結果の公表について明確な方針を持つとともに、議決権行使の方針については、単に形式的な判断基準にとどまるのではなく、投資先企業の持続的成長に資するものとなるよう工夫すべきである。
6. 機関投資家は、議決権の行使も含め、スチュワードシップ責任をどのように果たしているのかについて、原則として、顧客・受益者に対して定期的に報告を行うべきである。
7. 機関投資家は、投資先企業の持続的成長に資するよう、投資先企業やその事業環境等に関する深い理解のほか運用戦略に応じたサステ ナビリティの考慮に基づき、当該企業との対話やスチュワードシップ活動に伴う判断を適切に行うための実力を備えるべきである。
8. 機関投資家向けサービス提供者は、機関投資家がスチュワードシップ責任を果たすに当たり、適切にサービスを提供し、インベストメント・チェーン全体の機能向上に資するものとなるよう努めるべきである。

出典：金融庁資料（2020）

　くためには、機関投資家が企業との間で深度ある「建設的な対話」を行っていくことが必要であるとされ、スチュワードシップ・コードの改訂が行われた。さらに 2020 年 3 月には、SDGs を背景に指針の一部を改訂し、7 番目の改正と 8 番目の追加が行われ「7 つの原則」から「8 つの原則」に変更となった。2020 年 3 月には SDGs を背景に指針の一部を改訂し、7 番目の改正と 8 番目の追加が行われ「7 つの原則」から「8 つの原則」に変更となった。

(2) コーポレートガバナンス・コード

　2015 年 6 月に、東京証券取引所が日本の全上場企業に対して適用した上場規則では、コーポレートガバナンスを、企業の中長期的な収益力の向上、すなわち企業価値の向上を促進する意思決定の仕組みとして位置付けている。コーポレートガバナンス・コードは日本政府の成長戦略の一環として策定されており、リスクの回避や抑制、不祥事の防止といった守りのガバナンスではなく、「攻

めのガバナンス」を志向し、リスクの低下よりもリターンの向上を目指すものとされており、2018年6月と2021年6月には改訂版が施行されている。

　基本原則は、①株主の権利・平等性の確保、②株主以外のステークホルダーとの適切な協働、③適切な情報開示と透明性の確保、④取締役会等の責務、⑤株主との対話、の5つで構成され改訂版でも共通となっている。また、基本原則のそれぞれが枝分かれして31の原則と47の補充原則から構成されている。

　コーポレートガバナンス・コードは、スチュワードシップ・コードと違い、上場企業自らに課された規則であり、従来以上に説明責任を果たすことや経営の基盤を強化することが求められている。IRとの関係で整理すると、5つの原則は以下のように解釈できる。①株主の権利を保つために、情報開示を通じて株主総会での議決権行使のための環境を整備し、いわゆる「持合い株式」に対する見解を提示する、②あらゆるステークホルダーへの貢献が中長期的な成長に資することを認識し、ESG（環境、社会、ガバナンス）問題への対応について提示する、③財務情報に限らず、重要な非財務情報の開示にも努める、④取締役会や社外取締役等が、中長期的な企業価値の向上に向けた活動を行っている状況を公表する、⑤株主との対話の方針を公表する。

　なお、コーポレートガバナンス・コードの2021年に行われた改訂は、「持続的成長」と「中長期的な企業価値の向上の実現」という基本思想に基づき、「新型コロナウイルスのまん延を契機とした社会経済環境変化におけるガバナンスの諸課題に企業が対応できるようにすること」と、「2022年4月から始まる東京証券取引所の新市場区分での取引にあたり、国際的に投資対象として優良な企業を集めることが期待される「プライム市場」（旧東証1部市場）で、より高度なガバナンスへの取り組みを推進すること」を目的に行われた。

(3) 2つのコードとIRの変化

　スチュワードシップ・コードとコーポレートガバナンス・コードという2つのコードは車の両輪ともいわれ、この両者があいまって日本の上場企業のコーポレートガバナンスの質が向上し、結果として中長期的な収益の向上と企業価

【図表 4-2　2022 年 4 月以降に新たに開示が求められる項目】

対象となる補充原則	新たな開示内容
社内の多様性確保 （補充原則 2－4 ①）	女性、外国人、中途採用者それぞれについて、中核人材の登用等の「考え方」、自主的かつ測定可能な「目標」及び「その状況」
	多様性の確保に向けた「人材育成方針」および「社内環境整備方針」並びにその実施状況
サステナビリティについての取り組み （補充原則 3－1 ③）	経営戦略の開示にあたって、サステナビリティについての取り組み
	人的資本や知的財産への投資等
	TCFD（気候関連財務情報開示タスクフォース：Task Force on Climate-related Financial Disclosures）またはそれと同等の枠組みに基づく開示 ※プライム市場のみ
指名委員会・報酬委員会 （補充原則 4－10 ①）	委員会構成の独立性に関する考え方、権限、役割等 ※プライム市場のみ
取締役会の実効性確保 （補充原則 4－11 ①）	経営環境や事業特性等に応じた適切な形で取締役の有するスキル等の組み合わせ

出典：株式会社東京証券取引所「コーポレートガバナンス・コード」（2021 年）

値の向上につながっていくと期待されている。

　日本 IR 協議会が実施している「IR 活動の実態調査（2021 年 4 月）」において、企業が推進している IR 活動の目標として、「株主・投資家との信頼関係の構築」「企業・事業内容の理解促進」を多くの企業が上位に挙げているのは、この 2 つのコードに対する理解が進んでいる表れと捉えることもできる。

　また、改訂コーポレートガバナンス・コードが施行された 2021 年 6 月 11 日以降に定時株主総会を開催する上場企業は、遅くともその 6 か月後までに変更・新設された各原則への対応状況を反映したコーポレートガバナンス報告書を提出する必要がある。特に本コードを実施しない場合は、コーポレートガバナンス報告書にその理由を説明しなければならない（**図表 4-2**）。

　このような状況を踏まえ、企業はチュワードシップ・コードやコーポレートガバナンス・コードを意識し、Web サイトや各種 IR ツール、説明会などにおいて、持続可能な成長を目的とした機関投資家との対話のための体制構築など、具体的な取り組みを始めている（**図表 4-3**）。

第 4 章 IR 活動の実務 *85*

【図表 4-3 SS コードや CG コードを意識した具体的な取り組み（n：977)】

取り組み内容	件数	割合
Web サイトや統合報告書などに「コーポレートガバナンス」と明記した箇所を設けて、CG の体制や株主・投資家との対話方針などを説明し、実際の対話にも活用して、経営戦略の改定などにつなげている	657	67.2%
株主・投資家との建設的・実効的な対話を促進するための体制を整備している（例：株主の議決権行使状況を参考に、対話の機会を持つための準備をしている、株主から対話の要請があった場合の対応方針を明文化している、SR 担当者と IR 担当者が情報を共有している、いわゆる「物言う株主」との対話や提案についても、建設的なものについては検討・対話したりするなど）	362	37.1%
経営により多様な視点が入るように、取締役会がジェンダーや国際性、過去の職歴・スキルなどを考慮した構成であることを説明している	310	31.7%
取締役会が、CG の在り方を議論して課題を洗い出し、その過程や対応を可能な限り内外に説明している	261	26.7%
株主・投資家の希望や関心事を踏まえて、取締役会議長や社外を含む取締役が、合理的な範囲内で対話に臨む体制を構築している	256	26.2%
CEO や CFO（最高財務責任者）が、CG コードを踏まえた体制の整備や、資本政策の考え方、内部統制の取り組みなどを説明している	254	26.0%
CFO（最高財務責任者）が、自律的に財務の健全性の保全や内部統制を機能させ、社外取締役・社外監査役も、それをモニタリングする形で緊張感をもたらすように努めている	254	26.0%
社外取締役や社外監査役が、CG に対する考え方や意見、評価を述べたレポートなどを公表している	139	14.2%
取締役会でどのような議論がなされたのか、その議論がどのような行動に結び付いたのか、社外取締役がどのようなモニタリングや助言をしたのか、などを開示したり説明する機会を設けている	117	12.0%
その他	25	2.6%
無回答	118	2.6%

出典：日本 IR 協議会「IR 活動の実態調査」(2021 年)

4．東京証券取引所の市場再編

　東京証券取引所はグローバル市場の需要に対応するため、2022 年 4 月 4 日から「プライム市場」「スタンダード市場」「グロース市場」の 3 つの市場に再編される（**図表 4-4**）。この新しい市場区分では、各市場区分のコンセプトに応じて、流動性や経営成績、コーポレートガバナンス・コードへの対応などに関する上場基準が定められており、上場基準に適合しない企業はその市場区分に所属することはできなくなる。

　企業が投資家の期待を受けとめるためには、単純に法定・適時開示などのルー

【図表 4-4　東証の市場再編】

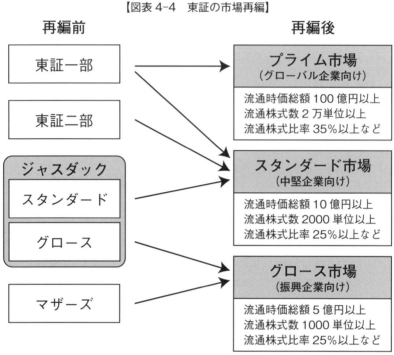

日本パブリックリレーションズ協会作成

ルに適応するだけではなく、自社事業のサステナビリティ性を指標化するなど積極的な任意開示が重要であり、その根拠となるコンテンツと発信内容の充実が求められることとなる。

第4章　IR 活動の実務　　**87**

Ⅱ IR 活動の戦略と計画

多くの企業活動と同様に、IR 活動も PDCA、すなわち Plan（計画）Do（実践）Check（評価）Action（改善）のプロセスで運営していく必要がある。

1．年間イベント

IR 計画策定の前には、トップマネジメントと一体となって IR 戦略を構築し、①IR 活動を進めるにあたっての基本スタンス、②目標（IR 活動の外部評価における水準や活動量の水準など）、③ステークホルダーごとの対応戦略、④戦略を実行に移す際に必要なリソース（予算と人員）などについて決めておく必

【図表 4-5　年間 IR スケジュールの具体例（3 月期決算基準）】

時	期	活　動　日　程	時	期	活　動　日　程
1月	上旬	～2 月上旬　・第 3 四半期業績発表	7月	上旬	・統合報告書発行
	中旬			中旬	・海外ロードショー実施（修正）
	下旬	・第 3 四半期説明会		下旬	・第 1 四半期業績発表
					・第 1 四半期業績説明会
2月	上旬		8月	上旬	
	中旬	・四半期報告書（第 3 四半期）提出		中旬	・四半期報告書（第一四半期）提出
	下旬			下旬	
3月	上旬	・来年度の年間計画策定	9月	上旬	
	中旬	[本決算期末]		中旬	
	下旬			下旬	[第 2 四半期決算期末]
4月	上旬	・各種 IR ツールの制作作業開始	10月	上旬	・決算数値資料の制作開始
	中旬	・海外 IR の実施スケジュールを確認		中旬	
	下旬	・決算数値資料の制作開始		下旬	・第 2 四半期決算発表会（全般的に早まる傾向にあり、関連作業も前倒しで行われている。）
5月	上旬	・本決算発表（全般的に早まる傾向にあり、関連作業も前倒しで行われている。）			・第 2 四半期決算説明会
	中旬	・決算説明会	11月	上旬	・スモールミーティング
	下旬	・スモールミーティング		中旬	・四半期報告書（第 2 四半期）提出
				下旬	・海外ロードショー実施（修正）
6月	上旬	・定時株主総会	12月	上旬	
	中旬	・有価証券報告書提出		中旬	・各種 IR ツールの完成
	下旬	・各種 IR ツールの作成　[第 1 四半期末]		下旬	[第 3 四半期決算期末]

出典：日本 IR 協議会［2013］『IR ベーシックブック』をもとに著者が一部修正

要がある。その上で年間計画（**図表4-5**）を策定して、日々の活動を展開していくことが求められる。

有効なIR活動の展開のために必要な各種IRツールの制作については、「株主通信」や「会社案内」はもちろんのこと、「アニュアルレポート（和文と英文）」、「統合報告書」や株主向けの「製品サービスの説明資料」を用意している企業も多い。これらは、いずれもどのような投資主体を対象にしたツールなのかを見定めて制作することが重要である。

個人投資家向けのツールにはわかりやすさが重要であり、機関投資家向けには詳細なデータが必要になる。

2. 海外ロードショー

海外の投資家、いわゆる外国人投資家に向けてのIR活動にはさまざまなものがあるが、特に、社長などの経営トップとIR担当役員、IR担当部長などの幹部がチームを組んで、海外の各地に所在する機関投資家を直接訪問するケースがある。これは海外ロードショーとも呼ばれ、海外向けのIR活動の中核に位置づけられることが多い。

外国人投資家は、自らのもとに企業側から訪ねてきてくれることに敬意を表しつつ、株主に対する姿勢や配当政策、キャッシュフローの使途などについての考え方を、経営トップから直接的に確認できる機会として前向きにとらえるケースが多い。企業側としては、投資家との信頼関係を構築できる大切な機会として位置付けることができる。

3. スモールミーティング

機関投資家やアナリストなど、特定のステークホルダーを対象にしたIRの場をスモールミーティングと呼ぶ。所属先が複数で十名程度を対象にしたものから、1つの所属先の最少人数を対象にしたものまであるが、お互いに膝を突き合わせての意見交換ができるため、機関投資家やアナリストにとっては対象企業を深く理解する機会になる。スチュワードシップ・コードでも、投資先企

業との対話を求められており、重視すべき活動になる。

　特にアナリストは、企業側に存在している詳細な内部情報と、一般に流通している外部情報とのギャップを、専門家としての知見を活用することによって埋め、資本市場におけるコンセンサスを形成してくれる存在である。言い換えると、適正な株価形成を目指して資本市場における当該企業の評価のばらつきを小さくし、合理的かつ効率的な合意形成を促し、サプライズを減殺してくれる存在である。スモールミーティングを活用して、彼らとの信頼関係を構築することはIR活動の重要な一面である。

4．統合報告書

　統合報告書（統合レポート）とは、企業の決算などの「財務情報」と、経営戦略や環境対策、社会や従業員、取引先等への関わり方、品質管理やコーポレートガバナンスの状況など、幅広い「非財務情報」を組み合わせ、中長期の視点で企業の実態を示す報告書である。近年、従来からあるアニュアルレポートをこれに替える企業が増えている。従来からあったCSR報告書を、ここに統合する企業も増えてきているが、アニュアルレポートとCSRレポートを単純に合体すれば統合報告書ができるというものではない。財務情報と非財務情報を「統合」することで新たに発見される事業機会や収益力向上の可能性などの新たな価値を提示していくことも求められている。

　スチュワードシップ・コードやコーポレートガバナンス・コードなどにより、株主や投資家との対話や企業の行動規範の提示が求められてきている背景のもと、この統合報告書は企業のIR活動のスタート台になりうる。また、財務情報だけでなく、非財務情報を提示することを通じて、短期志向に偏らずに、企業としての持続的な価値向上に取り組む姿勢を表すものとなり、IR活動における中長期視点での対話のベースにもなりうるものである。

　この統合報告書は、国際統合報告評議会（IIRC：International Integrated Reporting Council）がそのフレームワークを作成しており、その意義を見出した企業が任意で取り組むものとされている。

Ⅲ ディスクロージャー

　2006年に施行された会社法は、従来の商法の会社編を統合して定められた。その背景には、コーポレートガバナンスへの要請の高まりがあり、企業側として必要な体制や内部統制プロセスなどが規定されている。

　IRでは、フロー（期間中の企業活動の成果）とストック（過去からの企業活動の成果の蓄積）の両面で捉えた企業活動の成果を財務的数値で表現する。財務的数値で表現するということは、グローバルに共通な言語で、すなわち共通の土俵で企業活動を表現することでもあり、グローバルな資本市場での相対的比較を可能にする。これは、金融商品の1つとしての当該企業の株式の価値を表現することにもなり、投資家が数多くある金融商品の中から当該企業の株式を選好する際の重要な材料にもなる。

　2007年に施行された金融商品取引法（金商法）で、投資家保護の視点から上場企業の企業活動の開示方法が規定されていたり、内部統制の強化が求められているのはここに起因している。このようなことからも、IR活動の中心に、ディスクロージャーが位置づけられていることがわかる。

　情報開示、すなわちディスクロージャーは、IRの基盤である。投資家は自己責任原則のもとで有価証券投資を行っているが、そのためには投資判断に必要十分な情報が不可欠であり、それを適時かつ的確に提供するのは投資を受け入れる企業側の責務となる。そもそも企業の持っている経営に関わる情報には、自社の経営上あるいは他社との競争上の企業秘密があったり、取引先との契約上の守秘義務もある。そのため、投資家サイドと企業サイドには保有する情報に大きなギャップがある。このような情報の非対称性といわれるものを、ディスクロージャーによって可能な範囲で解消していくのがIR活動であるとも定義できる。

　IR活動を進める上で最低限必要なのが、会社法や金融商品取引法などの法律に基づくもの（法定開示）や、証券取引所などが定める諸規則に則ったもの（適時開示）である。この2つを合わせて「制度的開示」という。これらに加え

て、IR戦略として他社と差別化できるのは、資本市場に対する自発的な情報提供（任意開示）である。特にIR戦略上は、任意開示の部分にこそ、工夫のしがいがあり、その巧拙しだいで成果が高まりもすれば、逆に低くなることもある。

このようなIR活動を展開する中で、資本市場に対する自社の特性、すなわち強みや弱みを伝え、自社を取り巻く環境、すなわち機会や脅威を説明するとともに、その中で得られた過去の業績や将来に向けての戦略と、その実現可能性を提示することが重要になる。

1．法定開示

法定開示とは、会社法や金融商品取引法など、国の法律に基づいて投資家の保護を目的に行うもので、ディスクロージャーの中でも最も基盤になる開示制度のことである。会社法においては、株主の権利保護を中心にして必要な情報開示が定められている。株主に対する配当可能利益を示すために、主に株主総会における議決権行使に必要な情報が株主に対して直接開示されることなどが定められている。

金融商品取引法においては、既存の株主に対してだけでなく、広く投資家全体（潜在株主を含む）に対して、詳細な情報開示を行うことが定められている。有価証券報告書での報告義務についてはもちろんのこと、公募での株式発行の際の発行目論見書や有価証券届出書の発行なども義務づけられている。また、インサイダー取引などの不正行為の禁止も定められている。

ただし、このような法定開示による情報は、あくまで必要最低限のものであり、投資判断のために必要十分なものとはいえない。内容が専門的過ぎて理解しづらいものであったり、株主総会を経てからの報告となるものが多く、決して適時性のある、タイムリーな情報開示といえるものではない。

2．適時開示

法定開示に不足している適時性を補完しているのが、証券取引所の規則などに基づく適時開示で、タイムリー・ディスクロージャーと呼ばれる。四半期毎

の決算発表と同時に「決算短信」（上場会社が決算発表時に作成する各社共通形式の決算情報）を公表したり、事業の実態をより正確に理解することを助けるセグメント情報（事業部門別の業績数値）の開示を求めたりしている。

また、大幅な業績見通しの変動（売上高で10％以上、利益で30％以上の変動）がある場合の速やかな修正の公表や、大型のM&Aや新製品、新技術の発表など、将来の業績に大きな変動をもたらす可能性の大きい「重要事実」の速やかな公表も求められている。このような、業績に大きな影響を与える重要事実が社内などの特定の範囲でのみ保有されていることは、インサイダー取引の温床にもなるため、速やかに公表することは企業としてのリスクを減殺することにもつながる。

3. 任意開示

任意開示は自発的な情報開示であるため、ボランタリー・ディスクロージャーとも呼ばれ、ルールで縛られている法定開示や適時開示といった制度的情報開示とは一線を画すものである。制度的開示はルールに基づくものであるため、他社との差別化は図りにくいが、任意開示は自社独自で戦略・計画を構築し、活動の実践を展開できることから、IR活動の巧拙が表れやすい部分でもある。

中期計画、R&D（研究開発）や新製品開発、新規事業の計画など、投資家は戦略的な情報ほど欲しがるものである。一方で、そういった情報を競争相手や取引先に知られることは事業展開上不利になることも多い。このような利害の相反する双方の立場を勘案したバランスのとれた情報開示が求められる。

まずは、IR戦略の基本スタンスを定め、目標を設定した上でトップマネジメントを巻き込んで戦略・計画を構築し、日常的な情報開示で実践していく。全体に一貫性、整合性の担保された施策が求められるからである。日々の活動の中で試行錯誤を繰り返すような情報開示は許されない。具体的には、投資家との円滑なコミュニケーションを進めるために、アナリスト向けの説明会や個人投資家向けの説明会を実施したり、投資家の理解を促進する冊子などのツールを開発することが中心になる。Webサイトによる情報開示も有効である。

【図表 4-6　ディスクロージャーの構造】

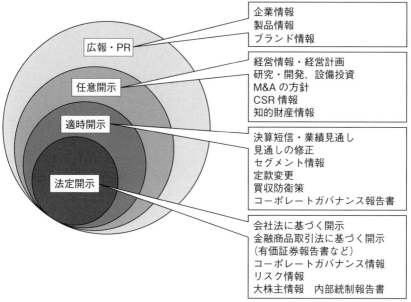

出典：日本 IR 協議会［2013］『IR ベーシックブック』をもとに筆者が一部加筆修正

　以上のような法定開示、適時開示、任意開示、さらに広報・PR の関連を示すと以下のようになる（図表 4-6）。

4．電子開示

　「法定開示」として、各地域の財務局に提出している有価証券報告書等は、財務局の「EDINET」（電子開示システム）への電子登録で済ませることが可能である。電子化によって、提出会社は事務負担が軽減され、財務局は審査事務が効率化され、投資家は企業情報への容易なアクセスが可能となっている。

　東京証券取引所が運用している「TDnet」（適時開示情報伝達システム）でのディスクロージャーは、公平・迅速かつ広範な「適時開示」を実現するために、上場会社に義務づけられている。上場会社が「適時開示」の要件として要求されている東京証券取引所への事前説明、報道機関への開示、財務データな

どのファイリング、公衆縦覧といった一連のプロセスを電子化して総合的に提供しているシステムである。

投資家の理解促進のために、企業の IR サイトなどにおいて、「決算短信」「有価証券報告書」「ニュースリリース」などを載せるだけでなく、トップのメッセージや株主総会の内容、株価情報、リスクや CSR に関する情報などを提供している企業もある。個人投資家へのアプローチを勘案すると、インターネットを活用した電子開示のレベルは今後ますます充実されていくものと考えられる。

5. 重要事実・将来情報・リスク情報

ディスクロージャーについては、この他にも留意すべきいくつかのルールがある。「重要事実」や「将来情報」、さらには「リスク情報」については、株価に影響を与えるようなものがあり、これらの開示が求められている。

(1) 重要事実

株価に影響を与える「重要事実」の存在が認められた場合、企業は速やかにそれを公表することが定められている。該当する情報には、①決定事実、②発生事実、③決算情報、④その他の投資判断に著しい影響を及ぼすもの、が定められているが、これ以外であっても、結果として株価に大きな影響を与えることになると、それは「重要事実」とみなされることがある。

実務的には、ルールに定められた事項だけでなく、事案ごとに「重要事実」とみなされる可能性があるか、すなわち株価に著しい影響を及ぼす可能性があるか否かを検討して公表の判断をする必要がある。「重要事実」は、有価証券報告書による開示（EDINET）か、あるいは 2 つ以上の報道機関に公開し 12 時間以上経過することが必要である。証券取引所が設けた Web サイト（TDNet）に掲載されることでも、公表されたとみなされる。それを公表する前に自社の Web サイト上だけに掲載したり、アナリストやマスメディアの記者との個別の接点で伝えたりすることは許されない。仮にそのような偏った情報提供をしてしまった場合には、即座に的確な公表措置をとることが求められる。

第 4 章　IR 活動の実務　　95

(2) 将来情報

　投資家は、結果としての過去の業績だけではなく、将来についての情報をより欲しがるものである。それは、企業側が発表する長期ビジョンや中期計画だけではなく、短期的な業績見通しであったり、より具体的な研究開発や新製品開発、新規事業開発や、M&A などのアライアンスの動向であったりする。

　このような将来情報は投資家の判断材料として有効であり、IR の実務においても戦略的に開示するに値する。ただし、投資家に有効な情報ほど、機密性の高いものであるため、トップマネジメントと一体となって、その開示の内容とタイミングを検討する必要がある。M&A などのアライアンス案件は、その事実の決定が開示のタイミングになるが、中期計画や新製品開発の動向などは、企業側の主体的な判断にゆだねられることが多い。

　業績見通しについては、証券取引所が次期（中間期および通期）の「売上高」「経常利益」「当期純利益」などの開示を求めている。投資家は、その見通し数値だけでなく、その業績を達成するための戦略・施策及び事業環境をどのように捉えているかを精査することが多い。つまり、開示する企業側には、そのような投資家の問題意識への対応が求められていることになる。また、諸情勢の変化に伴って、期中に見直しを余儀なくされることも多い。売上高で 10% 以上、利益で 30% 以上の変化が認められる場合は、速やかに見通し修正を公表することも義務付けられている。

(3) リスク情報

　企業経営にはリスクはつきものである。そのリスクを最小限に減殺することが経営の 1 つの重要な側面でもあり、それは社内でのみ共有してマネジメントしておけばよい、という考え方もある。しかし、投資家の判断に大きな影響を及ぼす可能性のあるリスクについては、むしろ積極的に開示し、投資家と共有することも重要である。

　投資家と共有されているリスクについては、仮にそれが顕在化して業績に影響が生じた場合であっても、株式市場において大きなネガティブサプライズに

なることはなく、株価へのマイナスの影響も小さい。つまり、株価の変動を小さくし、結果として資本コストを低く抑えることにつながる。リスク情報の開示は、企業と投資家の信頼関係の醸成に大きな役割を果たすのである。

有価証券報告書にも、2004年度よりリスク情報の開示が求められており、「為替相場の急激な変動」「災害の発生」「特定企業への高い取引依存」「訴訟での敗訴の可能性」などを開示している企業が増えている。

6. IR に関する不正行為

金融商品取引法において、株式の不公正取引は禁止されている。IR実務上、日常的に最も意識されるものは「インサイダー取引」である。会社の役職員や取引先の関係者などが、未公表の重要事実を知りえる機会は多いが、当該情報が公表されるまでの間に、当該会社の株式の売買を行うことが禁止されており、違反した場合は、刑事罰や課徴金の納付が命じられることになる。

IRの実務上は、「重要事実」を一部の市場関係者だけに示唆したり開示したりして、「インサイダー取引規制」に抵触することのないようにしなければならない。IRスタッフは重要事実に該当するような情報を公表前に入手する機会が多いので、アナリストやマスメディアの記者との接触において十分に留意すべきである。金融商品取引法の改正により2014年4月からは、未公表の重要事実を伝達（漏洩）した者を、一定の要件のもとで規制・処罰の対象とすることとなった。

株式などの有価証券の売買を促進したり株価の変動を図る目的で、根拠のない噂などを流す、いわゆる「風説の流布」も禁じられている。IRの実務においては、資金調達やM&Aで有利な状況を作ることを意図し、高株価に誘導しようとして、自社に有利な可能性の低い将来情報を流すようなことをしてはいけない。仮装売買などによって株式等の取引実態を見かけ以上のものにして相場を動かす「相場操縦」も禁じられている。IR実務上では、高い株価に誘導することを意図して、自社に都合のよい情報のみを開示することが、「相場操縦」とみなされる場合がある。

また、有価証券報告書などにおいて、虚偽の情報を開示したり、開示すべきリスク情報などを開示しないこと（いわゆる「不実開示」）も禁止されている。

Ⅳ 株価と企業価値

企業の価値を最もわかりやすく数量化できるのが、株価を算定基準とする方法である。少し難しいかもしれないが、IRの実務上不可欠な概念である。

1. 企業価値と株主価値

企業価値とは、株主価値と負債価値から構成されている（企業価値＝株主価値＋負債価値）。経営者の目標は、この株主価値と負債価値の増大を通じて、企業価値を最大化させることである。言い換えると、負債（負債資本）と株式（株主資本）を通じて調達した総資産を最大限有効活用して企業経営を行い、結果として、年々の利益の集積を最大化することである。

負債価値は、負債の提供者に対して提示する価値であり、特に有利子負債に対しては利息を支払うことと元本を返還することを通じて責任を全うする。

株主価値は、企業の利益が株主・投資家から得た資本コストを上回ることによって得られる付加価値のことであり、別の表現をすると、企業価値から負債価値を差し引いたものである。株主価値を向上させるためには、毎年の利益の最大化を図り、有利子負債に対する利息や税金を支払った後の最終利益を最大化させることが求められる。これが、経営者の株主に対する責任であり、その進捗状況を適時的確に伝えることがIR活動である、と定義することもできる。

企業活動の結果として、株主から預かった資本（株主資本）でどれだけの利益を上げたか、つまり株主から見た収益性を表す指標がROE（株主資本利益率）である。税引後利益を株主資本で割って算出する経営指標で、株主資本運用の効率性を示し、中期的に高い株主価値を確保するために重要な指標である。

2. 理論株価と適正株価

　株価は株式市場での需給、すなわち売り手と買い手の関係で決まるが、このような実需とは別に、理論的に算定することもできる。これを理論株価と呼ぶ。実際の株価は理論株価に必ずしも一致するものではないが、理論株価を把握しておくことは、適正株価の形成を目指す IR 活動を進める上でも有効である。

(1) 資本コスト

　理論株価を理解するために重要なのが資本コストの概念である。本章では、IR 活動がテーマなので、議論を単純にするために、負債の資本コストや加重平均資本コストには触れずに、株主資本コストのことを資本コストと表現する。

　経営者の仕事は、事業の拡大を通じて企業価値を高めるとともに、企業経営における不確実性を最小化すること、すなわちリスクをミニマイズすることであるとも定義できる。投資家の求める収益とは、投資対象の有するリスクに見合ったリターンであり、リスクが高いと評価される企業に対しては高いリターン、すなわち大きなリスクプレミアムを求めることになる。これは投資を受け入れる企業側にとっては、高い資本コストを余儀なくされることと同義となる。

　例えば、画期的な技術革新を伴い、成功すれば莫大な利益が期待できる魅力的なベンチャー企業であっても、それが世の中で受け入れられるかどうかわからないという大きな不確実性がある。そのためその企業に対しては大きなリスクプレミアムが求められ、資本コストは高くなる。このような企業の株価は、投資家の評価が定まらず思惑を伴うことが多いため、株価は乱高下することが多い。すなわち、株価のボラティリティ（変動率）が高くなる傾向がある。

　一方、公益性が高く、比較的安定した業績が確保されやすいインフラ事業者などは、人口減少が見込まれている日本国内で事業展開をしていく限り大きな成長を期待できないものの、市場規模の予測もしやすく大きな不確実性もない。このような企業に要求するリスクプレミアムは小さく、資本コストは低くなる。株価も安定的に推移することが多い。すなわち、株価のボラティリティが低くなる傾向がある。

第4章 IR活動の実務　　*99*

　このように、企業における資本コストに関しては、その企業経営のリスクに見合ったものが資本市場で要求され、経営者にはそこで規定された資本コストを超える収益を上げることが求められるのである。資本市場における株価との関係で簡単にいえば、企業経営に不確実性の大きい企業の株価のボラティリティは高く（株価の変動率は大きく）なりがちで、株主はそれに見合った高いリスクプレミアムを要求するので、企業に要求する資本コストは高くなる。逆に、不確実性の小さい企業の株価のボラティリティは低く（株価の変動率は小さく）なりがちで、株主はそれに見合った低いリスクプレミアムを要求するため、企業に要求する資本コストも低くなる。

　資本コストはIR活動の巧拙によっても変動すると考えることができる。前述のように、株価のボラティリティ（変動率）が高いと資本コストは高くなる。すなわち、資本市場に対してサプライズを与えないよう、投資家から見える不確実性を最小化するような安定した信頼性のある情報開示を継続していくことで、企業と株主・投資家との信頼関係が築け、株価の乱高下も少なくなる。その結果としての資本コストも小さくなる。

　また、日常的に、株主・投資家に信頼される優れたIR活動を行っていれば、ネガティブな事象が発生して、一時的に株価を下げることがあっても、その後の株価の戻りは早くなるものである。

(2) 理論株価の考え方

　理論株価は必ずしも実際の株価を規定するものではない。ただし、IR活動の目標として掲げられることの多い「適正株価の形成」を探る手掛かりになり、資本市場における投資家との議論の前提にもなる。また、アナリストとの接点において、理論株価の算定法を理解しておくことは議論をスムーズに進める土台にもなる。以下、IRの実務上有効で代表的な理論株価の考え方を簡単に整理しておく。さらに理解を深めたい読者には企業財務の専門書をお勧めする。

① 将来の予想されるフリーキャッシュフローに基づく考え方

　株価は、当該企業の将来性に基づいて決定される、と考えることができる。企業の将来性とは、その企業が将来稼いでくれるであろう利益やキャッシュで表現できる。特に会計上のルールに左右されない、実際に稼ぐであろう将来のキャッシュの予想に基づく理論株価の算定法を「フリーキャッシュフロー割引モデル」と呼んでいる。将来の毎年のフリーキャッシュフロー（利益をもとに減価償却、設備投資や運転資金の増減などを勘案して計算したもので、企業が自由に使える現金のこと）を適正な割引率で割り引いて現在価値に割り戻した額の集積（毎年の合計値）を理論企業価値とする考え方である。ここから負債価値を引いた残りが株主価値となり、それを発行済み株式数で割ったものが理論株価になる。

　将来のフリーキャッシュフローを割り引く際の適正な割引率が資本コストであり、通常は加重平均資本コスト（前述の株主資本コストと負債の資本コストとの加重平均値）を使用する。前述のように資本コストが高いということは、ここでいう割引率が大きくなり、将来のキャッシュフローを大きな割引率で割ることになって、現在価値は小さくなってしまう。すなわち企業価値は小さくなり、結果として理論株価は低くなる。

② 他社との比較（ベンチマーク）に基づく考え方

　株価は、株式市場全体の上げ下げの中で他社との相対的な関係で決定されるものでもある。代表的な経営指標の１つとして税引後利益を発行済み株式数で割った一株当たり利益（EPS）というものがある。株価をこのEPSで割った株価収益率（PER）、言い換えると、株価がEPSの何倍買われているか（株価＝EPS×PER）を他社や同業種平均などと比較（ベンチマーク）することで理論株価を認識することもできる。

　ベンチマーク対象に比べてPERが低い場合は、相対的に株価が低く、過小評価されていることを意味し、これは株式市場における自社の将来性に対する期待が小さいことを意味している。このような場合は、IR活動において将来

の戦略についての説明が不足していると認識し、次なる一手を検討する手掛かりにすることもできるし、自社の戦略が株式市場に評価されていないことを経営にフィードバックすることも重要である。

③ 株価純資産倍率（PBR）を用いる考え方

　また、同じようなベンチマークの手法においては、株価が一株当たり純資産の何倍買われているかを表す株価純資産倍率（PBR）を用いることもできる。その他にも、理論株価を算定する方法はいくつもあるが、IR の実務上はこの程度の理解で十分と考えられる。いずれの考え方を前提にしても、実際の株価と理論株価は乖離するものであり、IR 活動で求め続ける「適正株価」とは、その近辺のどこかにある。適正株価とは、市場との信頼関係に基づき、継続的な情報開示と資本市場との双方向のコミュニケーションにより形成されていくものである。

3. M&A・TOB・LBO

　M&A（企業の合併と買収：Mergers and Acquisition）は、企業戦略の遂行上、従来にも増して日常化してきている。仕掛ける局面においても、仕掛けられる局面においても、株価は重要な論点の1つであり、かつ株式を介してのM&A になることが多いため、IR の役割は非常に大きい。一般に、M&A が計画され、それが実行されるまでの期間は短いことが多く、この短期間のステークホルダーとのコミュニケーション戦略の巧拙が M&A の成否を決定するといっても過言ではない。特に、敵対的買収の場合など、株価を論点にしたコミュニケーションが必要になるケースも多く、IR の立場からの情報発信も求められる。

　敵対的買収（TOB）や予期せぬ物言う大株主の出現などの緊急事態が発生した場合は、トップマネジメントを中心にしたチームを組成して買収者・大株主への対応を進めると同時に、一般株主への会社側現経営陣からの意見表明が重要になる。その際、大前提になるのは、「企業価値を高めることができるの

はどちらの経営陣なのか」という中立かつ公平な立場を意識した意見表明である。現経営陣自らの保身的な立場での意見は慎まなければならない。

　一方、買収する側の立場からすると、自らの戦略による企業価値の向上の実現性を説き、その自信の表れが買収する株価につけている高いプレミアムである、との説明をしながら、現社員や取引先など、既存のステークホルダーに対する友好的なメッセージを発信することが多い。

　また、友好的なM&Aの場合には、関係者が勢ぞろいした記者会見を行い、株主や投資家、その他のステークホルダーに向けて、今後の企業価値向上に向けてのブレのない戦略を提示すべきである。

　このほかLBO（事業譲渡）やMBO（経営陣が会社の事業を譲り受け、オーナー経営者として独立すること）など、合併・買収にはさまざまな形態がありそれに応じて記者発表の方法も変わってくる。

　近年は日本企業のM&A件数は増加しており、2021年は4280件（速報値）と過去最多になり、取引総額は16兆4844億円に上る。海外企業の買収・売却も多く、規模拡大を目的とした同業者の買収や、事業再編を目的とした子会社の売却など、大型案件も多い。M&Aを行う際は投資家への情報開示が欠かせない。特に敵対的なTOBを仕掛けられた場合は、統合差し止めを求める仮処分の申し立てや、買収側の議決権を制限するなど、買収防衛策を発動することも多く、ニュースとして連日大きく取り上げられた企業も多い。経営戦略と密接に結びついた高度な情報開示や、的確なタイミングのリリース発表が求められるといえよう。

4. 創業からIPO（新規株式上場）までのIR

　上場企業におけるIR実務に求められることを述べてきたが、最後に、企業の成長ステージごとに求められるIRについて触れておきたい。

　創業期において、必要な資金を自己資金で全て賄う場合は別として、「エンジェル」などの第三者の資金を資本金として受け入れる場面からIRは始まる。「エンジェル」とは、創業期や成長初期段階の企業に対して、第三者の立場で

自己資金を投資する個人のことである。投資の見返りとして株式を受け取る。主に企業経営などで成功した富裕層の個人が、資金だけでなく、投資先の企業経営に対するアドバイスや人脈なども提供してくれるため、資金を受け入れた経営者からすると「天使」のようにみえる、ということから「エンジェル」と呼ばれている。IR に求められることは、株主に対する投下資金の将来性であり、これは、ほぼイコール当該事業の将来性となる。創業トップとして、当該事業に対する強い思い入れと事業計画の実現可能性を丁寧に説明することが IR の真髄となる。

　事業活動が軌道に乗り、想定通りに成長期に入ると、ベンチャーキャピタルなどの専門金融機関が投資家になる。彼らの投資目的は、上場などによるキャピタルゲイン（株価の値上がり益）である。投資利回りの確保のために、ある程度の短い期間での実現利益を求められる。IR としては、当初提示した事業計画をもとに、その進捗状況と計画とのギャップの説明が重要となる。

　IPO（新規株式上場）時においては、広く一般の投資家に対して初めて「お目見え」することになるため、当該事業の沿革や事業環境、競争環境はもちろんのこと、自社製品・サービスの特徴や、収益性、市場ニーズ、競争力など、中長期的な企業価値向上に向けた情報をわかりやすく説明する必要がある。上場した時点から、本章で述べてきた上場企業に対する IR に関わるルールや責任が課されることになる。

　このように、企業の成長ステージによって IR 活動に求められることは変化していくが、株主や投資家との中長期的な信頼関係を構築していくことがその中核をなしていることに変わりはない。IR 活動は、広報・PR の機能の重要な一翼を担っているのである。

 # 第5章 グローバル広報の実務

　グローバル広報とは、地球規模の視点で情報発信し、異文化を理解して価値観の異なる地域に対応したコミュニケーション戦略を策定することである。本章では、企業のグローバル化に伴うコミュニケーションの課題と広報実務の変化について理解しておこう。

I 海外進出企業の発展過程

　日本企業の海外進出は、長年の間、製造業を中心に"新興国で生産し先進国で販売する"という形が一般的であった。しかし近年、国内経済の低迷や少子高齢化に伴う国内市場の縮小、また新興国経済の成長やIT技術の進化などを背景に、生産拠点としての新興国進出に加え、非製造業、更には大手企業のみならず中小企業も含め、新たな"消費市場"を求めて新興国へ進出する企業が増加している。

　こうしたなか、インターネットやSNSの普及が後押しとなって、大手企業だけでなく中小企業や地方自治体の海外進出が盛んになり、また海外から交流人口を誘致するインバウンド（訪日観光客）施策が旺盛である。対象国は欧米など先進国に限らず新興国など多岐にわたる。一般的には、日本と異なる文化・言語で成り立つ海外諸国で、自社や商品ブランドを認知させることは困難であり、さらに各国における広報活動のスタンダード、注目されやすいコンテンツが異なるため、実務が複雑なのがグローバル広報の実情である。

　高度情報社会である現代では、業種や事業規模にかかわらず、情報は地球規

第5章　グローバル広報の実務　　*105*

模に拡散する。デジタル社会における情報伝達は速く、世界各地の生活習慣や価値観の違いの中で、誤解を招くこともある。現代社会では、日常的な情報発信が地球全体に到達し、その結果、想定外の影響を蒙る現実に直面する。これを機に、国は各省庁が独自に情報を発信するのではなく、統一見解を世界に向けて発信する、いわゆるグローバル広報に着手したといえる。

　ここで誤解がないようにしてほしいのが、「グローバル企業」「国際企業」「多国籍企業」は概念が少し異なることである。

① 国際企業

　まず国際企業（International Corporation）は、19世紀に始まったモデルである。企業の大半の機能は本国の本社に集中しており、海外の子会社は現地での販売や現地特有の製造など一部機能のみ行うものであった。企業の経営資源（リソース）は、本社中心で特定の国籍に限られ、ほとんど多様性は無い。多くの日本企業は現在でもこの段階であり、広報戦略は海外での営業や販売促進の一環として展開することと理解されている。

② 多国籍企業

　次に多国籍企業（Multinational Corporation：MNC）は、20世紀に始まったモデルであり、各国の子会社がある程度の自立性と各地域固有の機能を持ち、本国の本社機能は共通機能に絞られる。企業の経営資源（リソース）は、多国籍（マルチナショナル）である。各地域での市場、顧客の要望、文化などへの対応力が向上し、企業活動は世界レベルで拡大する。具体例を挙げれば、金融のシティバンク、石油のエクソンモービル、あるいはIBMなども典型的な多国籍企業である。これらの企業は、株主の私的所有物から社会の所有物、すなわち社会的存在という性格を強め、企業は株主ばかりでなく、顧客、従業員、取引相手、さらには地域住民といった利害関係者（ステークホルダー）の利益を実現する存在として、社会的責任（CSR）が問われるようになる。

③ グローバル企業

　そしてグローバル企業（Globally Integrated Enterprise：GIE）は21世紀の企業に求められるモデルであり、世界（地球）全体で1つの会社として全体

最適化を繰り返す。企業の経営資源（リソース）は、グローバルである。企業の各機能は、コスト、スキル、環境などにより地球上のどこにでも配置できるのである。この新しい企業組織では、ICT によって知識・情報などが地球規模で共有され、各部署の仕事は最適な場所に移動できる。

　例えばコールセンターや購買部門は、地球上のどこにあっても機能するし、各国に必要とされる販売部門なども、各業種や各製品の専門家を各国に揃えるのではなく、テレビ会議やグループウェアで連携できれば、必要最低限の要員ですむ。

　また、世界中のスキルやベストプラクティスを組み合わせて提供することで、顧客へ提供する品質も向上すると理解される。代表的な企業は、アップル、グーグル、ヤフー、マイクロソフトといった IT 系の企業である。彼らは、世界中に同じ商品あるいはサービスを提供し、その質を向上させることで新しい価値を提供し、市場を創造する。定期的に商品をリニューアルして世界中に提供し、ビジネスを拡大させる。IT 企業だけでなく、生活用品を扱う P&G（プロクター＆ギャンブル）、ヘルスケア製品を扱うジョンソン＆ジョンソンといった企業も、多国籍企業からグローバル企業に方向転換している。

　つまり、企業が、海外で売る・つくるという「国際企業」の段階から、海外への権限移譲を進める「多国籍企業」の段階を経て、現在では世界中で一番ふさわしい場所に事業機能を分散させ、適正な場所で、適正な時期に、適正な価格で経営資源を最適化する「グローバル企業」の時代になっている。それに対応する広報戦略が求められているのである。

Ⅱ　グローバルな情報発信の必要性

　「グローバル社会とは何か」を意識することが、広報戦略を立てるためには必要である。グローバル PR は企業によって考え方が異なるため、本章ではグローバル PR を論ずるにあたり、企業の業態や組織の立場により、「海外広報」「国際広報」という言葉を併用することとする。

1. 欧米のグローバル広報の考え方と日本との違い

広報・PR の目的が、日本の高品質の商品を海外に売るためか、日本の魅力を発信して外国旅行者や国際会議を誘致したいのか、経済大国として世界のリーダーの一員であることを発信したいのか、によって戦略は異なる。しかも日本は、ほぼ単一民族で言語が同じであり、国民の教育程度に格差がないが、諸外国では事情が異なる。そうした事情を考慮してコミュニケーションを行わなければならない。

アメリカ合衆国は移民の国であり人種は多様で、グローバル化が本格化する前から自国内である種の「ミニグローバル」対応をしていた。また、ヨーロッパは、歴史的な経緯もあり、小規模のファミリー企業が多い。しかしその中でも多国展開している高級ファッションブランド企業などは、最初から市場の多様性を前提として、経営資源を配分している。つまり欧米のグローバル企業は、顧客対応はローカライズをめざしながらも、企業内部のインフラはできる限りグローバルレベルで共通化・統合化しようと意図しているのである。

一方、日本企業では、第二次世界大戦後の経済復興の手段が製造業中心の輸出に特化されていた経緯などから、各ターゲット市場の政治・文化・習慣・メディア環境などを考慮する必要性は指定されているが、組織内におけるグローバル体制の設計が遅れている。グローバル広報を行うためには、各地域の「違う」部分に着目するのではなく、どの部分が共通化・標準化できるかという視点で考えるべきなのである。

また、今日のデジタル時代では、消費者やステークホルダーが自ら情報を入手し、自身の意見を形成して情報を発信する。誰もがメディアになることを可能にしているため、クライシスの発生率が非常に高まっている。そのため、広報部門におけるクライシスマネジメントやイシューマネジメントはますます重要になる。さらに、クライシスが発生した際にその影響を最小限に抑えるためには、ステークホルダーとの間に信頼を構築しておく必要がある。グローバル・コミュニケーションには、単なるレピュテーション・マネジメントではなく、「トラスト」（信頼）を構築するための戦略が必要なのである。

2. 行政の国際広報

日本政府は2012年3月、「国際的風評被害を乗り越え、国家戦略として、日本ブランドのさらなる海外展開・強化、多様な日本の強みと魅力、日本的な『価値』の発信に積極的に取り組むこと、また内閣官房と関係各府省等で緊密に連携し政府一体・官民連携で効果的な情報発信体制の構築を目指すことを目的として」、2012年に「国際広報連絡会議」を設置し、翌年に「国際広報強化連絡会議」を開催している。また外務省は、日本の外交政策や一般事情に関するさまざまな情報を海外に積極的に発信するとともに、日本文化の紹介や人的交流、海外での日本語の普及に対する支援などを行っている。これは外交政策を円滑かつ効果的に行い、また、日本人が国境を越えた活動や世界の人々との交流を円滑に進める上で、日本への関心を高め、理解と信頼・親近感を深めてもらうことが不可欠だからである。

しかしながら日本政府の国際広報戦略は、パーセプションマネジメント（Perception Management）、すなわち、相手にどのように認知されるかを想定して情報発信する点に欠けているといわれる。

グローバルPRは、日本以外の国がどのように理解するかを念頭に行動する、また情報発信することである。憲法改正、特定秘密保護法、新しい防衛計画などは、海外の大手通信社で以前から警戒感をもって報道されており、さらにそれは多くの開発途上国、新興国にも配信されている。日本だけで通じる論理、すなわち「そんなつもりはない」とか「詳しいことを知らないのに勝手なことを言うな」という内輪の社会だけで通じる論理で反応するのは成熟した組織の行動とは言えないのである。

3. 日本ブランドの構築

国家の評価を計測、形成及び管理することを国家ブランディング（Nation Branding）と呼び、各種の調査では日本の国のブランド力は高い。

ニューヨークに拠点を置くブランド・コンサルティング会社、フューチャーブランドが10年前から海外旅行経験者対象に調査、分析している国別ブラン

ド指数（Country Brand Index）で、日本は 2015 年度に 1 位にランクインし、スイス、ドイツ、スウェーデン、カナダが続いた。国のブランドは、企業ブランド同様消費者行動に影響するとし、17 カ国について、国の情勢（Status）と体験（Experience）を構成する国家基盤や生活の質、ビジネスにおける魅力、歴史遺産や文化、旅の魅力、国の生産品の 6 つのカテゴリーについてアンケートを取っている。また、ドイツの市場調査会社 GfK と英国の社会学者サイモン・アンホルトによる Anholt-GfK 国家ブランド指数（National Branding Index）では、20 カ国で 2 万人以上に対して、対象国 50 カ国の文化、輸出、投資、国民、統治、移住の 6 項目をインターネット調査しており、2017 年度の結果は、1 位はドイツ、2 位フランス、3 位イギリスで、日本はカナダと並び 4 位につけている。これらの調査での好評価は、実際に日本との取引や来訪、口コミにおいて他国に対して高い競争力につながるといわれている。換言すれば、国民の日々の努力と交流により与えるイメージは、日本のグローバル PR に最も必要なものといえる。

4. 企業におけるグローバル広報とブランド戦略

　グローバル広報を行うには、その企業が海外市場を相手に何をするかが明確でなければならない。貿易か投資か、委託生産の受発注か、それとも技術供与かなど、企業により目的は異なり、それによって PR の手法も異なる。海外拠点の設置、すなわち駐在員事務所、支店、現地法人、代理店の設置や、工場建設が目的の場合は、単なる商品の輸出以上に現地の政治情勢や生活習慣を学ぶ必要がある。どこの市場をターゲットにして何を売買するのか、または生産するのかで戦略は異なるため、マーケティング戦略と PR 戦略の融合が必要となる。ステークホルダーとしては、現地の他業界の日系企業や、日本には進出していない外国企業や大使館・総領事館も対象に入れる必要もある。

　ここで重要なのは、ブランド戦略である。ブランドイメージとは、消費者が企業の提供する商品やサービスを通じて、あるいは企業広告を通じて、企業全体に対する知覚を持つことであり、ヒット商品の登場や企業業績の向上、企業

不祥事や業績の低迷に影響される。

世界最大のブランディング会社であるインターブランドが発表したブランド価値ランキング「Japan's Best Global Brands 2015」(日本のグローバルブランド Top 30) は、グローバルな事業展開を行う日本発のグローバルブランドを対象に、そのブランドが持つ価値を金額に換算してランク付けするもので、企業の「真の価値」がわかると言われる。各種の財務諸表が公開されていること、ブランドを冠する事業の日本以外の海外売上高比率が 30% 以上であること、BtoB 企業であってもグローバルで一般に認知されていることなどが条件となっている。第1位はトヨタで、ホンダ、キヤノン、ソニー、日産と続き、パナソニック、ユニクロ、任天堂となる。日本では低迷と言われているが、ソニーの海外ブランド力は堅調であり、小売りのユニクロやゲームの任天堂はグローバル企業と認められている。BtoB 企業であるコマツやブリヂストンのほか、資生堂やユニチャームもグローバル企業としてベスト 20 に入る。

これらの各社に共通するのは、グローバル展開する事業のあらゆる活動をブランド中心に変革したことにより、海外顧客から「特別なブランド」と認知され始めていることだ。例えば自動車業界では、これまでトヨタが独走していたブランド戦略だが、ここにきて日産、マツダ、SUBARU などは統一的なブランドイメージづくりに現場レベルから取り組み、海外での売り上げを伸ばしている。ハイテク感のあるショールームづくり、店舗と Web サイトとの効果的な連携、走る楽しさ以外に「安全性」など独自の強みをアピールする CM づくりといったブランド戦略を通じ、各社とも海外顧客に対してトヨタとは異なる個性を打ち出すことに成功している。

独自のビジネスモデルを効率的に海外展開し、新興国を中心にブランド価値を伸ばした企業がヤクルトである。「安くて健康になれる食品を子どもに与えたい」という新興国の母親たちのニーズに商品の特性がうまく適合し、東南アジアを中心に、認知度が上昇している。ユニクロは、海外店舗展開とともにスポーツ選手のスポンサーになることによりブランドの認知度を高めた。

このように、新興国でビジネスを拡大している企業は多く、今がまさに日本

の高度成長期にあたる新興国では、各企業が手がけるエアコン、自転車部品、紙おむつなどの商品分野で、生活に余裕が出て来た中間層の需要が急増しているのである。

5. 現地での広報体制が課題

　経済広報センターの「第14回企業の広報活動に関する意識実態調査」（2021年）によると、海外に広報活動が必要な関係会社、支社、工場がある企業の「グローバル広報の関心事項」は、「本社と現地の役割分担」と「グローバル広報についての基本的考え方、スタンス」が両方ともに（66.7%）、「グローバル広報人材の育成」が65.0%である。また、「グローバル広報の実施体制」については、「現地広報がかなりの部分を対応」（33.3%）が2020年の調査から最も多くなり、「本社の指示に基づいて現地広報が対応」（25.0）も増えている。一方、「現地広報が対応後に本社広報に連絡が入る」（20.8%）は減っており、グローバル広報の実行にあたってはその国・地域の事情に精通した現地広報が主体となって活動していることがうかがえる。

　一方、PPC社が2011年に行った海外広報の意識調査（有効回答181社）では、全体の9割が「海外・現地での広報活動は重要」と認識しており、海外広報の主な目的は「マーケティングとブランディング」だという回答が5割を超え、「リスク対応」が3割という結果が出ている。また、全体の8割以上が「現在の海外広報活動に課題がある」としており、理由は「専門的な人材がいない」「予算がかかりすぎる」「現地のメディア情報や地域毎のやり方が不明」としている。そして、海外広報活動を概ね成功していると回答した企業に対して、成功の鍵は何かと質問すると、「広報協力会社と配信サービス」という回答が多い。

　このように、企業の海外広報に関して行った各専門機関の調査結果に共通しているものは、海外進出している企業の広報活動は、その国・地域の事情に精通した現地広報が主体となって本社広報と連携しながら活動している企業が多数派であるということである。ただし人員や予算規模により海外広報活動には格差があり、日本企業の現状として、日本国内に取材網を持つ外国メディア（特

派員）とのリレーションも十分とはいえない。まずは、企業のメッセージを直接伝えることができ、経営資源も比較的投入しやすい日本国内から海外への情報発信に力を注ぐことが求められる。PR 会社に対して希望する事柄は「現地会社との連携」「現地事情を踏まえた企画」「現地メディアへのプロモーション」などである「現地に対応したリリースの制作」「迅速な対応」「現地での成果の把握」が企業の本社組織にとってのニーズとなっている。

Ⅲ 日本企業のグローバル広報の現状と留意点

　日本企業の広報活動においては、今までは国内広報と海外広報を分離する傾向にあった。しかし、日本企業のグローバル展開が進み、海外拠点にも数多くのグループ会社を抱える企業が増え、国内と海外の線引きは薄れ、広報活動もグローバルに取り組まれるようになってきた。事業規模の違いなどにより、グローバル広報の方針や体制は企業によって異なるが、全体としてグローバルな視点で広報戦略を考え、海外を含むグループ全体で統一したメッセージを発信する動きが強まっている。

　では、具体的な対応方法についての注意事項を考えてみよう。

1. 外国メディアへの対応

　日本国内で実施できるグローバル PR として、日本に特派員を置く外国メディアを通じた情報発信がある。日本には、米、英、独、仏など欧米のメディアと、中国、韓国などアジアのメディアなど、全部で数十社が独自に特派員を置き、取材・報道活動を行っている。

　グローバル広報担当者は、自社が進出している国々のニュースを注視すべきである。国際的なニュース報道の担い手である通信社と、その本部がある国は押さえておきたい（**図表 5-1**）。

　ロイター、ブルームバーグ等の通信社は、日本人記者もいることから、人員も比較的豊富であり、記者会見に参加する余裕がある。また、これらの通信社

第5章　グローバル広報の実務　　*113*

【図表 5-1　各国の主な通信社（本社所在地にて分類）】

アジア	日本	共同通信社、時事通信社、など
	中国	新華社、など
	韓国	聯合ニュース、など
アメリカ	アメリカ	AP 通信、トムソン・ロイター、ブルームバーグ、UPI 通信社
ヨーロッパ	フランス	AFP 通信
	ドイツ	EPAP 通信、など
	ロシア	イタルタス通信、など

日本パブリックリレーションズ協会作成

は毎日、日本の政治・経済、企業活動など、あらゆるニュースを世界のマスメディアや企業に配信している。その他、フリーランスのジャーナリストも数多くおり、東京の日本外国特派員協会（FCCJ、通称「外国人記者クラブ」）などを拠点に取材活動を行っている。

　外国人記者クラブは、日本の通常の記者クラブとは異なり、幹事社が決まっているわけではない。企業が広報活動をするためには、自社の海外拠点のジャーナリストを把握して日常的にコンタクトする必要がある。各記者とも自国に直接影響のあるニュースに興味を持つので、外国企業では日常的に行われているプレス昼食会やメディア懇談会でトップ自らが対応することも重要である。近年は、日本駐在の外国特派員で日本語が堪能な人材が多く、日常的なコミュニケーションは不都合が無いこともある。

　しかし注意すべき点は、日本語で意思疎通ができても、相手は「以心伝心」の文化ではないことで、日本人側は、欧米的な、主語、述語を明確にした会話を心がけ、また、文書で確認することも重要である。欧米社会では電話の会談、ブリーフィング的な会話でも、メールまたはファクスで、簡単な会談記録を送付しあうのが商習慣である。これは、「言ったつもり」「理解したと思った」という間違いをおかさないための知恵である。

2. Web サイトの留意点

　企業の Web サイトを活用した情報発信も、日本国内で実施できるグローバル PR である。

　多くの自治体や企業が日本語の他に、英語や中国語など複数の言語で Web サイトを制作しているが、一般的に陥り易い間違いは、日本語サイトと同じ内容を発信することが情報の一貫性と思い込むことである。企業理念や営業方針等、企業の根幹に関わることは統一性が必要だが、国や地域によって社会の関心事は異なり、企業が注力する事業分野や社会貢献活動などの取り組みも異なることを認識し、ターゲットのニーズに応える情報を発信することが重要である。進出する地域の言語で作成することが望ましいが、言語以外に留意すべき点も多い。

　第一に、世界地図はその地域を中心としたものを使用する。日本人が眼にする世界地図は日本が常に中心であるが、アメリカはアメリカが中心、そしてヨーロッパとアフリカは、そこが中心の世界地図を使用する。そうした地図においては日本は確かに「極東」に位置しており非常に遠い。海外の人々は日本中心の地図を見慣れていないのである。

　第二に、日本語サイトを直訳することは避けるべきである。英文や中文（繁体字、簡体字）、ハングルなど、グローバルサイトには多言語でコンテンツを用意している企業が増えてきた。しかし、日本語と全く同様の内容をただ翻訳し表示するのではなく、例えば製品ページに関しては、その国・エリアごとの競合製品との違い、選び方など、国別の文化の違いにより掲載内容を創意工夫すべきである。ガイドラインだけ統一して現地に任せるのが賢明といえよう。

　第三に、電話問い合わせの案内などは、現地の営業時間を掲載すべきである。コンタクトセンターを一カ所に集約して多言語対応する企業もあるが、日本にしかセンターが無い場合は、時差の関係で全く応答できない場合がある。問い合わせをメールに統一する方法もあるが、一般に海外では日本のように細かく問い合わせフォームに入力する習慣はないので、簡略にした方がよい。

　第四に、SEO（検索エンジンの最適化）対策である。企業は自社の Web サ

イトに誘導するために検索エンジンで上位に登場するように努力するわけであるが、海外でのブランド力が低い場合、海外の検索エンジン対策が重要になる。

3. グローバル広報担当者の役割

　企業の広報部門は、外部そして内部と経営幹部レベルとの橋渡しの役割を担うべきである。グローバル企業における広報PRの役割とは、グローバルとローカルの市場動向や傾向などの実情を把握し、外部環境の変化に伴って企業がどう「進化」すべきかをCEOに提言することである。

　日本では、活字メディアはいまだ高い信頼を保持しているが、海外では必ずしもそうとは限らない。今日のデジタル時代は、消費者やステークホルダーが自ら情報を入手し、自身の意見を形成することを可能にしているため、従来のマーケティングモデルはもはや通用せず、マーケットシェアの前にまずマインドシェアを獲得するためのアプローチが必要とされる。また、レピュテーションを維持するだけではなく、信頼を構築することも必要である。

　次に重要なのは、世界のステークホルダーに向けた企業を表す包括的なストーリーである。これはただ単に社是や企業価値を示すものではなく、企業の「人格」を表すものである。米国の企業広報幹部の団体であるアーサーペイジ協会によれば、「PR」の定義を広く捉えた「コミュニケーション」に対する、より多角的なアプローチと強固で包括的なストーリーが、グローバルPRを実施していくための2つの重要なステップという。

　欧米におけるCCO（Corporate Communications officer）の役割は、以下の3つである。こうした役割が更に重要さを増しており、本社のこの役職を中心にグローバル広報戦略が策定されることが理想である。

1. 企業の信頼を高め、ステークホルダーとの関係を構築する。
2. 人事、財務など社内のさまざまな部署と連携して、企業活動の生産性を高めて、インテグレーターの役割を果たす。
3. 社員一人ひとりが広報パーソンとして行動できる仕組みをつくる。

Ⅳ アジア・中東の PR 環境

グローバル広報といっても地域によって経済・社会環境は異なる。これまで欧米との違いを中心に説明してきたが、最後にアジア・中東の PR 環境について述べておく。同じアジア地域でも国によって歴史や文化は異なり、それぞれの地域環境に応じた広報・PR 施策が求められる。

1. ASEAN（東南アジア諸国連合）

日本の製造業の海外における経常利益の約3分の1を ASEAN が占めるなど、日系企業にとって ASEAN は重要な市場である。ASEAN での事業活動においてはメディアとの円滑な関係が重要となるが、ASEAN のジャーナリストには、日本企業の広報活動に課題を感じている者も少なくない。

アジアのジャーナリストは新聞記事をデジタル版にも投稿しているため、新聞記事を想定したリリース発信だけでなく、画像を大きくして動画も入れるなど、デジタルも意識した情報発信が必要である。アジアのメディア記者は企業の Web サイトにアクセスして記事を書くことも多く、多数の記者が質の高い説明・データ、面白いブランド情報・商品広告を有効と考えている。

日本のブランドのイメージとして「technology（技術）」「respect（尊敬）」「culture（文化）」などが挙げられた。広報活動で発信するメッセージを開発する際、これらをブランド形成因子として留意しつつ、会社の事業計画との整合性を取り、国内外で同一のメッセージとすることが重要である。そのための仕組みづくりとして、ASEAN 数カ国での広報会議開催などを通じ、各国の広報担当の間でのコミュニケーションを促進し、各国の成功事例、リスク因子、危機の体験・対応などの共有化を図る必要がある。

2. 中国

世界の工場から世界一の巨大消費国に変貌しつつある中華人民共和国（中国）であるが、特徴的なのは、新聞、テレビ、ラジオ、映画、雑誌等、全てのメディ

アが中国共産党中央宣伝部の厳格な管理体制の下で事業を展開していることである。現在爆発的に利用者が増えている微博（Weibo）、微信（WeChat）等のソーシャルメディアも検閲の対象になっているほか、Facebook、Twitter、YouTube 等は中国本土では原則アクセスできない。中国には新聞社が約 2700 社、テレビ局が約 400 社あるといわれ、その報道内容は、民族感情に訴える、また中華企業の保護意識が伺える報道が多く、政府の代弁機関と認識した方がよい。新聞記者は自由に取材して記事を書いたとしても、記事は編集部で選別される。

　このことから、日系企業の中国メディアへの情報発信は、中華民族、中華企業のための報道内容になることを念頭に対応する必要がある。また、「転載」が頻繁に行われ、誤報であってもセンセーショナルな事案は他のメディアに転載されて全土に広まることが多い。日本ならば記事の無断転載は盗用であるが、中国の記者は、記事が転載されるのは、その記事が評価された証となるので、著作権問題には発展しない。企業にとって重要なことは、常に自社のネガティブ情報が広まっていないかをモニタリングし、リスクが顕在化した場合の対応、ガイドライン、アクションプラン等をあらかじめ定めておくことである。

　中国では、世界消費者権利デーの 3 月 15 日に中国中央電視台（CCTV）が消費者保護を目的として、商品やサービスに問題がある企業を告発する特別番組を毎年放送する。過去には、米国のファストフードチェーン、本の外食産業、米国のスポーツ用品メーカー、日本の精密機械製造、日米の自動車メーカー等がターゲットになった。

　また、一般的な SNS（Twitter、Instagram、Facebook 等）は中国では使えず、微博（Weibo）や微信（WeChat）等、独特のソーシャルメディアが普及しており、その利用者は 9 億人を超えている。一般消費者の評判を高め信頼を勝ち得るためには、現地メディアの戦略的活用が求められる。

3. 中東諸国

　中東のメディアについては、歴史を遡ることが必要である。サウジ王家によ

118　V　グローバル広報における危機管理

るアラブメディア支配戦略は、1970年代初頭に開始された。当時の目的は、エジプト大統領ナセルがラジオ局「アラブの声」を通じて広めていたプロパガンダに対抗することだった。それ以来、各国の日刊紙は、「親アラブ派」と「親欧米派」の二陣営が存在する。

　1996年にカタールの首都ドーハで設立されたテレビ局アル・ジャジーラ（アラビア半島の意味）は、自らを「政治的圧力を受けない中東で唯一の報道機関」と謳い、アラビア語、英語の放送で、100カ国以上に放送している。中東圏はアラビア語を話すため、アル・ジャジーラのニュースは誰もが理解でき、またカタールの本社は、各国のタブーとなる内容も自由に報道可能である。また、2010年12月のチュニジアを発端としたジャスミン革命「アラブの春」ではインターネットとSNSによるものといわれた。

Ⓥ グローバル広報における危機管理

　グローバル広報においては、予測できる危機を避けるために、文化、宗教、生活習慣を理解し尊重した行動が求められる。次に2つの事例を紹介しよう。

① イスラム国でのキャラクター使用

　2009年にマレーシアに進出したキューピーはマレーシアの認証機関から「マヨネーズのパッケージに使用しているキューピー人形が、イスラム教で偶像崇拝を禁じられている『天使』と誤認される可能性がある」との指摘を受けた。キューピー側はデザインを変更した。

　同社は近年、マレーシアを中心としてイスラム圏での事業拡大を狙ってきた。食の近代化、すなわち洋風化が進んでおり、国を挙げて「ハラル・ハブ政策」を進めていることなどが理由である。主力商品であるマヨネーズは油、卵黄、酢でできているため、原料については禁忌なものはないが、工場や物流面でハラル基準に沿わせる努力が必要であった。

　イスラムの政治、経済、文化、生活の根本をなす行動規範のことを「シャリー

第5章　グローバル広報の実務　*119*

ア」といい、これは「法」である。「シャリーア」はムスリムの生き方そのものといってもいい大切なものであり、食品などの禁忌にはそれぞれに神聖な意味合いがあり、ただ機械的に取り除けばよいというものでは決してない。味の素も発酵菌の触媒として豚の酵素が使われていたことが判明し、騒動になったことがある。

② 日本と欧米での謝罪対応の違い

　地域を尊重するのは当然であるが、あえてマクドナルドの事例でグローバル企業の危機管理とは何かを提言する。

　2014年に起きた日本マクドナルドのチキンナゲットの原料に中国企業が使用期限切れの鶏肉を提供していた事件で、日本におけるマクドナルドの信用は失墜した。マクドナルドは中国産の鶏肉を廃止し、タイ産に切り替え対処したが、日本責任者が記者会見で「自分達も被害者である」と発言したことが、日本のメディアからは総攻撃を受けた。健康被害等の実害はなかったが、売り上げは激減した同社は翌年にも異物混入事件を起こしている。

　しかしながら英国のWWPと調査会社ミルフォード・ブラウンが発表した2015年度のファーストフードベスト10では、マクドナルドのブランド価値はKFC等を抑えて世界一を保っているのである。すなわち危機に際してのトップの対応で「自分達も被害者である」と発言したのは、日本では誠実さに欠け、無責任と攻撃されたが、この発言にはグローバル市場を意識して、他の地域にむけてブランドを守る意図があったのかもしれないのである。

　このように日本の価値観は合法か非合法よりも道徳観と責任感に重きが置かれており、不始末は詫びるのが当然であるため、それを行わない外国企業に対して厳しい判断を下す。しかしながら、世界の価値観は異なることを認識し、対処する知恵も必要となる。PR会社や現地の人達の意見を取り入れる、または、確固たる自社のイメージを守るため地域との多少の軋轢は覚悟する、というのがグローバル展開する広報戦略のポイントといえる。

# 危機管理広報の実務

　近年、企業を取り巻くリスク要因は多様化し、これまで存在しなかったリスクや時代とともに形を変えるリスクが増加し、急速なリスクの顕在化時代を迎えている。リスクを管理する「危機管理広報」の実務的な面を考えていこう。

Ⅰ　近年の危機管理広報の動向

　企業のリスクが顕在化することが多くなった背景には、さまざまな要因がある。コンプライアンス意識の高まり、消費者意識の変化、企業活動のグローバル化や株主資本主義、規制緩和による事後チェック社会の到来、そしてインターネットの普及、ソーシャルメディアという情報発信ツールを得たことによる個人のメディア化のほか、内部告発も増加している。さまざまな環境変化に伴い、新たに想定すべきリスク要因が生まれ、多様化しているといえる。

1. リスクの多様化・顕在化

　企業の危機管理は自社にとって「危機とは何か」を把握することから始まるが、一度危機を洗い出せば終わりというものではない。危機に直面する機会は増えているので、たとえ小さな対応の失敗であっても「データ改ざん」「隠ぺい」と報道されると過激な批判を浴びて、重大な二次リスクに見舞われる。企業は危機を予見し、適切なコミュニケーション対応をできなければ生き残れないのである。

　今日のようにリスクが多様化・複雑化した社会でビジネス活動を行う以上、

企業にとって何らかの危機にぶつかることは避けられない。企業は大きな危機に発展するリスクを、常に潜在的に内包していると考えなければならない。いわゆる不祥事だけではなく、自然災害や事故もリスクの１つとなる。近年、発生した企業の危機事例は次の通りである（**図表6-1**）。特に多い不祥事の原因となるものは、ソーシャルメディアによる告発や投稿、日本的商習慣や経営体制の問題、内部告発からの発覚の３つである。それぞれについて解説していく。

(1) ソーシャルメディアによる告発や投稿

近年、リスクが多様化している原因の１つとして、ソーシャルメディアの急速な普及の影響があり、企業に大きなダメージを与えることがある。ソーシャルメディアは、「クモの巣状」に情報の発信者と受け手が繋がっているという特徴があり、情報の受け手は、発信者ともなりうるので、「拡散」が起こりやすい。

学生、主婦、会社員など、多くの生活者はソーシャルメディアによって繋がり、ポジティブな情報、ネガティブな情報、噂やデマまで、絶え間なく情報を交換している。つまり、ソーシャルメディアは誰もが気軽に情報を発信・拡散

【図表6-1　2010年以降の企業の危機事例】

分野	事例
自然災害	火山噴火、大規模地震、集中豪雨、豪雪
事故・故障	工場火災・工場事故、旅客機墜落事故、連続ケーブル火災
情報システム	個人情報の大量流出、機密漏洩、金融システム障害
製品・サービス	異物混入、産地偽装、データ改ざん・偽装
環境	原発事故、環境汚染、フードロス、盛り土、不法投棄
労務	労働時間、労働環境、各種ハラスメント、LGBTへの対応
法務・倫理	コンプライアンス、法改正、税制改正、ITに関連した規制緩和
市場マーケティング	ステルスマーケティング
財務	為替相場の変動、会社法違反（特別背任）
政治	政治資金規正法違反、公職選挙法違反
経済	原油価格の下落と高騰、半導体不足
社会	SNSやブログでの炎上、新型コロナウイルス

筆者作成

できるし、相互につながり合えるため、従来にはなかった形で企業が中傷される事例が出てきているのである。

(2) 日本的商習慣や経営体制の問題

近年の企業不祥事の傾向の1つに、長年商習慣として企業内や業界内で行われてきたことが、突如「不適切な行為」として明るみに出て、社会問題化、事件化する、「リスクの顕在化」が挙げられる。

とくに最近は、日本の著名企業において、経営トップ自ら関与していたと指摘される不正の発覚が相次いでいる。その中には、かつて見過ごされてきた小さな不正が長い間積み重なって大問題に膨らんでいるケースも少なくない。

このような事態を招いている背景として、日本型コーポレートガバナンスの問題を指摘する声も多い。取締役や監査役がほとんど内部昇進者で占められ、社長の強力な人事権を背景に、取締役会や監査役が機能不全に陥り、経営に対するチェック機能が働かないという深刻な問題である。株式を持ち合うことが「物言わぬ株主」を生み、資本市場からもチェックが入りにくい環境も日本特有である。このような状態は海外投資家の不信を招いてきたが、近年、具体的なガバナンス改革の取り組みも目立ってきている。

2014年は、コーポレートガバナンス改革元年と言われ、スチュワードシップ・コードの制定に次ぎ、コーポレートガバナンス・コードが制定された。その中で、社外取締役の実質的義務化が行われ、日本的な特徴を持ったコーポレートガバナンスが進化してきている（第4章参照）。

(3) 内部告発からの発覚

リスク顕在化の一因として先に挙げた内部告発の多くは、私怨や人間関係、職場への不満などに起因するものではあるが、中には経営幹部による企業や組織の反社会的行為の指摘があり、現実の不正を糾弾しているものがある。公益を考え社会正義を貫く勇気ある内部告発者に対しては、裏切り者として不利益を被らないよう保護する公益通報者保護法が2006年4月から施行されており、

企業不祥事に対する社会全体の関心の高まりと相まって、不正を告発すること
に対する通報者の心理的なハードルは年々低くなっている。そのため、不正を
知った社員が直ちにメディアや監督官庁、警察に通報し社会問題化する企業不
祥事も増えている。

2011年の光学機器メーカーの粉飾決算事件や、2015年の大手電機メーカー
の不適切会計処理、同年エアバッグメーカーのリコール問題といった事件は内
部告発から発覚した不祥事である。

2. 企業不祥事に対する社会の視線

不祥事は、不正行為そのものが非難の的となることはいうまでもないが、そ
れ以上に社会が注視しているのは、その危機に対する当事者企業の対応である。

不祥事を起こした企業が被るダメージの程度は、初動の対応が適切だったか
どうか、つまり危機発生後、速やかに社会に説明したかによるところが大きい。
事件事故や企業不祥事を取材する社会部記者の多くが指摘するように、初期の
メディア対応として力を注ぐ必要があるのは、記者からの「問い合わせへの対
応」と「緊急記者会見」である。

危機管理は広報部門だけで完結する業務ではないし、メディア対応さえうま
く乗り切ればいいというものでは決してない。しかし危機発生時に、マスメディ
アを通じた対外的なコミュニケーションを行うことは、最も重要で、かつ失敗
の許されない危機対応業務であることに変わりはない。これは「クライシス・
コミュニケーション」「危機管理広報」とも呼ばれる。

経済広報センターが2022年2月に発表した「第25回　生活者の"企業観"
に関する調査」の結果によると、企業の果たす役割や責任として、全体の
59%が「不測の事態が発生した際に的確な対応を取る」ことが「非常に重要」
としている。これは、企業の責任として「安全・安心で優れた商品・サービス・
技術を適切な価格で提供する」（79%）に次いで高い割合で、「社会倫理に則し
た企業倫理を確立・遵守する」（54%）も半数以上のポイントとなっている。

また、「企業が信頼を勝ち得るための重要事項は何か」との問いに対しても、

「安全・安心で優れた商品・サービス・技術を適切な価格で提供する」（87%）、「雇用を維持・創出する」（58%）、「社会倫理に則した企業倫理を確立・順守する」（53%）、「経営の透明性を確保し、情報公開を徹底する」（51%）、「省資源・省エネや環境保護などに取り組む」（49%）、と同じ割合で「不測の事態が発生した際に的確な対応を取る」（49%）となっている。

　企業に対する信頼度に関する調査項目では、信頼できない理由として「企業不祥事」が挙げられており「データ改ざんや粉飾決算」「不祥事が発覚した際、謝罪と再発防止策の言及にとどまり、その背景や原因なその説明が十分になされていない」といった意見が指摘されている。さらに「利益優先の企業体質」や自社に都合の悪い情報を操作・隠ぺいする「情報の不透明性」など、クライシス・コミュニケーションに関する項目も挙がっている。

　今日、生活者は、企業の不祥事そのものよりも、むしろ「その後の対応」「説明責任を果たしたか」を見つめているといえよう。

　このため、広報担当者の業務の中で、危機管理広報はある程度の経験が必要であり、この分野への知識や意識が高いベテラン広報担当者が担当することが多い。

3. 不祥事とメディア報道

　このクライシス・コミュニケーションの対象者には、マスメディアのほかにも、顧客、関係取引先、株主、従業員、グループ企業、監督官庁、自治体、地域社会など多くのステークホルダーがある。最近では、SNS を活用して直接対話ができるようになったが、依然として多くの層の感情に最も深刻な影響を与えるのは、マスメディアの中でも信頼度の高い大手報道機関だろうと考えられる。

　例えば、NHK や全国紙がどのくらいの時間やスペースを割いて何日間かけてその問題を報じたか、その内容は批判的なのか、中立的なのかによって、当該企業の経済的損失とレピュテーションへのダメージは大きく変わってくる。たとえ誤った報道であっても、一度ネガティブに報道されてしまうとレピュ

テーションを回復するのは容易ではない。

したがって、クライシス・コミュニケーションの対象としては、マスメディアを意識せざるをえず、中でも大手報道機関に所属する記者への対応を最優先に考えなければならない。広く長期にわたってネガティブな報道が続いた場合は、クライシス（危機的状況）はより深刻になる。

不祥事を起こした企業に対し、「水に落ちた犬は叩け」といわんばかりの批判報道（メディアスクラム）については議論が絶えないが、メディアの取材方法・報道姿勢の善し悪しは別として、不祥事後のメディア対応を誤ることでリスクが直ちに企業存亡の危機につながる時代にあることを念頭に置かなければならない。したがって、クライシス・コミュニケーションにおいてはメディアへ的確かつ迅速に対応することが最重要になる。

4. 信頼回復のためのコミュニケーション活動

危機発生時には、会社として事態を真摯に受け止め、迅速に対応するとともに、その後の決定事項や新たに判明した事実を適宜発表し、情報開示を基本としたコミュニケーション活動を継続することが、信頼の回復につながる。明白になった危機原因の発表、再発防止策の提示、関係者の責任・処分の発表などがそれにあたる。

クライシス・コミュニケーションの目的は、誠意をもって会社の見解を示し、事実を正しく説明することでステークホルダーの理解を得て、安心してもらうことにある。そもそも企業としては、事故や不祥事を起こさないよう、万全の対策を講じることが必須であるが、どんな企業も危機をゼロにすることはできない。企業が行うべきことは、いざ危機が発生したとき、事実を隠すことなく、社会が求める情報を提供し、事態の収拾に努めるとともに、二度と同じような危機を起こさない決意を示すことである。信頼回復のベースとなるのは、経営トップはもちろんのこと、社員一人ひとりが企業の責任を認識し、社会に対する真摯な姿勢を持つことだ。広報・PR担当者には、このことを社内に啓発し、浸透させる責務がある。

Ⅱ 企業の危機管理体制の構築

　企業の危機管理は企業経営や事業活動、企業のレピュテーションに重大な不利益をもたらす事態、または社会一般に重大な影響を及ぼす、と予想される深刻な事態を「危機」と考え、万一危機が発生した場合に、そのダメージを最小限に抑えるための活動である。では、危機管理の意味と手順について考えてみよう。

1. 危機管理の意味

　危機管理について日本では、「リスク・マネジメント」は危機発生前の準備、「クライシス・マネジメント」は危機発生後の対応、と説明されることが多い。両方とも「危機管理」と訳されることが多いが、実は多少ニュアンスが異なる。

　リスク・マネジメントは日本語に訳すと「危険管理」が正しく、本来は、①リスクを特定する、②特定したリスクを分析して、発生頻度と影響度の観点から評価する、③評価したリスクレベルに応じて対策を講じ予防する、という一連のプロセス、経営管理手法とされ、米国の保険業界で発達した言葉である。ただし最近では、危機が発生した際に、被害を最小限に抑える活動を含むことがあり、クライシス・マネジメントと同じような意味で使われることもある。

　いずれにしても、危機は突然襲い掛かるという前提で平時から準備を進め、緊急事態に直面しても動揺することなく適切に対応することで、ダメージを最小限に抑え、早期に収束させることが望ましい。

　そこで、危機管理を広義の意味で再度定義すると「①可能な限り危機を予測し、②危機が発生しないよう予防策を講じるとともに起きることを想定した準備を行い、③万一危機が発生した場合には被害を最小限にとどめ、復旧を試み、再発防止に取り組むプロセス、となる。

　どの企業で危機が起こってもおかしくない今日の状況において、平時から危機管理体制を整え、危機に強い組織づくりに努めることが重要である。

　企業の危機管理のポイントは、①危機意識を高く持ち、危機の兆候を事前に

察知して、未然に防ぐこと、②起こり得る危機に備えて、準備をしておくこと、③危機にうまく対応して、被害を最小限にすること、の3点に集約される。

次に、企業に危機管理システムを導入する際のポイントを整理する。

2. 危機管理委員会の役割と業務

危機発生時は、もし社内に「危機管理委員会」という組織がないなら、これを発足させることが望ましい。それぞれの企業によって、また、発生した事象によっても中心となる担当部門は変わってくるが、一般的には、広報もしくは総務を中心に法務、人事、経営企画などの責任者で委員会を構成する。委員会の責任者は上級の役員が望ましいが、専務、常務といった形式的なランクよりは、広報や危機管理について理解が深いことと、トップとの意思疎通のよさを重視して決めたい。

危機管理委員会は、危機管理の中心的、横断的組織として、平時においてもリスク情報の収集と評価、危機意識向上に向けた研修・啓発などを行う。そして、緊急時には対策本部として現場からの連絡窓口となり、基本スタンスを立て対応策を実施するなど、実際の緊急事態に対処する。

危機管理委員会が担当すべき役割として、まず、リスクの洗い出しがある。これは、①自社のリスク要素の特定、②リスク要素の評価：危機予想頻度×影響度から分析・評価、③自社のリスク要素の優先順位づけ、という順序で行う。

リスクを洗い出した後は、実際に自社で起こった過去のトラブルや事故、現在起こりやすい潜在的危機を各部門で想定し、評価していく。自社のビジネス特有のリスク要因から、情報流出、データ流用、金銭着服など個人的な不正行為まで、広い範囲で危機の要因を検証し、管理体制の弱点を把握したい。その上で、手順や役割、マニュアルなど必要な予防の対策を立て、担当部門も明確に決め、リスクの未然防止に取り組む。

3. 危機管理マニュアルの作成とシミュレーションの実施

危機に備えた事前準備として、コンプライアンス・プログラムや行動基準を

設けることは極めて重要である。何をすべきかだけでなく、何をしてはいけないかを含む明確なルール化が求められる。

　危機管理マニュアルには、会社としての危機管理の考え方、想定されるリスクとその評価基準に沿った対応方針、誰が何をするのかといった役割、起こり得る危機のケース別シナリオ、連絡体制などを明記しておく。ガイドラインを作成することで、緊急事態発生時に生じがちな報告の遅れや「たいしたことはない」といった根拠のない楽観論を排除することができる（**図表6-2**）。

　マニュアルができたら、研修およびクライシス・シミュレーション・トレーニングを実施する。どんなに完璧なマニュアルを作成し、危機発生時の対応手順を細かく定めていても、活用できていないのでは無意味である。業種にもよるが、特に自社のリスクが生命の危険や健康被害につながる業界では、危機管理委員会のメンバーのみならず、役員から現場まで全ての社員がその目的を理解し、危機が起きた時には実際にどうすればいいのかを体で覚えておくように

【**図表6-2　危機管理マニュアルの作成例**】

危機管理広報対応マニュアル項目例	個別対応マニュアル項目例
1.　**総則** 　〔1〕危機時の広報対応における基本方針 　〔2〕メディア対応の注意事項 　〔3〕当社において想定される危機 　〔4〕危機発生後の広報対応フロー 2.　**社外発表の判断基準と体制** 　〔1〕情報開示の体制 　〔2〕社外発表の判断基準 3.　**初期の広報業務** 　〔1〕情報収集 　〔2〕社外発表前の問い合わせ対応準備 4.　**プレスリリース発表の手順** 5.　**謝罪記者会見の開催手順** 6.　**積極的に社外発表しない場合の対応手準** 7.　**社外発表後の対応** 8.　**メディアリスト、ステークホルダーリスト** 9.　**社内連絡網** 10.　**想定される危機のシナリオと対応事例3事例※**	※〔自社で個人情報の漏えいが発生した場合〕 1.　**有事(サーバーから個人情報が流出)の想定** 2.　**広報対応フロー図** 3.　**社外発表前の問合せに対する回答** 4.　**ポジションペーパー** 5.　**記者会見案内状** 6.　**報道資料(プレスリリース)** 7.　**添付・補足資料** 8.　**想定問答集** 9.　**会見者冒頭コメント**

エイレックス社作成

なるとよい。このため、平時から啓発活動を行うとともに、定期的にシミュレーションしておくことが重要である。

せっかく整備した危機管理体制やマニュアルを形骸化させないためには、社内での危機管理啓発セミナーのほか、専門家の指導の下で、緊急事態が起きたと想定したトレーニングや模擬謝罪会見も行っておきたい。とくに最近は、「隠した」「嘘をついた」など、緊急事態発生後のメディアへのコメントのまずさが加速度的に危機を拡大させており、トップのメディアトレーニングと併せて、クライシス・シミュレーション・トレーニングは必須とされつつある。

経済広報センターは3年に一度、「企業の広報活動に関する意識実態調査」を実施しているが、2021年3月から6月にかけて行われた第14回調査では、多くの企業で「危機管理広報マニュアルがある」（71.9％）と回答しており、「広報部門で対応している広報活動」として「危機管理」（79.2％）を含む企業が増加傾向にある。また、「トップ・役員に就任した際にメディアトレーニングを行っている」（35.4％）、「緊急時を想定したトップ・役員のトレーニングを定期的に行っている」（33.7％）も増加しており、平時のメディアトレーニングの重要性について認識が高まっているようだ（図表6-3、複数回答、n＝178社）。

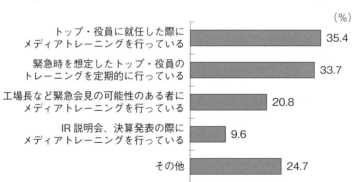

【図表6-3　メディアトレーニングの実施状況（複数回答）】

出典：経済広報センター「第14回企業の広報活動に関する意識実態調査」（2021）

4. トップとの情報共有と環境変化の察知

このように、危機に強い組織づくりのためには、多方面で広報が率先して各部門を動かしていく必要がある。一方で、このような危機管理体制を構築しても、経営トップ自らが率先して取り組まなければうまく機能しない。広報・PR担当者としては、平時から経営トップを巻き込み、経営陣の危機意識を高めておきたい。

危機管理の事前準備の段階で、広報部門はコンプライアンス経営の徹底など危機に対する社内の意識を高める役割があるが、この作業は経営トップと一緒に行わなければならない。また、危機が起こった際も自らの権限と責任で、速やかに判断しなければならず、このためにも危機に対する基本的な考え方を経営トップと共有しておかなければならない。

また、広報は企業を取り巻く環境の変化をいち早く感じて、リスクの要因を察知し、早期に対策をとらなければならない。

いずれにしても、広報責任者は経営トップからの信頼に加えて、社内やグループ会社関連部門と常日頃からコミュニケーションを密に図っておき、全社的な信頼関係を構築しておく必要がある。これも、危機管理を行っていく上での広報責任者の課題である。

Ⅲ クライシス・コミュニケーションの実務

次に、実際に危機が発生したときのクライシス・コミュニケーションについて説明していく。危機発生時の広報対応を理解してほしい。

1. 危機発生時の情報収集

危機が発生した際は、速やかに事実関係を確認し、社外発表に必要な情報の洗い出しを行う。そのとき、注意すべきことは以下の6点である。

①危機の概要（発生日時、場所、内容、発生後の時系列経過、など）

②危機発生の原因

③会社の対応状況（関係各所への連絡状況も含めて）

④被害状況（第三者に与えた損害／企業の損害）

⑤現在の懸念事項（現在不明な事項、今後問題になりそうな事項等）

⑥今後の見通し（最悪の事態を想定した対応等）

　必要な情報を収集する際に、社内関係部門・部署や親会社、グループ会社、業務提携先企業、関係省庁、顧客、取引先、業界団体などの協力を得る。社内関係部門・部署としては、当該危機に関連する部門・部署のほか、経営企画部や法務監査部、人事総務部の協力を検討すべきである。マイナスな情報は報告されにくいため、平時から社内の危機意識を高め、広報部門や危機管理委員会で情報を吸い上げられるような体制を構築しておくことが重要となる。

2. 緊急対策本部の設置

　深刻な危機が発生したときは、危機管理委員会が緊急対策本部となり、以下の役割を担う。

①現場からの連絡窓口となり、情報を収集する。

②危機のレベルを評価し、ガイドラインに従って社外発表を行うか否かなどの対応方針を判断する。

③連絡・報告が必要なステークホルダーを確認し、基本スタンスを決めるためのポジションペーパー作成を主導する。

④社内外への情報発信を行い、その効果と影響を分析し、さらに継続的に対策を提案する。

⑤起こり得る被害の拡大を想定し、予防策を実施する

　対策本部の第一の役割は、トップへの対策提案である。トップが迅速かつ適切な判断を下せるよう、社内外から情報を収集し、分析する。また、メディアの取材に備え、対応方法を検討・提案することも重要な責務となる。

　対策本部のリーダーは、必要に応じたメンバーの収集、各メンバーとの直接連絡、トップと役員への状況報告、活動に必要な設備・施設の手配と管理など、対策本部の円滑な活動をサポートすることが求められる。

132　Ⅲ　クライシス・コミュニケーションの実務

【図表6-4　ポジションペーパーの必要項目と記載】

社外秘　　　　　　　　　　　　　　　　2022年X月X日　XX時XX分現在
　　　　　　　　　　　　　　　　　　　　　　　　　　広報部作成

×× 事案についてのポジションペーパー

1. 発生した危機の概要（発生日時、発生場所、発生した危機の内容など）
　　いつ、どこで、どのような危機が発生したのかを記載する。

2. 危機の経緯（発生から現在までの経過）
　　把握している事実を会社の対応状況も含め時系列に記載する。

3. 危機の原因
　　発生直後は「原因は調査中」という記載となることが多い。
　　憶測やあやふやな記載は厳禁。原因が判明した段階で記載する。

4. 被害の状況（人的被害、物的被害、損害額など）
　　危機の発生により、すでに発生している被害の状況、
　　被害が拡大する可能性がある場合は、予測される被害状況も記載する。

5. 対応・対策・今後の見通し
　　発生した危機に対する現在までの対応と対策。

※初期の段階では、事実・原因・対策・コメントの4点の場合もある。

　基本スタンスを決めるために重要となる「ポジションペーパー」とは、収集した情報をもとに事実概要、経過、原因、対策、会社としてのコメント等をA4用紙1～2枚程度にまとめた資料である（**図表6-4**）。必要に応じて、その時点の企業の見解を記載し、新しい事実が判明した時点で情報を更新していく。外部への説明を目的としており、ポジションペーパーをもとにすることで、統一的な情報や見解を示すことができる。

3.　企業不祥事におけるマスコミ報道の実際

　危機発生時、基本的にメディア（マスコミ各社）の側は「大きく報道して社会に知らせたい」という論理を持っていることを知っておきたい。不注意による単純事故よりも、個人が動機を持って故意にやったことの方が不祥事の報道

第 6 章　危機管理広報の実務　*133*

は大きく、組織的欠陥によるもの、組織ぐるみで行われた不祥事はさらに大きい。それ以上に、トップが、事実を知りながら黙認していた不祥事は、さらに大きく取り上げられる。最大の不祥事はトップ自らが積極的に関与しているものである。したがって、事件・事故や企業不祥事を取材する記者は、「単純なミスによるものなのか」「動機はあったのか」「組織的欠陥に起因するのか」「トップは知っていたのか、関与していたのか」という視点をもっている。

　メディアの関心事は、①いったい何が起こったのか（事実確認や現場の写真）②現在はもう危険はないのか、現在の対応はどうしているのか（危険性とその対応・対策）、③原因は何か、なぜ不正が行われたのか、④いつ把握したのか（企業の開示姿勢や対応の迅速性）、⑤被害者への補償や謝罪はどうするのか、⑥今後も同様の事件事故が発生する可能性はないのか（再発防止策）、⑦過去に同様の事例はなかったのか、である。一般に事件・事故、企業不祥事の報道は、これらの内容で構成されている。

　さらに念頭に置いておくべきことは、危機が発生した際、メディアは速報主義の下でスピードを重視するという点だ。企業側は、メディアの締切時間を考慮して情報提供することが望ましい。新聞社の締切時間の目安としては、朝刊の 12 版が 22 時、13 版が 24 時、14 版が 25 時（午前 1 時）から 25 時 30 分、夕刊の 3 版が 12 時、4 版が 13 時 30 分となる。したがって、記者会見を行う場合には、忙しい締切直前の時間を避けて、午前中であれば 9 時から 11 時、午後であれば 14 時から 19 時を会見開始の目安とする。ただし、重大な事故・災害などで不特定多数の第三者に被害が発生している、またはこれから発生する恐れがある場合は、時間にとらわれず、緊急に会見を開催すべきである。

　また、全国紙の記者を例にとると、朝刊の記事を書き上げるのが早くて 21 時頃で、そこからデスクの確認を経て修正作業が続くので、緊急時は夜であっても記者からの問い合わせに対応できる体制を整えておく必要がある。特に広報担当者は 20 時頃までは会社に残り、会社を出る場合にも携帯電話は常につながるようにしておく方がよい。

　ある社会部の記者は、「企業側の都合は我々には関係ない。一番求めるのは

クイックレスポンス」と話す。問い合わせに対応してもらえないことは、締切りに追われながら限られた時間の中で情報を集めて記事を書かなければいけない記者を最も苛立たせる。事実関係の確認がとれず、求められた期限に回答できない場合であっても、なぜ回答できないのか、いつであれば回答できるのか、状況と見通しを適宜連絡することが重要だ。

4. メディアからの取材対応

　緊急対策本部における広報・PR担当者の重要な役割の1つがメディア対応である。メディアの窓口は対策本部に一元化し、他部署から回答しないように周知しておくとともに、全ての問い合わせ・取材は、ポジションペーパーに基づいて統一的に対応するべきである。ポジションペーパーの作成前に問い合わせがあった場合には、統一した公式コメント（ホールディング・ステートメント）を用意しておいて回答する。その際には、コメント以外の回答をしないよう徹底する必要がある。取材に対応する際の留意点は、以下の通りである。

① 「言えること・言えないこと」を整理して話す

　一般に言うべきでないこととして、未確認の情報、まだ判明していない原因、被害者の個人情報、被害者に対する補償や関係者の処分など対応方針が決まっていない事項、などが挙げられる。

② 決めた基本スタンスを崩さない

　会社の見解がぶれないように、決めたスタンスに基づいて一貫して対応する。また、公表しないと決めたことは絶対に話さない。見解が二転三転したり、取材ごとに回答する情報が異なったりすると、大きな不信につながる。取材を受けた時点で答えられない質問については、その場であいまいな回答をせず、確認して後から回答する。

第6章　危機管理広報の実務　*135*

③ 憶測で回答しない。嘘をつかない。隠していると思わせない

　まだ原因が不明だったり、対応方針が決まっていないのに、不明確な情報を話してしまうと、結果的に記者をミスリードすることになる。もし誤った情報を伝えてしまった場合には直ちに訂正する。

　また、公表できない情報について「知らない」と回答すると、嘘をつくことになり、知っていたのに隠した、ととらえられることもあるので、「コメントできない」「申し訳ありませんが、（弊社の規定で）公表しておりません」という回答が適切である。「知らない」と「話せない」は使い分けなくてはならない。

④ 社内用語・専門用語を使わない

　企業にとっての危機報道は社会面に掲載されることが多く、その事件を取材する社会部の記者は、業界について詳しくない場合が多いので、できるだけ平易で一般的な言葉に置き換えて説明すべきである。社内用語や専門用語は、誤解や誤報の元となる可能性があるので注意する。

⑤ 一般生活者の視点や被害者の感情を意識する

　新聞やテレビの背後には、何十万人、何百万人の読者・視聴者がいる。感情的な対応や傲慢ととられるような対応は避け、丁寧で誠実な対応を心がけよう。当事者意識を欠く言動や被害者・弱者への配慮を欠く言動は、社会の厳しい非難にさらされる。

5. 緊急記者会見の準備

　多くの記者が関心を持つ事件・事故では、速やかな記者会見が必須である。もし社外発表前にメディアの取材が殺到した場合は、情報公開の公平性を保つためにも一社ずつ対応することは避け、至急、記者会見の開催を検討すべきである。

　危機発生後、最初の記者会見開催のタイミングや、会見での説明内容、出席者の態度はその後の報道のトーンにも影響してくる。最初の記者会見をいかに

迅速に行い、悪感情や不満を持たれない形で終了させるかが重要となる。この目標を達成するには、正確で最新の情報を出すことが必要不可欠だ。

会見の準備として必要なのは、①会見日時の決定、②会見者の決定、③会見会場の手配・設営、④会見のスタッフ手配、⑤会見案内状の作成と送付、⑥資料作成、⑦事前リハーサルの実施、である。

① 会見日時の決定

日時を決定する際には、前述のとおり新聞社の締切時間を考慮する。ただし、重大な事故・災害の場合は、発生後3〜4時間以内に会見を開催する。不特定多数の第三者に被害が発生している場合もしくは発生する恐れがある場合も、できる限り早く会見を行う。

なお、監督官庁など利害関係者への事前連絡を忘れてはいけない。監督官庁には会見を開催することを必ず報告する必要があり、また、発表によって影響を与える顧客、取引先にも可能であれば事前連絡する。

② 会見者の決定

会見開催の際、誰がスポークスパーソンとして出席し、何を伝えるかは慎重に検討する必要がある。どのような危機が発生したかによって、適切な会見者は変わる。

例えば、突然起きた大事故を想定してみる。死傷者が出たような事故の場合は幹部に情報が十分に入っていない状況にも関わらず、苛立つ記者の前で会見しなければならない。この場合、事業担当の役員クラス、広報担当者のほかに、現場の状況を最も詳しく話せる責任者が1人は出席すべきである。たまたま広報部長が状況を理解しているというのであれば、広報部長1人でもよい。必ずしも事故後1回目の会見に社長が出席しなければならないわけではない。第一報では、状況を詳しく知らない社長の話よりも、現場の状況に詳しい人の話を記者は聞きたがるものである。

③ 会見会場の手配・設営

緊急記者会見の会場については、あらかじめマニュアルなどに候補となる場所と連絡先を記載しておく。会場は、空席が目立つくらい余裕を持たせ、記者に窮屈な思いをさせないために、必ず広い部屋（200㎡以上）を選ぶ。また、できれば入り口が2つ以上ある会場で、会見者の入場口と記者の入場口を分ける。事前に会見者の動線を確認し、会見者が会場に到着してから会場を出るまで記者と動線が重ならないようにすることが望ましい。

会場後方にはテレビカメラ用のスペースを設け、撮影しやすいよう台を設置する。逆に会見者席の後ろには、カメラマンが回り込んで手元の資料などを撮影されることがないよう、スペースをつくらず、ロープを張るなどの工夫をする。会見者の足元が見えないよう、会見者席にはテーブルクロスをかけるなどの細かい配慮も必要である。

④ 会見のスタッフ手配

会見の際に必要なスタッフは、対策本部との連携や全体の進行管理を担う責任者、司会者、受付係、記者誘導係、質疑応答の際に司会者が指名した記者へマイクを届けるマイクランナー、会見後に会見者が記者に囲まれてぶら下がり取材を受ける際に質問と回答の内容を記録するアテンドスタッフ、記録をとるビデオ係などがある。必要なスタッフ数を早めに手配しておく。

会見場以外にも、本社にかかってくる電話に対応する電話番や、記者クラブに報道資料を届けるスタッフなどが必要である。

⑤ 会見案内状の作成と送付

緊急記者会見の案内状には、何の件に関する会見であるかが分かれば、発生した危機の詳細は不要である。本文の例は以下の通りである。

「本日○月○日○○時に弊社○○工場において発生した○○○の事故に関して、下記のとおり緊急記者会見を開催いたします。弊社○○（主な会見者の役職）より、現在の状況と対応につきましてご説明させていただきます。」

案内状には、日時、場所のほか、会見の出席者も役職名とともに明記し、問合先として当日確実に連絡がとれる電話番号を記載する。

配布先は、発生した危機の内容から判断して決定する。記者クラブに配布する場合は、記者クラブ宛に案内状をファクスした上で幹事社に電話をし、記者会見を実施する旨を連絡する。記者クラブに入っていないメディアへは、直接案内状をファクスする。案内状送付前に問い合わせのあった記者にも忘れずに連絡する。案内状の送付時間は、会見開始時間の2時間前を目安とする。

⑥ 資料作成

一般に準備すべき資料は、会場で配布するプレスリリース（ポジションペーパーをもとに危機の概要やこれまでの経緯、被害状況などをまとめる）、参考資料（会社概要、施設概要、現場の図面、問題になっている製品の写真など）、会見者席順表（会見者の席順、役職名、氏名を図示したもの）、内部資料として会見者冒頭コメント、想定問答集、司会台本などである。

危機の内容によっては、MSDS（製品安全データシート）など記者の理解を助けるものを補足するとよい。作成する資料は必ず法務など社内関係部署、専任の危機管理アドバイザーなどに確認し、責任者の承認を得る。

プレスリリースには、発表時点で把握している情報と併せて、被害を受けた方への御見舞いの言葉や関係者へのお詫びを記載する。

想定問答集では、一問一答式の想定問答集のほか、会社の基本的な対応方針、キーメッセージ、回答のポイントなどもまとめておく。

⑦ 事前リハーサル

たとえ会見の直前であっても、原則としてリハーサルを実施すべきである。その際、外部の危機管理アドバイザーに記者役を依頼し、以下の点について講評とアドバイスを受けることが望ましい。

・社会に対して、真摯に謝罪する姿勢が感じられるか。

・言うべきこと、言ってはいけないことをきちんと把握しているか。

・想定外の質問、厳しい質問に対して感情的にならずに対応しているか。

・会社の見解を自分の言葉で語れているか。

・想定される質問に十分に答えているか。

6. 緊急記者会見の流れ

会見本番は、次のような流れで進める。

①**会見者入場**：必ず定刻に開始できるよう、開始時間に合わせて、会見者は席の並び順に入場する。

②**開会の挨拶**：会見者が会見席の後ろに揃ったら、立ったまま深くおじぎをし、司会者が開会の挨拶をし、会見者を紹介する。

③**冒頭コメント発表・謝罪**：会見者は立ったまま冒頭コメントを発表する。原稿を棒読みすることは避け、できるだけ自分の言葉で語る。お詫びの箇所では全員で深くおじぎをする。

④**事実関係の説明**：一言断った上で着席し、確認できている事実を時系列に沿って簡潔に説明する。

⑤**質疑応答**：質問のある記者に挙手を促し、司会者の指名により記者からの質問に回答する。このとき司会者は、会見の場を制御する重要な役割を担う。質疑応答の際には、記者に対し、質問の前に所属と氏名を名乗ってもらうようアナウンスし、質問者は司会者が必ず指名をする。同じ記者がいくつも続けて質問をする場合には、いったん質問を止めて他の記者にマイクを回すようにする。また、記者からの質問が出尽くすまで丁寧に対応し、会見を一方的に打ち切らないよう注意する。

⑥**閉会の挨拶・退場**：記者からの質問が出尽くすまで、できる限り時間を延長して対応し、最後に改めて謝罪をした上で、閉会する。ただし、会見後のぶら下がり取材は必ずあるものと考え、拒否しない。会見後の取材では、会見で話した内容以上のことを回答しないよう注意が必要だ。もし新しい事実が判明した場合には、再度会見の場を設け、その場で発表する。

7. ソーシャルメディア上のリスク

　ひとたび企業が不祥事を起こすと、ソーシャルメディアやネットでは、その企業が何を説明し、どう対応したのかを見て、評価、意味づけ、共有、拡散が行われ、瞬時に情報が伝播する。どのような書き込みがされているのか、ある程度は把握しておくことが望ましい。

　さらに、誰もが簡単に情報発信できる環境が整い、個人がメディア化した状況で特に注意しなければならないことは、従業員の気軽な書き込みや、消費者によるネット上での"告発"である。些細な書き込みがきっかけとなって、大手マスメディアが取り上げる大きな事件につながるケースもある。

　特に、従業員によるソーシャルメディアでの書き込みに端を発し、所属する組織が公式に謝罪するケースが後を絶たない。コンビニエンスストアやファストフード店でアルバイト店員が商品を使ってふざけている動画や写真を投稿し、それが拡散して大問題となり、該当企業がホームページに謝罪文を掲載したケースは多い。

　また、社員本人ではなくその友人や家族の書き込みが情報漏えいに繋がるなど、これまでには想定しえなかったリスクが顕在化している。2013年には、成田空港の土産物店で買い物をした著名人のクレジットカード情報がTwitterに投稿された。直後にファンから画像を削除するよう警告コメントを受けてすぐに削除されたものの、スポーツ新聞がこの件を報じ、広く世間に知られる事態となった。社員はもとより、パート・アルバイトの発言でも、業務上知りえた機密情報の暴露や顧客への誹謗中傷、職場での不謹慎な書き込みなどの場合、企業としての管理責任は免れない。このケースのように、速やかに事実を調査して問題があれば謝罪し、再発防止に向けた取り組みを表明する必要がある。

　企業としては、従業員に対し、ソーシャルメディアガイドラインやポリシーをしっかり説明し、書き込みを控えることが何より本人を守ることにつながるという意識を持たせたい。全従業員への教育徹底を図るためには、形骸化しやすいガイドラインの策定にとどまらず、ガイドライン配布に伴う研修が効果的で、過去の事例を具体的に提示しながらその影響力を実感させ、一人ひとりの

危機意識を高めていくしかない。

　公の場で、機密情報やプライバシーに関わる話をしないこと、誤解を招くような偏った発言をしないことは、当たり前のように感じるが、入社前の内定者や新入社員、パート・アルバイトなどでは、理解が不足しがちである。ソーシャルメディアでの書き込みが、公の場での発言と同じ意味を持つということが理解されれば、自ずと不適切な書き込みはなくなるはずであろう。

　たとえ実名を伏せて利用しているソーシャルメディアであっても、自分の名前を明かして言えないようなことは発信すべきでない。ソーシャルメディアという新たなツールが急速に影響力を増している今、当たり前のことを改めて確認する必要がある。本人が気づかないうちに違反していることのないよう、会社として十分に研修・指導すべきである。

　前兆を発見した場合は、書き込み内容の真偽を見極めるため、場合によっては水面下で調査し、事態を評価し、対応することになる。もしも不正や反社会的な行為と見なされるような事実や、情報漏えいなど、放置すれば被害が出るようなケースが判明した場合は、速やかに情報をまとめて自ら公表する必要がある。判断の遅れ、対応の遅れは、他の危機案件同様、致命的な事態になりかねない。

　また、広く拡散したりニュース紙に報道されたりして危機のレベルに発展した際は、ソーシャルメディアで発生した不祥事であっても、基本はこれまで企業が取り組んできた危機管理広報と同様の対応が求められる。事態が発覚してしまったら開き直ったり、責任転嫁したりせず、誠実に対応し、きちんと謝罪すべきである。ネット社会では透明性が期待される。情報を抑え込もうとしたり、嘘をついたり攻撃したりすることなく、パブリックリレーションズの基本である、双方向コミュニケーションをベースに、理解と信頼、共感を得ることが重要である。

ケーススタディ　危機管理広報の失敗事例

1. ホテルの食材偽装

　2013年、大手ホテルH社が運営する8ホテル1事業部の計23店舗47商品で、メニューと異なる食材を使用していたことが社内調査で判明し、同社は自主的にリリースし、これを受けてメディアからの要請に応じる形で記者会見を行った。会見では「偽装ではなく、誤表示である」と繰り返し説明したため批判を浴び、最終的に社長が辞任する事態となった。

　初期対応の問題点として、まず公表の遅れが指摘されている。社長が第一報を受けた約3か月後に消費者庁に事実を報告しているにもかかわらず、その後の公表までに2週間近くかかっており、「消費者目線が欠落していると同時に、問題を軽く考えていたのでは」との批判につながる結果となった。

　また、情報開示に対する消極的な姿勢が同社に対する不信を増幅した。当初のリリース発表は、常駐記者がほとんどいない記者クラブへの配布、ならびにメディア各社へのファックスのみで済ませたため、居合わせた記者は紙を置いて帰ろうとした担当者に説明を求め、ファックスを受け取った記者は問い合わせのために電話をかけ続けたようである。リリースの内容を十分に説明しなかった結果、同社が誤表示と判断した23店舗47品目という数字が独り歩きし、メディアからニュース価値が高いと判断されてしまったといえる。

　会見で同社への批判を高めたのは、「あくまで誤表示であり、故意ではない」とするスタンスに固執した点だ。その一方で、故意ではないことを裏付ける具体的な証拠は提示せず、記者からは説明の矛盾点を繰り返し追及され、会社の印象を悪くした。その後も、誤表示なのか偽装なのかについて、会社の見解が二転三転し、「企業の論理」を主張し続けたことと併せて、ブランド全体の信頼失墜を招いた。

2. 食品への異物混入

　2015年初頭、世界最大手のファストフードチェーンのM社は、異物混入の恐れがあるとして、チキンナゲットの提供中止を公表した。これを受けて、SNSをはじめ新聞やテレビのスクープ報道によって商品への異物混入が次々と発覚していった。事態を重く見た同社は記者会見を開き、4件の異物混入について説明したが、会見は3時間に及び、その後も相次ぐ異物混入とその対応、社長不在の会見など広報対応が批判的に報道された。

　特に、最初の会見の際、過去の異物混入に関する質問に対して一切回答せず、あらかじめ会社側が決めた事柄以外の情報開示を頑なに拒んだこと、また、過去の異物混入の件数や公表の社内基準に関しても「社内規定なので話せない」の一点張りだったことが非難された。

第6章　危機管理広報の実務　　*143*

　さらに、消費者を疑う発言や、「対応は適切だった」と繰り返し主張したことが反感を呼び、ネットでも「開き直り会見」と批判され問題を大きくした。食品業界において、現実的には防ぎようのない異物混入に対し、「全面的な責任はない」とする本音の部分がにじみ出たといえる。対応がマニュアル通り「適切に」行われていたとしても、消費者感情を受け止める対応が欠けていたといえる。

　また、登壇者が事実関係をよく確認せずに発言したことで、記者から資料との食い違いを指摘されたり、後の取材で異なる回答がなされたりということが続き、同社が発信する情報への信頼性を低下させた。

　本来であれば、個別の対応ですむはずの問題との見方もある中、現場で消費者の対応にあたった店員の意識や態度が誠意に欠けていたために、広く世間から注目され、非難される事態へと発展し、社長の不在も必要以上に批判される結果となった。平時の危機管理の重要性を示唆する事例である。

3.　教育会社の個人情報漏えい

　2014年、教育事業会社B社は、顧客情報760万件（最大で2070万件）が流出したことを発表した。子どもの情報であったことや、その後に被害が拡大したこと、さらには派遣社員が逮捕されたことで、大きく報道された。同社は問題発覚後の決算発表で「顧客への補償や文書の発送、セキュリティ対策などで合計260億円を特損計上」と発表した。結局、原因は子会社の元派遣社員のSEによる情報漏洩で、不正競争防止法違反で逮捕・起訴されている。

　発覚当初は名簿業者から情報を購入した会社が批判される場面もあったが、情報漏えいの拡大や容疑者逮捕を受けて、情報を漏えいさせた同社に対する厳しい論調へと変わっていき、批判的な論調が他紙に拡大していった。

　情報漏えいを発表した初期の段階では、「クレジットカード番号などのセンシティブ情報は流出しておらず、金銭的謝罪は考えていない」としたが、「わび状だけですますのか」「情報が出回り気持ち悪い」などの顧客の反発の高まりを受け、後日の会見では「200億円の原資を準備し、お客様に謝罪する」と補償する方針に転換した。補償についての回答は慎重になされるべきであった。

　また、最初の記者会見ではトップによる不用意な発言も見られた。深々と頭を下げて謝罪する一方で、「被疑者は、我が社のグループ社員ではございません」と言い切ったことが批判を浴び、「情報を流出させた側も、利用した側も明らかに悪意がある」と非難された。

科目 B

マーケティング
と広報・PR

第7章 マーケティング・マネジメント

　本章では、マーケティングとブランディングにおけるマネジメントについて概説する。マーケティングは市場調査から販売促進まで、非常に幅広い活動であり、広報・PRと関係が深い概念であるので、まずは基本的な考え方をまとめておこう。

I マーケティングとは何か

　マーケティングは、「Market」の動詞形に「ing」が付いたものであり、市場に何らかの働きかけを行う意味が込められている。訳すとすれば、市場活動、市場開発活動、市場創造活動などが考えられる。

1. マーケティングの定義と対象

　米国マーケティング協会（AMA）によれば、マーケティングの定義は次の通りである。「マーケティングとは、顧客、依頼人、パートナー、社会全体にとって価値のある提供物を創造・伝達・交換するための活動であり、一連の制度、そしてプロセスである」

　マーケティングの対象は、一般的には製品・サービスを指すが、近年は対象を拡大する動きが目立つ。コトラーとケラー［2008］は、マーケティングの対象として、①財（有形の製品）、②サービス（旅行、金融、医療、法務など専門的な仕事によるものが中心）、③イベント、④経験（アミューズメントパークなど）、⑤人（芸能人など）、⑥場所（観光地など）、⑦資産（不動産など）、

⑧組織、⑨情報、⑩アイディアの10種類を挙げている。

　日本でもマーケティングの対象を拡大する傾向があり、特に人や場所については、マーケティングと連動して広報・PRの役割も増大している。都道府県や市町村などの自治体は、旅行者、工場、住民を誘致しようと競い合って、ゆるキャラやロケ地協力を行っている。

2. マーケティングの基本概念

　マーケティングでは、市場を「顧客の集合」と捉えることが多い。企業にとって顧客は消費者であることが多いが、ほかの企業や行政機関が顧客となることもある。この関係は、必要性、欲求、需要、製品、交換、取引、市場といった基本的な概念が基になっており、特に顧客のニーズやウォンツをどう満たすかが中心課題となる。ニーズとウォンツ及び関連概念について、コトラーは以下のように解説している。その関係は**図表7-1**の通りである。

①**必要性（ニーズ）**：人間が感じる欠乏状態のことである。人間には多くのニーズがあり、基本となる生理的ニーズ（食べ物、衣服、安全性など）、社会的ニーズ（社会的帰属、愛情など）、個人的ニーズ（知識や自己表現）などがある。

②**欲求（ウォンツ）**：必要性（ニーズ）を満たすための欲望を指す。例えば、

【図表7-1　マーケティング・コンセプトの流れ】

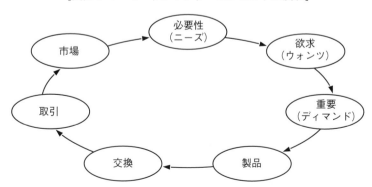

顧客がドリルを購入する際（目の前の欲求）、本当に必要なものは穴である。製品そのものは消費者の問題を解決する道具にすぎない。

③需要（ディマンド）：人は購入できるものの中から最高に満足を得られるものを選択する。買うことができるものが需要である。購入予算の範囲内で最も満足できるベネフィットを与えてくれるものを需要するのである。

④製品：ニーズあるいは欲求を満たすことができると考えられるものである。製品はベネフィットの束である、といわれている。ベネフィットとは、顧客が製品から得られるメリットの集合体である。

⑤交換：何かを提供することによって、欲しいものを獲得する行為である。人々は交換を通じて、ニーズや欲求を満たす。

⑥取引：マーケティングの交換測定単位は取引である。取引は、当事者間の価値の交換から成り立っている。

⑦市場：ある製品の現実の購買者と潜在的な購買者の集合体である。市場は、製品・サービスの購買者が増えるにつれて成長していく。

3. マーケティング・コンセプトの変遷

　マーケティングの基本的な考え方を「マーケティング・コンセプト」という。これはマーケティング活動を導く理念であり、マーケティング活動はこれに基づいて包括的なものであることを要する。マーケティング・コンセプトにおいては、市場に向き合う姿勢が重要であり、それは消費者に関わり合う部門のみならず、人事や総務部門といった間接部門も含め、企業が全組織で共有していることが望ましい。

　マーケティング・コンセプトは経済・社会環境の変遷とともに変化してきた。ここでは、コトラー＆ケラーの考え方に沿って5つの概念を紹介しよう。

① 生産志向

　生産志向は、販売者の指標となる最も古い概念の1つであり、「消費者は、入手しやすく、手ごろな価格の製品を好む」ことを前提としている。生産プロセスの改善や流通効率の追求を経営課題としている。

② 製品志向

製品志向は、「消費者は、最も品質が良く、性能が良く、恰好の良い製品を好む」ことを前提としており、製品の改善にエネルギーを傾注すべきだとするものである。

③ 販売志向

販売志向は、「売り手が販促努力をしなければ、消費者は多くを買わないだろう」ということを前提とし、主に非探索品（保険など）で実行されている。

④ 顧客志向（マーケティング志向）

マーケティング志向は、「ターゲットとなる市場にどんなニーズや欲求がるかを明らかにし、それによって望まれている満足を競争相手よりも効果的かつ効率的に供給することによって、組織目標を達成することができる」と考える方法である。

⑤ 社会志向

社会志向とは、「組織の主要課題は、ターゲットとなる市場のニーズ・欲求・利益を明確化し、消費者および社会の福祉を維持・向上させられる方法によって、競争相手よりも効果的にかつ効率よく、望まれている満足を供給することである」という考え方である。マーケティングにも、環境、福祉、教育、食糧など、社会全体で取り組むべき課題との接点が増加している。

こうした社会課題に積極的に対応しようとするマーケティングを「ソーシャル・マーケティング」と呼び、今日の環境対策や労働課題など、SDGs を意識した製品開発やサービス提供につながっている。

Ⅱ 市場環境と市場分析

マーケティングが成功するかどうかは、各企業の戦略の適否だけでなく、外的な市場環境も関係している。外的な市場環境は、ミクロ要因とマクロ要因に分けられる。各要因を把握して、市場分析を行うことからマーケティング計画が始まるのである。

1. マクロ環境分析

　マクロ環境とは、政治、経済、文化、技術、人口動態など、企業を取り巻く市場環境を指す。企業を取り巻くマクロ要因を調査・分析することで、市場機会の発見や脅威を生み出すような諸要因を探ることができる。マーケティング計画に影響を及ぼすマクロ要因には、以下のようなものがある。

①**人口動態的環境**：人種、年齢、性別、職業、地域、人口密度、平均寿命、少子高齢化の比率、平均結婚年齢などで、各種統計から読み取ることができる。

②**経済環境**：GDP の成長率、インフレ率、失業率、為替変動、地価動向、平均株価、世帯別貯蓄額、平均所得などで、消費者の購買力や支出パターンに大きな影響を与える。経済的な指標から読み取ることができる。

③**生態学的環境**：自然環境や天然資源などを指す。近年はこうした環境・資源の持続可能性に危機感を抱き、さまざまな取り組みがなされており、社会の関心に応じたマーケティング活動が求められている。

④**技術環境**：マーケティング戦略に最も劇的な影響を与えるのが技術進歩である。自動車、電化製品、通信技術、外食産業など、現在の製品・サービスはほぼ全てこの 100 年以内に開発・実用化されたものであり、技術進歩に対応できない企業は市場撤退を余儀なくされる。

⑤**法的環境**：政府・行政機関による法律や条例などの規制である。金融行政の規制緩和でバブルが発生し、通信事業の自由化で携帯電話が普及した。また、酒税法が何度も改正され、発泡酒とビールの境界線が引き直されたし、タバコを吸うテレビ CM は禁止になった。

⑥**文化的環境**：社会の基本的な価値観、認知、選好、態度に影響を与えるものである。結婚や家族制度に対する意識、働く女性についての意識、愛国心、宗教観などで、こうした要因も消費者の購買行動に影響を与える。

2. ミクロ環境分析

　ミクロ環境分析とは、企業を取り巻くステークホルダーの置かれた状況についての分析である。マーケティングに関係するステークホルダーは、企業、供

給会社、流通会社、物流会社、取引先、消費者、競合会社等を指す。

①**自社の各部門**：経営陣、研究開発（R&D）、購買、製造、財務、会計など、自社内のさまざまな部門のことである。自社の置かれた環境を分析することもミクロ環境分析の1つである。

②**供給会社**：原材料のコスト上昇や、生産技術の進歩などに強く影響を受ける。原油価格の高騰や生産労働の人手不足などがあると、供給可能性が危ぶまれることもある。

③**流通業者**：百貨店、スーパー、コンビニ、量販店など、消費者が製品を購入する店舗を運営する会社である。消費者と最大の接点を持っており、「棚のスペース」を得ることが重要となる。

④**物流業者**：倉庫会社や運送会社など、製品の在庫を管理したり、目的地に移動する会社である。自社の製品に応じて、運送には、トラック、鉄道、飛行機、船舶など、さまざまな配送形態の中から、コスト、納期、速度、安全性などのバランスを考慮して選択することになる。

⑤**競合他社**：全ての企業に最適なマーケティング計画は存在しない。各企業は自社の規模や業界内の位置づけを考えながら戦略を選択することになる。その際に考慮すべきなのが競合他社である。自社のターゲットとする顧客を満足させるためには、競合他社とどのような点で差をつけるか、相対的に市場の競争優位を確保するためにはどうするか、を意識しなければならない。

3. 3C分析

　ミクロ環境分析の1つに3C分析がある。3Cとは、「Customer（顧客）」「Company（自社）」「Competitor（競合）」の頭文字をとったものである。

① **Customer（顧客）**：自社の製品を購買する可能性のある顧客を把握する。さらにマーケティング対象として重視すべき顧客のニーズや購買決定プロセスなどを分析する。

② **Company（自社）**：マーケティングの戦略立案に影響を与える自社の強み、弱みを把握する。具体的には、売上高、市場シェア、収益性の推移、研究開発

力、核となる技術、販売力、組織スキルなどを定性的・定量的に分析する。

③ **Competitor（競合他社）**：自社の競合製品を展開する競合企業はどこかを明確にした上で、自社分析と同様に、売上高、市場シェア、収益性の推移、経営資源、組織や事業展開上の強み・弱みや将来の成長力を分析する。」

4. SWOT 分析

SWOT 分析は、内部環境と外部環境に分けて、強み・弱み（S/W）と機会・脅威（O/T）各事業の可能性を考える手法である。まず自社の内部環境や経営資源や各事業の可能性について、強み（Strength）と弱み（Weakness）を分析する。次に外部環境として市場の動向が自社にとってどのような影響があるかについて、機会（Opportunity）と脅威（Threat）に分けて分析する。この内部環境と外部環境を項目ごとにマトリックスに書き出し（**図表 7-2**）、現状を把握した上で自社のマーケティング戦略の優先順位を決める。

SWOT 分析の留意点は、外部環境の変化を考慮に入れて動的に考えることである。現在は弱み（W）や脅威（T）であっても、市場環境が変わったときに、S（強み）や O（機会）に変化する可能性もある。

Ⅲ マーケティングに関わるマネジメント戦略

前述のように、マーケティングは企業の経営戦略の1つである。経営戦略に関わる戦略計画とマーケティング・マネジメントについて考えてみよう。

【図表 7-2　SWOT 分析の概念図】

	ポジティブ要因	ネガティブ要因
内部要因	**S** 強み (Strength)	**W** 弱み (Weakness)
外部要因	**O** 機会 (Opportunity)	**T** 脅威 (Threat)

1. 戦略計画とマーケティング・マネジメント

　企業経営において戦略計画は不可欠である。コトラーによれば、「戦略計画とは、組織の目標・能力と、変化しつつある市場機会との間に戦略的適合を築き、維持するという経営プロセスである。戦略計画は、企業の明確な使命や目標、健全なポートフォリオ、調整のとれた各機能レベルでの戦略に依存している」となっている。

　戦略計画には、企業全体の戦略、事業ごとの戦略、製品ごとの戦略の3レベルがある。一般的に、企業全体の戦略には、経営トップが、事業ごとの戦略にはミドルマネジメントが、製品ごとの戦略には各製品の責任者が関わる。戦略計画の前提となるものとして、企業理念とビジョンがある。

　戦略計画は、経営戦略論で扱われるテーマであると同時に、マーケティングのテーマでもある。マーケティングは組織体で行うことが多いため、経営全体を見ながら考えることが重要となる。コトラーとケラーは、次のように定義している。

　「マーケティング・マネジメントとは、ターゲットとする顧客との間に有益な交換関係を創出し、構築し、維持することによって組織目標を達成しようとする、プログラムの分析、計画化、実行、管理の全体である。」

　この定義を見ればわかるように、マーケティングは経営の一環であり、生産・人事・財務などと並んで企業経営において重要な戦略活動である。

　またドラッカーは、企業の目的を「顧客の創造」であるとしており、マーケティングとイノベーションだけが成果を生むと説明している。有名なフレーズに、「マーケティングの狙いは、販売を不要なものにしてしまうことである」がある。ターゲットとなる顧客をよく理解し、製品・サービスが「売れ続ける仕組みづくり」を戦略的に構築することがマーケティングであることをわかりやすく表したフレーズだといえよう。

　経営には、企業経営のほかに、学校経営、病院経営、非営利組織の経営などもあり、企業経営と同様に、マーケティングが重要な役割を果たすことになる。次に、マーケティングと関連する経営戦略の代表的な分析方法を紹介しよう。

2. 製品市場マトリクス

　成長戦略のための分析方法として、アンゾフが1960年代に提唱した成長マトリクスがある。「製品」「市場」と「既存」「新規」に分けて、4つの領域をマトリクスで表し、成長戦略の選択肢を示したものである（**図表7-3**）。各戦略の内容は次の通りである。

①**市場浸透戦略**：従来のラインの製品をすでにターゲットとしている市場で販売して、売上を増やそうとする戦略である。現在の顧客層が製品を購入する回数と量を増やす方法や、競合他社の顧客を奪う方法か、未購入を顧客とする方法などを考える必要がある。

②**製品開発戦略**：すでにターゲットとしている市場に新しいタイプの製品・サービスを開発・提供する戦略である。

③**市場開拓戦略**：従来のラインの製品を新しい市場に投入する戦略である。販売地域の拡大や、対象年齢や性別の拡大など、さまざまな方法がある。

④**多角化戦略**：新市場で新製品を販売するものである。同じ業種で新サービスを拡大する戦略（水平的多角化）、生産プロセスの上流あるいは下流の業種へ進出する戦略（垂直的多角化）、従来の製品と少し違う分野の製品で新市場に進出する戦略（集中型多角化）、全く新しい事業分野で新しい市場に参入する戦略（コングロマリット化）などがある。

【図表7-3　アンゾフの製品市場マトリックス】

	既存製品	新製品
既存市場	市場浸透	製品開発
新市場	市場開拓	多角化

3. プロダクト・ポートフォリオ・マネジメント

　事業レベルの戦略計画では、BCG（ボストン　コンサルティング　グループ）が1970年代に開発した、プロダクト・ポートフォリオ・マネジメント（PPM）がよく知られている。企業戦略の立場から製品を総合的にポジショニングして、経営資源の優先的な配分を合理的に決める方法である。自社製品の市場の成長性を縦軸に、自社製品の相対的な市場シェアを横軸に取り、自社事業や自社製品をプロットして分析すると、各事業・各製品は次の4グループに分類される（図表7-4）。

①花形（star）：市場シェアが高いために収益性が高いが、市場成長期で競争が激しいため、設備投資が必要で、売り上げが伸びて話題を集めているのにキャッシュ創出につながらない状態である。

②金のなる木（cash cow）：花形の製品がシェアを維持・拡大したまま市場の成長性が低くなった状態であり、市場競争は和らいでいて、自社製品のシェアが高いので、利益が多くなる。ここで獲得したキャッシュを問題児に投資して

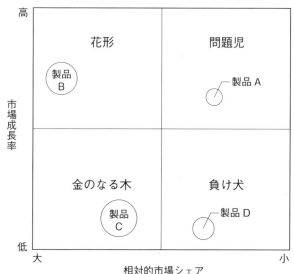

【図表7-4　BCGによるプロダクト・ポートフォリオ・マネジメント】

次の花形製品に育てる必要がある。

③**問題児**（question mark）：市場の成長性は高いが、自社製品のシェアが低く、収益性も悪い。市場が成長しているので設備投資も必要で、ここでシェア拡大に成功して花形製品に育てるか、失敗して負け犬となるか、明暗が分かれる。

④**負け犬**（dog）：市場成長性、自社製品のシェアともに低い分野であり、少しでもシェアを上げて金のなる木へ移行するよう努力するか、早い段階で市場からの撤退を考えるか、決断が必要になる。

　以上のように、各事業・各製品をポートフォリオにプロットすることで、現状の製品構成を分析し、数年先のあるべきポートフォリオを描くことができる。

4. ポーターの競争戦略

　マーケティングにおいては市場競争への対処は重要である。ポーターは産業の収益性に影響を与える5つの競争戦略要因を挙げている。それは、①買い手（顧客）の交渉力、②売り手（供給会社）の交渉力、③新規参入業者の脅威、④代替品・代替サービスの脅威、⑤業者間の敵対関係、である（**図表7-5**）。これら5つの競争要因のうちどれが主要要因となるかは、状況によって異なるし、対処の仕方も異なるが、企業が競争優位を築くための戦略としてポーターは以下の3つを挙げている。

①**コスト・リーダーシップ戦略**：事業の生産コストを他社より引き下げて、低価格を実現することで競争優位を獲得する方法である。生産規模を拡大して固定費・間接費を減らす方法（規模の経済）や、生産コストの低い海外工場で生産する方法などがある。

②**差別化戦略**：自社の製品・サービスの認知上の価値を増加させることで競争優位を獲得する方法である。製品の特性だけでなく、ブランドや地理的なロケーション、品揃えなど、さまざまな方法がある。

③**集中戦略**：企業の資源を特定のターゲット、製品、流通、地域などに集中する方法である。

【図表7-5　ポーターによる競争戦略要因】

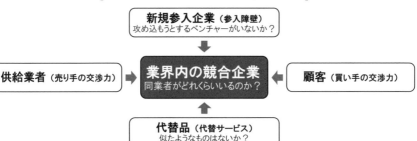

5. 市場における競争戦略

　企業が市場で競争上のどのようなポジションを確保しているかによって、マーケティング戦略は異なってくる。コトラーは、同業界における各事業の市場シェアに応じて、市場における競争戦略を4類型に分類した。各戦略は次のようなものである。

①**リーダー**：業界の市場シェアがトップの企業であり、経営資源が豊富で製品の質も高く、市場戦略の主導権を握っている企業である。市場規模の維持・拡大が重要な課題となる。

②**チャレンジャー**：市場の二番手のシェアを持つ企業群で、リーダーを追い抜こうとしている企業である。製品の差別化などによって市場シェアの逆転が起きることもある。

③**フォロワー**：市場トップになるほどの競争力がなく、リーダーの動向に追随する企業である。新製品の研究開発に投資するよりも、リーダーの戦略に同化しながら価格を下げる方を選択する傾向がある。

④**ニッチャー**：業界内の市場シェアを争わず、リーダーが手がけていない「すきま（ニッチ）」市場を狙う企業である。市場の多数者をターゲットとせず、特定の領域に絞り込んで一定の顧客から支持を得て存在感を保っている。

　このほか、競争戦略の理論は多数ある。例えば近年では、ブルーオーシャン（ライバルが少ないマーケットで付加価値の高い製品・サービスを提供するこ

と）を見つけて、レッドオーシャン（競合企業が多く、製品がコモディティ化してしまって差別化が困難なこと）での利益が少ない市場から離れた戦略を立てる、などが提唱されている。経済環境に応じてさまざまなマーケティング戦略を選択することが必要といえよう。

Ⅳ マーケティング・マネジメントの4ステップ

マーケティング・マネジメントは、基本的に①調査、②計画、③実行、④検証、という4つのステップで展開する（**図表7-6**）。以下、それぞれの方法について説明する。

1. 第1ステップ：調査

市場戦略を発見するための調査が「マーケティング調査」であり、「これからどうすればよいか」という課題解決のための第1ステップといえる。

マーケティング調査の目的には、顧客の需要調査、購買行動把握、新製品のポテンシャル測定、価格、流通、プロモーションの評価、テーマごとの自主調査などがある。調査の方法には、定量調査（調査結果を量的に調べて数字で表す）と、定性調査（質的な調査を行う）がある。また、面接して行う方法と、ネットや電話・郵送などで行う方法がある。

市場調査では、まず市場の現状や実態を把握する。それだけでなく、そこに自社並びに競合他社の製品・サービスがどのようなマーケティング活動を行い、各社が目標を達成するためにはどのような問題を抱えているか、その解決のためにどのような課題があるか、それを解決するための活動の方向をどこに見出すかを明らかにするものである。市場調査は、現状分析、問題点の発見、課題の設定、調査手法の設定、調査項目確定・質問票の作成、分析計画の作成、調査の実施、データの分析、という順序で行われる。

第7章 マーケティング・マネジメント　*159*

【図表7-6　マーケティング・マネジメントの4ステップ】

マーケティング調査	マーケティング計画	マーケティングの実行	マーケティングの検証
マクロ環境分析 3C分析 SWOT分析 市場調査 消費者インサイト	目的・目標 戦略・戦術 競争への対処 STP 4P、マーケティング・ コミュニケーション	組織化 実行	評価 修正

出典：著者作成

2．第2ステップ：計画

　マーケティング・マネジメントの第2ステップは「マーケティング計画」である。目標・目的を明確にして戦略を立て、セグメンテーションにターゲットを絞ってポジショニングし、マーケティング・ミックスを考えていく。

(1) マーケティング目的・目標と戦略・戦術

　マーケティングの「目的」は、企業が目指すところであり、目的を達成するために設けるのが到達すべき「目標」で、売上高やシェアなど具体的な数値で示される。

　マーケティング目的を達成するための基本方針が「戦略」である。戦略はもともと軍事用語で、戦争に勝つという目的を達成するために何をすればよいかの策を練ったことから、市場競争に勝つための経営方針が「戦略」として使われるようになった。一方、「戦術」は、マーケティング戦略を実施するための具体的な計画であり、数値目標を伴うことが多い。

(2) STP

　戦略構築の枠組みとして、いわゆる「STP」がある。セグメンテーション（Segmentation）、ターゲティング（Targeting）、ポジショニング（Positioning）の頭文字をとったものである。

①セグメンテーション（市場の細分化）

　市場をいくつかの分類（セグメント）に分け、市場の中で共通のニーズを持っている顧客層を明確にすることで、企業にとって最も有利な市場セグメントを選定することである。細分化の基準としては、人口動態的変数（性別、年齢、職業、収入、家族構成など）、地理的変数（居住地域、地域の人口密度、気候など）、心理的変数（価値観、ライフスタイルなど）、行動的変数（生活行動、利用特性など）がある。

②ターゲティング

　「Target＋ing」で、標的市場の設定を意味する。セグメントの中からターゲットを特定するという作業である。調査によって得られたデータを羅列するだけでなく、できるだけ「顔が見える」ように消費者像を描き出すことが重要になる。それによってマーケティング活動に携わるたくさんの人たちが、ターゲットとなる消費者像を明確に共有できるのである。「顔が見える」ようにターゲットとなる消費者像を描き出すためには、性別、年齢などの基本特性に加えて、ライフスタイルを規定する次の4つの領域に留意するとよい。

> ・**生活構造**：職場・学校と私生活の生活時間構造、家族構成や友人等
> ・**生活の価値観**：自分の生活のあり方についての考え方や主義
> ・**生活行動**：消費者の購買行動や情報探索行動
> ・**製品・サービスに求める便益**：消費者が自社の課題となる製品・サービスにどのようなベネフィット（便益）を求めているか、それに満足できているか、どのような不満があるか

　よく活用されるのは、これらの諸項目に関して、実態や指向などをビジュアルで表すことで、消費者の「顔が見える」ようにする方法である。また、消費者の求めるコアとなるベネフィットをもとに、各ターゲットをネーミング化することも有効である。

③ポジショニング

　「Position＋ing」を意味し、ターゲット顧客の心の中に、価値づけされた場所を占有できるように、企業のオファーをデザインする活動をいう。自社の製

品・サービスを競合他社と比較して差別化することで他社にない何らかの差別的優位性を確定し、その位置づけを行う。よく使われるのが二次元のポジショニングマップで、利用者層、ユーザーにとっての価値や使われ方を縦軸と横軸にとり、対立軸を交差させて4象限で考えていく（イメージポジショニングの例については第8章の**図表8-1**参照）。

(3) マーケティング・ミックス（4P）

マーケティング・ミックスは、マーケティングの目的を効果的に達成するために、マーケティング活動に関連する諸要素を最も有効な形で組み合わせるものである。マーケティング・ミックスにおいて重要な要素は、マッカーシーが1960年に提唱した「4P」である。Product（製品）、Price（価格）、Place（流通）、Promotion（販促）の頭文字をとったもので、4P戦略、4P政策などの呼び方がある。各要素の概要は以下の通りである。

① **Product：製品**（便益、品質、機能、特性、デザイン、サービス）

自社の製品が、競合企業のさまざまな製品の中で独自の特徴を持ち、消費者にとっても独自の価値を持つことが重要である。製品のレベルは、「中核的ベネフィット」「製品の形態」「付随的サービス」の3層に分けられる。どの層を重視するかは、各製品カテゴリーの特徴と市場の発展段階によって異なる。

製品も人間の生涯と同じように、誕生し、成長し、衰えていくといった過程をたどることが多い。これを「製品ライフサイクル」という。通常は4つの段階に分けられ、「導入期」「成長期」「成熟期」「衰退期」と呼ばれる。各段階によって適切なマーケティング戦略は異なる。

② **Price：価格**（希望小売価格、値引き、支払期限、支払条件）

価格は、需要の動向、競合企業の動向、消費者の価値観、原材料の市場価格、流通コスト、法的な規制など、さまざまな要因によって決定される。

③ **Place：流通**（販売経路、店舗立地、配送方法、在庫管理）

最終消費者のニーズに対応して、欲しいときに欲しいものを購入できるよう、原材料の仕入れ、工場生産、配送方法、店頭の販売方法など、さまざまな工程

において、合理的な製品の流れを考えることが必要とされる。

④ **Promotion：販促**（広告、広報・PR、SP、営業）

　製品・サービスの特徴を知らせて消費者がその製品・サービスを購入しようという動機づけを行うことと、来店客が確実にその製品を認知して購入できるように店頭で販売すること、プロモーションにはこの両方が求められる。製品広報（マーケティング・コミュニケーション）は、プロモーションの1つである。

3. 第3ステップ：実行

　マーケティング・マネジメントの第3のステップは、組織化による「実行」である。ここでは、他部門との連携が重要になるため、ヒト、モノ、カネ、情報の経営資源を組織化することが必要になる。マーケティング部門と広報・PR部門との共同作業をどう展開するかも課題である。

4. 第4ステップ：検証

　マーケティング・マネジメントの第4のステップは、「検証」である。第2ステップの「計画」と第3ステップの「実行」で行われたことを比べて評価し、修正する作業である。計画で設定した「仮説」を実行によってどのように達成できたかを、戦略性、収益性、効率性などの観点から「検証」していく。

　こうしてマーケティング・マネジメントにおける「調査−計画−実行−検証」のプロセスが一巡すると、それを踏まえて新たな段階に入ることになる。

Ⅴ　ブランド・マネジメントの理論

　最後にマーケティング・マネジメントと関連するものとして、ブランド・マネジメントについて説明しよう。ここでは、ブランド・マネジメントの基本プロセス、ブランド戦略、戦略的ブランド・マネジメント、ブランド拡張およびブランドの活性化についてまとめておく。

1. ブランド・マネジメントの基本プロセス

ブランド・マネジメントは、企業経営においてブランディングを進める具体的なプロセスである。基本的にはマーケティング・マネジメントと同じように、調査―計画―実行―検証という4ステップで展開する（**図表7-7**）。

(1) 調査

ブランド構築の基礎となるのが顧客調査である。顧客は消費者のほか、法人顧客も想定される。構築予定のブランドと関連する領域で、顧客はブランド価値をどのようにみているのかを、量的調査や質的調査を組み合わせて調べる。

また、競合と想定されるブランドについて、競争上のポジション、戦略、新しい動向なども調査を行う。競合ブランドは同一業界の国内企業とは限らない。規制緩和やグローバル化などにより、別の業種や海外企業の参入も想定する必要がある。さらに、自社の企業としての強みと弱みについて、特に関連ブランドや社員の意識などを把握しておくべきである。

(2) 計画

ブランド戦略は、企業内にある複数のブランド全体の体系を考え、企業レベル、事業レベル、商品レベルのそれぞれにおいて構築される。ブランドの要素として考慮すべきなのは、ネーミング（名前）、ロゴ（ブランド名のデザイン化）、シンボル、キャラクターなどである。ブランド単位でのマーケティング・マネジメントとして、ブランド・エクイティ（ブランドの名前と結びついた資産と負債の集合）を意識した活動を行うことも重要である。

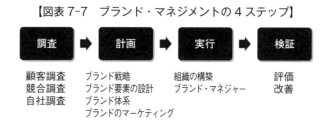

【図表7-7　ブランド・マネジメントの4ステップ】

筆者作成

（3）実行

次に、ブランディングに対応しうる組織を構築する。近年は、商品開発から販売促進までブランド全体の統括を行う「ブランドマネジャー」を置く企業が増えている。ブランドマネジャーは、P&G が 1930 年代に始めた制度で、ブランド単位のマーケティング・マネジメントの原型とされている。日本でも日清食品などがブランド単位のマネジメントを行っている。

（4）検証

最後に検証を行うが、特にブランド・エクイティの評価が重要である。その評価を踏まえて、ブランドの改善を行う。

2．ブランド戦略

ブランド・マネジメントにおいて、ブランド戦略の構築は重要なプロセスである。それはマーケティング・マネジメントにおいてマーケティング戦略が占めているポジションと同様である。戦略は企業レベル、事業レベル、商品レベルのそれぞれにおいて構築される。

企業戦略レベルで取り組まれるブランド戦略は、ブランドの価値を高めることを最優先させて、マーケティング活動を計画・実行していくことを意味する。長期の売り上げ拡大を志向する戦略であり、短期的には売り上げが減少することも視野に入れておかなければならないため、現場のブランドマネジャーだけではなく、トップマネジメントも取り組むべき課題である。

自社の現在保有する経営資源や能力によって、各企業が選択できる戦略は制限される。その意味では、ブランド戦略も企業の戦略選択肢の1つであり、全ての企業が常に志向すべき戦略とは限らないことにも留意が必要である。

3．戦略的ブランド・マネジメント

次に、ケラーによる戦略的ブランド・マネジメントのプロセスを紹介する。前述の4ステップと共通するが、さらに応用的な要素が加わっている（**図表7-8**）。それぞれの重要な概念について説明していこう。

【図表 7-8　戦略的ブランド・マネジメントのプロセス】

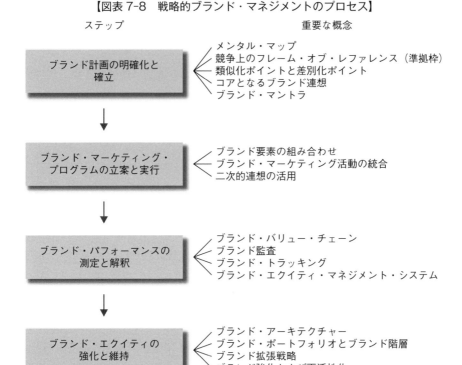

出典：ケラー［2015］

(1) ブランド計画の明確化と確立

　ブランド計画においては、まずブランド・ポジショニングが行われる。消費者の中にブランドを位置づけ、企業にとってのベネフィットを最大にすることがブランド・ポジショニングの目標となる。「メンタル・マップ」とは、特定の標的市場で突出している「ブランド連想」を図として描き出したものである。

(2) ブランド・マーケティング・プログラムの計画と実行

　このステップでは、まずブランド要素の選択と組み合わせが行われる。ブランド要素とは、製品を識別し、製品に違いをもたらすための視覚的情報や言語的情報のことで、具体的にはブランドネーム、ロゴ、シンボル、キャラクター、

パッケージ、スローガンなどである。

　ブランド要素の選択と組み合わせによって、ブランド・エクイティをある程度は構築できるが、中心となるのはブランドに関わるマーケティング活動である。マーケティング・プログラムにおける二次的な連想の活用により、ブランド・エクイティが構築されるのである。マーケターは消費者の記憶内における企業、国や地域、キャラクターなどとブランドとの結びつきを図ることになる。

(3) ブランド・パフォーマンスの測定と解釈

　ブランドに関するマーケティング・プログラムの効果を測定するステップである。ブランド・パフォーマンスの測定と実行のためには、ブランド・バリュー・チェーン（ブランドの価値創造プロセスを描き出したもの）が役立つ。「ブランド・トラッキング」は、長期間にわたって定期的に消費者から情報を収集し、ブランド・パフォーマンスの量的測定を行うものである。

(4) ブランド・エクイティの強化と維持

　ブランド・エクイティ（ブランドの名前やシンボルと結びついた資産と負債の集合）の強化と維持のためには、ブランド戦略がどのような時間、地理的な境界、市場セグメントの問題を解決しているのかについて考える必要がある。「ブランド・アーキテクチャー」は、自社が販売するさまざまな製品にどのブランド要素を適用するかについて、全体的なガイドラインを示すものである。

4. ブランド拡張とブランドの活性化

　ブランドは、顧客嗜好の変化、競合他社の変化、新技術の出現などの影響を受けて、成長・停滞などの展開がありうる。ブランド・マネジメントとしては、既存ブランドの再構築が必要な場合も、新ブランドの開発が必要な場合もある。成熟したブランドが衰退する前に、新しい戦略を打ち出して、ブランド価値を維持・拡大する方法を考えなければならない。

　そこでブランド拡張について、コトラーの分類方法を紹介しよう。縦軸に既存ブランドか新規ブランドか、横軸に製品カテゴリーが既存製品か新規製品か、というマトリックスをつくり、各象限の戦略を分析する（**図表7-9**）。

第7章 マーケティング・マネジメント　167

【図表7-9　成熟ブランドと活性化マトリクス】

製品カテゴリ

	既存製品	新製品
既存ブランド名	ライン拡張	ブランド拡張
新ブランド名	マルチブランド	新ブランド

（縦軸：ブランド名）

①ライン拡張：既存ブランド名×既存製品

　成功したブランド名を使い、色や形、容器などを変えて製品ラインを増やすことである。既存製品とカニバリゼーション（共食い）にならないように気をつけなければならない。

②ブランド拡張：既存ブランド名×新製品

　成功したブランド名を使って、新製品や改良製品を発売することである。既存製品のブランド価値を損なわないような新製品にすることが重要である。

③マルチブランド：新ブランド名×既存製品

　同一カテゴリーで違うブランドを発売することである。小売店の店頭でより広い棚スペースを確保することができるし、飽きやすくてブランドスイッチしやすい消費者をつなぎとめられる効果がある。

④新ブランド：新ブランド名×新製品

　新しいブランド名で新しい製品カテゴリーを発売することである。自社の経営資源が分散しないような工夫が必要となる。

マーケティング・コミュニケーションの実務

　本章では、マーケティング・コミュニケーションの戦略立案と実行のプロセスについて事例を交えながら解説する。また、ブランディングとマーケティング・コミュニケーションは表裏一体の関係にあるため、ブランディングに密接に関わるコミュニケーション・メッセージやコミュニケーション・コンテンツの開発について、海外の実践事例を示しながら基本的なアプローチの考え方を紹介する。

I 戦略的マーケティング・コミュニケーション

　セグメンテーション、ターゲティング、ポジショニングの3つの概念は戦略を立てる上で欠かせない。前章と少し重なるが、しっかりと理解したい。また、コミュニケーション戦略構築のベースとなる生活者インサイトと情報行動についても概説し、ターゲットに伝えるべきメッセージを開発する際の考え方を解説する。

1. セグメンテーションとターゲティング

　前章で述べた通り、セグメンテーションとターゲティングは、戦略構築の要である。漫然と「男女20代から70代が対象」というのではなく、例えば、「デジタルに強いビジネスパーソン向け」「子どもがいる都心居住ファミリー向け」「キャリア志向の女性ユーザー向け」といった具合に、製品ブランドやサービスブランドによってさまざまなターゲットセグメントが想定できる。

(1) セグメントのメリット

ターゲットをセグメントすることが多い理由は、第一に、多くの市場で、人によってブランドに対するニーズや好き嫌い（＝選好）は異なっており、そのブランドへの支持の強い人がどんな属性を持っているかを発見してアプローチできれば、マーケティング戦略の遂行が効率的だからである。

第二に、市場に先行したブランドがある場合、相手を打ち崩す上で効果的であるからだ。マーケティングの伝説となった事例だが、1980年代にビール市場でキリンビールがシェア6割超だったとき、アサヒビールの「スーパードライ」が「辛口」のキーワードで登場して市場を席巻し、遂にシェアでトップになった。それまでトップだったキリンラガーが20代から中高年までのオールターゲット戦略だったのに対して、スーパードライは働き盛りのビジネスマンにターゲットを絞って成功したのである。

(2) セグメントの基準

ターゲットセグメントを考える際の基準には、性別・年齢や職業などのデモグラフィック特性や、購買行動などの行動特性、あるいはライフスタイルや性格などの心理的な特徴であるサイコグラフィック特性などがある。

一般的には、年齢や職業などで区分するデモグラフィック特性と、製品の購買や使用の有無の行動特性を加味したセグメントがよく使われる。「15歳から18歳でLINEユーザーの女子高校生」とか、「30代から40代でファミリーカーを所有する男性ビジネスマン」というセグメントは、デモグラフィックと製品の利用や所有に着目したセグメント設定である。

(3) デモグラフィックの特性

デモグラフィックとサイコグラフィックの中からライフスタイルを組み合わせた手法もよく用いられる。「40代から50代の都市居住の主婦で自然志向の食生活を好むスローライフスタイルの女性」という設定などである。

デモグラフィックをよく使う理由は、性別・年齢別・地域別という特性がメ

【図表8-1　アパレル業界のイメージポジショニング例】

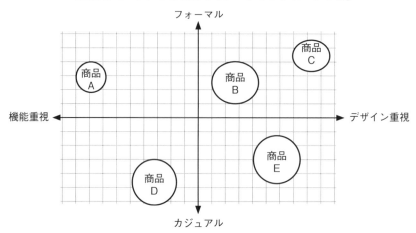

日本パブリックリレーションズ協会作成

ディアを選択するのに便利だからである。メディアの選択では、若年ならインターネット、中高年男性は新聞、女性ならテレビという具合にデモグラフィックの特性を考慮して選択する方が容易なのだ。

2. ブランド・ポジショニング

　ブランド・ポジショニングとは、生活者が市場やブランドについて思い浮かべるイメージ地図の上で最適な居場所を作ることである。ブランドの知覚品質などで2軸のイメージマップを作ること（**図表8-1**）をポジショニングと誤解する向きもあるが、確かにマップを作ると競合ブランドの関係が整理されてポジショニングが考えやすくなる面もある。しかし、マップを作成することとポジショニングは必ずしも同じではない。

(1)「No.2宣言」でメッセージ発信

　ポジショニングで有名な事例は、アメリカのレンタカー会社のエイビス（AVIS）である。1960年代、エイビスは業界1位のハーツ（Hertz）と激しい

競争を繰り広げており、ライバルのハーツに対して明確に差別化し、自らを有利にするポジションを探したあげく、「No.2宣言」を行った。広告で以下のようなメッセージを出したのである。「AVISはレンタカーで2位である。だからどうするかと言うと、私たちは（1位）より頑張ります」。2位だからこそ1位以上に顧客サービスに頑張ると宣言し、1位のハーツと差別化したメッセージを打ち出して業績を急成長させたのである。

(2)「挑戦」をテーマにセグメンテーション

　もうひとつの伝説的なポジショニングの例が、先ほども述べたアサヒビールの「スーパードライ」である。スーパードライが登場したのは、1987年のことである。日本酒の「辛口」の言葉を使用してそれまでのビールとの味の違いを訴えた。発売時の広告には、国際ジャーナリストを起用し、ハードな男にふさわしいビールということをアピールしている。仕事が終わった休息の時間や家庭での安息なシーンを描くことが多かったそれまでのビールの広告とはイメージも差別化されていた。差別化されたシーンの設定は、その後起用タレントが変わっても変わらず、登場人物は有名タレントではなく、アスリートやアーティスト、あるいはビジネスマンが登場した。舞台は家庭ではなく競技場やオフィスなどの仕事の現場で、家庭のくつろぎの場は徹底して排除されている。

　広告の表現の舞台や設定で差別化を狙うのがスーパードライの戦略だったわけで、これもポジショングの一例である。「アサヒスーパードライ＝ビジネスマンが家庭の外（仕事の現場近く）で仕事が終わった喜びを味わうビール」というイメージを打ち出すことで、競合相手は「キリンビール＝お父さんが飲む家庭のくつろぎのビール」というイメージになる。「家庭のくつろぎのビール」に対して「ビジネスへ挑戦することへの報酬のビール」というポジショニングを狙ったのである。こういうポジショニングが可能となったのは、ターゲットを漠然とビール好きの大人と考えるのではなく、挑戦志向のあるビジネスマンにセグメントしたからである。セグメントすることがポジショニングを生んだのである。

172 I 戦略的マーケティング・コミュニケーション

スーパードライの広告には「挑戦と達成」という明確なテーマがあるといわれた。挑戦する主人公が目標を達成した瞬間に報酬として飲むビールという意味である。ちなみに、スーパードライの当時のスローガンは、「Quality&challenge」であるが、広告表現もスローガンに連動している。このように広告の表現やメッセージに一貫したテーマを採用して、イメージの統一性を追求する手法もブランディングに貢献している。スーパードライは日本で傑出したブランディングの成功事例でもある。

(3) ブランド・ポジショニングの切り口

ポジショニングは、ブランドの特徴や個性に基づいて行われ、前述のようにターゲットセグメントと深い関係がある。ポジショニングを考えるベースは、セグメントで考えた要素に当たり、それはポジショニングを考える入り口にもなる。

ポジショニングを考える切り口は、無限にあると言えるが、よく使われるリストを挙げれば、次のようになる（**図表 8-2**）。ブランドのスペック（属性・事実）、機能的価値、心理的価値、社会的価値や、あるいはブランドカラー、ブランドパーソナリティ、使用場面、使用者イメージ、シンボル・キャラクターなどもポジショニングには有効である。競合との差異を突き詰める方法もあれば、カテゴリーの使用・購入目的から考える方法もある。

ポジショニングを考える切り口はさまざまであるが、成功するための要素は2つに絞ることができる。それは、競合他社に対して明確な差があることと、ターゲットから好ましく思われること、である。例えば、自動車であれば燃費が一番いいなど、明確な違いがあることである。漠然と性能が高いというような曖昧な違いでは成功しない。またその違いがターゲットからみて好ましいことも重要である。

ポジショニングは戦略決定プロセスではクリエイティブなプロセスである。自由で柔軟な発想力と経験が活きるところである。

第8章　マーケティング・コミュニケーションの実務　　*173*

【図表8-2　ポジショニング発想のリスト】

製品	機能・スペック、価格、デザイン、クラスなど
サービス	製品に付随するサービス品質
ステークホルダー	製品の製造・提供に関わる従業員などの能力、意欲
イメージ	顧客イメージ、企業イメージ、ブランドイメージなど

出典：『コトラーのマーケティング入門』をもとに著者作成

3. 生活者の情報行動

　ターゲットセグメントを設定し、ブランド・ポジショニングを考える上で重要なプロセスが、ターゲットを理解し、ターゲットの「消費者インサイト（生活者インサイトともいう）」を発見することである。「インサイト」はマーケティングでは「生活者のより深い動機の理解し、内面を見抜くこと」を意味する。

　消費者インサイトの例として、洗濯用洗剤の広告を考えてみる。セールスポイントが洗い上がりの白さだとした場合、普通は、実際に新商品で洗ったシャツを見せて、白さを訴求することがよく行われる。しかし生活者は、どうせ広告の表現だと思っているので、あまり共感しない。ところが、出かける子どもや夫のワイシャツの襟に汚れが残っているシーンを出して、こういう汚れも自社の洗剤ならよく落ちる、というメッセージにすると、洗剤の購入者である主婦の意識変容のきっかけとなる。家族が人前に出る際にシャツの襟が汚れていることを主婦は一番気にするといわれ、実感のあるシーンを挿入することで、主婦に気づかせる効果が生まれ、広告の印象度が違ってくるのである。

　このように、生活者の心理的な内面の意識を探ってメッセージを考える材料を考察することが消費者インサイトである。製品の機能的な特徴を訴求する合理的なメッセージを出すのではなく、消費者が抱く内面的な葛藤や矛盾、コンプレックスを突くメッセージを設計することが生活者インサイトを起点とするアプローチである。消費者インサイトを得るには、生活者を注意深く観察することが重要で、手法としては、フォーカスグループインタビューや生活者の行動や心理面を観察して記録するエスノグラフィーなどが用いられる。

　また、ブランドに対して消費者がどのような情報行動を取っているか、イン

ターネット上での情報やイメージ、口コミなどを調べることが重要である。また、消費者が自社のブランドに好意的な口コミを発信してくれれば、大変有力な味方になる。

4. メッセージとパワーブランド

ターゲットセグメンテーションを行い、各製品のポジショニングを発見すれば、次はそれを過不足なくコミュニケーション戦略にまとめるステップである。

(1) ブランドメッセージ

ブランド戦略におけるメッセージ開発のステップは次のようなものである。

①ポジショニングの内容をターゲットに分かりやすく簡潔に伝えるメッセージを作る。

②ターゲットを吸引するインセンティブを設計する。

③メッセージやインセンティブをターゲットに届けるタッチポイントを設計する。

次に、マーケティング・コミュニケーションにおけるメッセージの創造に関して説明していく。

近年、マーケティング・コミュニケーションの役割として、ブランディングへの貢献が重要視されており、メッセージの創造においてもブランド理解がより求められるようになっている。ブランドという言葉は一般用語になっているが、マーケティングの世界では少しだけ意味が異なる。

一般にはブランドというと、宝飾品等の高級品をイメージする人が多いが、マーケティングの世界では、ハンバーガーショップのマクドナルドも、シャンプーのアジエンスもブランドである。ブランドとはアーカーによれば、「売り手の製品やサービスを識別させ、競合の製品やサービスと区別するための名称、言葉、記号、シンボル、デザイン」のことである。

マーケティングで「ブランド」と言う言葉は、商品が高級か高級でないかではなく、ほかとの区別、識別性が強いか、弱いかを意味するのだ。ほかとの区

第8章　マーケティング・コミュニケーションの実務　*175*

別、識別性が強ければ、ハンバーガーやシャンプーのような日常的な商品であっ
てもブランドと呼ばれる。

(2) 強いブランド（パワーブランド）

　強いブランド（パワーブランド）は、多くの人が製品のメッセージを認識し、
共通のイメージを持っているという特徴がある。例えば、クルマのポルシェと
いえば、最高品質のスポーツカーというイメージを多くの人が共有している。
　ブランド要素に関して重要なことは、個々の要素がほかとの識別性が高いだ
けでなく、それら全体が同じ印象を与えるように作られているということだ。
強いブランドはロゴデザインやマーク、カラー、スローガンなどのブランド要
素が同じ印象を与えるように設計されている。これをブランド要素の一貫性と
呼ぶ。それらがバラバラでちぐはぐな印象を与えては識別性が弱まるし、ブラ
ンドイメージの混乱を招くことになり、ブランドとしては成功しない。
　また、強いブランドは生活者から高い支持を得る。憧れの目標で見られたり、
少々価格が競合する製品より高くても購入される。また一度買った客はリピー
ト購入してくれる。つまり、強いブランドをもつ商品はそうでない商品より高
い利益を生む。それゆえ、多くの企業は強いブランドを持つことを経営の目標
に挙げている。そういう利益を生む強いブランドは、ブランド要素の識別性が
強いだけでなく、卓越したイメージや品質の一貫性を有している。
　つまり、ブランドとは生活者への一貫した約束であると言うことが出来る。
ブランドに一貫性があることは、約束が不変であり（変わらない）、普遍性が
ある（場所や人が違っても同じ）ということである。
　例えば、ディズニーランドであれば誰もが「夢と冒険」の気分を大事にした
サービスで心が満たされる。BMW のタグライン（ブランドの一貫したコピー）
は、「駆け抜ける喜び」であるが、ただの高級車に留まらないドライビングパ
フォーマンスを誰もが期待する。これら「夢と冒険」とか「駆け抜ける喜び」
がブランドの約束である。約束が一貫していることが強いブランドを作る上で
大切である。

(3) ブランドメッセージの作り方

ブランド志向の考え方を取り入れれば、メッセージを考える際に、製品の仕様や機能的な特徴ばかりを考える必要はない。そうではなく、「楽しい」とか「喜び」というような情緒的なイメージ（情緒価値）や社会的なメッセージ（社会価値）の方がブランディングにとって有効な場合が多い。

これは強いブランドの研究からうまれたものである。ディズニーランドの良さは、価格やアトラクションの数や性能ではなく、全体に貫かれたテーマとイメージ（＝夢と冒険）にある。こういうブランディングの成功事例から、コミュニケーションを考える上で、製品・サービスの仕様や機能的な特徴だけでなく、情緒価値や社会価値に注目が集まるようになった。

ブランディングが浸透する以前は、競合と異なる仕様・スペックや機能的な特徴をわかりやすく言葉にすることが大事とされていた。その方法は今も重要であるが、機能的な特徴でメッセージするケースと、情緒価値や情緒価値や社会価値でメッセージするケースを具体的に事例でみてみよう。

ダイソンは現在では珍しく製品の機能的な特徴にこだわって成功しているブランドである。ダイソンには様々な機能の掃除機があるが、日本市場で地位を確立したのは、「吸引力が変わらないただひとつの掃除機」という機能的な特徴である。この特徴を説得的に伝えるコミュニケーションを徹底することでブランドのポジションを確立した。特許技術サイクロンテクノロジーに裏付けられた機能品質の高さがあってこそできたアプローチである。

社会価値を活用したケースでは、2007年から10年間続いた、ボルヴィック「1ℓ for 10ℓ」というキャンペーンが有名である。これは、ボルヴィックの製品1リットルを買うごとに西アフリカのマリ共和国で清潔な水10リットルが提供されるというキャンペーンである。売り上げの一部をボルヴィックがユニセフへ寄付することで実現している。専門用語で「コーズリレーテッドマーケティング」といわれる仕組みであるが、生活者が通常の買い物で社会貢献できるという、社会性に訴えるキャンペーンである。

このようにブランドメッセージは、製品・サービスが持つさまざまな特徴や

【図表8-3　ブランドメッセージとブランドパーソナリティ】

筆者作成

価値を、①仕様・事実、②機能的特徴（機能価値）、③情緒価値、④社会価値で表すことで可能となる（**図表8-3**）。

　ブランドのコミュニケーションを考える上では、ブランドのパーソナリティも考慮する必要がある。これはブランドがもつ人格、性格のイメージのことである。価値と同時に、ブランドパーソナリティを考えながらコミュニケーションを組み立てていくと、表現が印象的になる。

Ⅱ 生活者との接触ポイントの活用

　マーケティング・コミュニケーションの実行にあたっては、多様化するメディア環境や生活者の情報行動を把握し、ターゲットとなる生活者の行動特性に適合したメディアや手法を統合するコミュニケーションの実行案、すなわち適切なタッチポイント（コンタクトポイントとも呼ぶ）の設計とコミュニケーション・コンテンツの創造をベースにした統合マーケティング・コミュニケーションの実行が求められている。

1. 統合マーケティング・コミュニケーション

コミュニケーション戦略を考える上で重要な視点の１つは、IMC（統合マーケティング・コミュニケーション）と呼ばれる考え方である。テレビ広告や番組、新聞広告や記事などのマスメディアだけでなく、インターネットや店頭POP、イベントなどブランドイメージの創造に関わる全ての接点、タッチポイントを統合してコミュニケーションを組み立てる考え方のことだ。広告、PRだけでなく、プロモーションなど様々な手法を動員してブランドコミュニケーションの実行を目指すのである。

IMCではこの考え方が重要である。タッチポイントとはブランドと生活者の接点のことで、ブランドの体験やイメージを伝えるものだ。テレビ、新聞、インターネット、店頭、イベントなど全てが含まれる。従来は、広告やPRというとテレビ・新聞などマスメディア中心に考える傾向が強かった。また最近ではインターネットを注目しがちであるが、予断を持たずに全体で考えていく必要がある。

IMC戦略を考える上で参考になるものに、ブランドネットワークがある。ブランドネットワークとは、顧客の頭のなかにある特定ブランドのイメージや、経験等のつながりのことである。例えば、炭酸飲料といえば、「甘い」「太る」というイメージがあるが、最近は「健康に良い」というイメージも強くなってきた。炭酸飲料のイメージを変えるためには、「甘い」から「健康に良い」という連鎖にイメージを変えることが効果的であったりもする。このようにブランドネットワークを調べることで、効果的なイメージを探ることができるのである。

2. カスタマージャーニーと5A

カスタマージャーニーとは、顧客の動き（行動・思考・感情）を時系列で"見える化"し、商品・サービスを知ってから最終的に購買に至るまでのプロセスのことである。顧客（モデルユーザー、ペルソナ）の行動変化を時系列で表したカスタマージャーニーマップでは、複雑化したUX（ユーザーエクスペリエ

ンス）を一枚のマップとして俯瞰することで、消費者行動を可視化しユーザー理解が容易になり、多くの関係者にインサイトを共有できるツールとなる。

カスタマージャーニーはこれまで、E・セント・エルモ・ルイスによって提唱された AIDA（① Attention：注目、② Interest：興味、③ Desire：欲求、④ Action：行動）や、デレク・ラッカーが提唱した 4A（① Awareness：認知、② Attitude：態度、③ Act：行動、④ Act Again：再行動）であったが、コトラーのマーケティング 4.0 では、Web や SNS の普及によりネットでの共有および拡散が加味されたこともあり、5A（① Aware：認知、② Appeal：訴求、

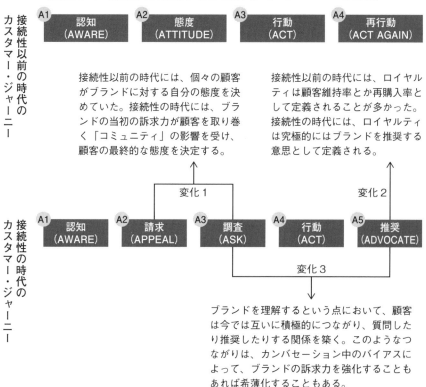

【図表 8-4　接続された世界におけるカスタマージャーニーの変化】

出典：フィリップ・コトラー他『コトラーのマーケティング 4.0』

180　Ⅱ　生活者との接触ポイントの活用

【図表8-5　全体にわたるカスタマージャーニーのマッピング】

	A1　認知（AWARE）	A2　請求（APPEAL）
顧客の行動	顧客は過去の経験やマーケティング・コミュニケーション、それに他者の推奨から、受動的にたくさんのブランドを知らされる	顧客は自分が聞かされたメッセージを処理し──記憶をつくったり、長期記憶を増幅したりする──少数のブランドだけに引きつけられる
考えられる顧客タッチポイント	・他者からブランドのことを聞かされる ・たまたまブランドの広告に触れる ・過去の経験を思い出す	・ブランドに引きつけられる ・検討対象にする少数のブランドを選ぶ
顧客の主な感想	知っている	大好きだ

出典：フィリップ・コトラー他「コトラーのマーケティング 4.0」

③ Ask：調査、④ Act：行動、⑤ Advocate：推奨）のプロセスで、顧客とのタッチポイントを構築することを提唱している（**図表8-4**）。

　AIDA や 4A のカスタマージャーニーでは、認知から行動に至る過程において対象となる人が絞られていき、最終的には顧客が少なくなる漏斗（ファネル）型になっていたが、5A ではどの過程においても顧客が流入できるため、最終的に対象者数が減少することがないものとされている。さらに、商品・サービスを認知している顧客が他者へ奨励するケースもあるとしている。

　多様なペルソナに対応するためにも、カスタマージャーニーマップを用いて、企業目線ではなく顧客目線で顧客とのタッチポイントを洗い出し、適切な場所・タイミングで適切な情報を伝えることが重要となる（**図表8-5**）。

A3 調査 (ASK)	**A4** 行動 (ACT)	**A5** 推奨 (ADVOCATE)
顧客は好奇心に駆られて積極的に調査し、友人や家族から、またメディアから、さらにはブランドから直接、追加情報を得ようとする	追加情報によって感動を強化された顧客は、特定のブランドを購入する。そして、購入・使用・サービスのプロセスを通じてより深く交流する	時とともに、顧客は当該ブランドに対する強いロイヤルティを育む。それは顧客維持、再購入、そして最終的には他社への推奨に表れる
• 友人に電話をしてアドバイスを求める • オンラインで製品レビューを検索する • コールセンターに電話をする • 価格を比較する	• 店舗かオンラインで購入する • その製品を初めて使う • 問題について苦情を言う • サービスを受ける	• そのブランドを使い続ける • そのブランドを再購入する • そのブランドを他者に推奨する

よいと確信している　　　購入するつもりだ　　　推奨するつもりだ

3. 顧客接点の組み立てと選定

　前述のように、タッチポイントとはブランドと顧客の接点のことであるが、それは広く捉えると顧客がブランドに関わる体験そのもののように考えることもできる。この場合、マスメディアやインターネットというメディアだけでなく、非メディアのタッチポイント、例えば銀行の ATM、自動車のディーラーショップや営業スタッフ、ファッションブランドの店舗や店員の態度は非メディアのタッチポイントである。多様なタッチポイントの中から、ブランドコンセプトとの整合性や顧客ターゲットの行動形態との適合性などから有効な顧客接点を選ぶ必要がある。それぞれは機能が違っているので、目的に応じて適切に組み合わせることが重要である。

182 Ⅱ 生活者との接触ポイントの活用

このように、タッチポイントごとに役割やメッセージを考える。全てのタッチポイントを通して同じメッセージで通す場合もあれば、タッチポイントごとに異なるメッセージを割り当てる場合もある。それらはタッチポイントシナリオによって決まる。タッチポイントシナリオは、タッチポイントごとに役割やメッセージを決めて、全体の関係をみるもので、時系列や目的別に図式化したものである。

タッチポイントの選定は、生活者のタッチポイントへの接触状況や、機能を考えて選ぶ。タッチポイントは、ブランドの種類やターゲットの性別や年齢によって変わることがわかっている。これを調べることを「タッチポイントオーディット」と言い、定量調査の手法を使ってターゲットがどんなタッチポイントに日常接触しているか、ある特定の市場のブランドを購入する場合にどんなタッチポイントを参考にしているか、などを調べてタッチポイントシナリオ作りの参考にするものである。

定性的な手法でタッチポイントを調べる手法もある。これは「タッチポイントインベントリー」と言う。インベントリーとは棚卸しのことで、タッチポイントの棚卸しを意味する。これは生活者にブランド体験を詳細に記録してもらい分析する手法で、デプスインタビュー（深層心理を聞き出す調査法）で聞きだしたり、時には生活者に同行してインタビューしたりして、生活者の体験をきめ細かく観察する。聞き出したこと、観察したことをまとめ、タッチポイントの種類、ブランドへの影響度（重要度）、印象の評価（ポジティブかネガティブか）などを記録するのだ。

4. コミュニケーション・コンテンツ

統合マーケティング・コミュニケーションでは、広告やPR、プロモーションという機能別の活動を、ブランドメッセージを伝える活動とブランドへのインセンティブを伝える活動の2種類に分けて考える。前者は、マス広告、PR、イベント、プロダクト・プレースメントなどの手法によって、ブランドへの好意を形成するメッセージ伝達を行う。メッセージを伝達するための施策をコ

ミュニケーション・コンテンツと言う。後者は、ブランド体験へ誘引するクーポンの提供や期間限定の値下げなどの特典を伝達することである。

　コミュニケーション・コンテンツという捉え方をするのは、テレビ広告や新聞広告のようにコピーやキャッチフレーズを伝えることだけがメッセージの伝達手段ではないからである。従来は、ブランド・コミュニケーションでは、メッセージ戦略とメディア戦略という分け方をしていた。テレビ広告や新聞広告を考えるには、その分け方でよいが、メディアが多様化してイベントやPRが重要になってくると、従来の考え方では十分ではない。イベントやPRでは、言葉によるメッセージだけでなく、全体のイメージが重要だ。言葉ではなくイメージや体験そのものもブランドのメッセージを伝える大事な手段だからだ。言葉によらないメッセージの伝達も統合マーケティング・コミュニケーションでは大事なのである。次に、コミュニケーション・コンテンツ戦略で近年注目されている手法を取り上げよう。

① 顧客サービスのメッセージ化

　高級車ブランド「レクサス」は、品質の高さに加え体験の提供で高級車イメージを獲得した成功例である。レクサスはトヨタがグローバル展開する高級車であるが、事業を開始した北米では単に製品であるクルマが評判になっただけでなく、ディーラーのサービス体制が競合製品に比べて優れていた点が顧客の高い支持を得た。顧客への24時間対応や無料洗車サービス、快適なディーラースペースなど、来訪した顧客に対して「至上の体験の提供」を目指した。

　その結果、長い間、顧客満足度調査で全米一位だった。米国ではクルマそのものは高級であってもディーラーの対応はあまり熱心ではないことが多かった。それに対してレクサスは、広告メッセージだけでなく、顧客体験の全てで最高のパフォーマンスを目指すことで強力なブランドメッセージを生み出すことに成功したのである。

② プロダクト・プレースメント

　プロダクト・プレースメントは、テレビ番組や映画の中で、ブランドを露出することで認知やイメージ獲得を狙う手法である。情報番組でMCやゲスト

が座るテーブルの上にブランド名がわかるように飲料が置かれていることがあるが、こういう手法もプロダクト・プレースメントである。映画の中で女優が身にまとう衣装や宝飾品などもプロダクト・プレースメントの一例といえる。PR会社や専門のプロダクト・プレースメント会社が仕掛けることで実現する。露出効果については、視聴者数や観客数を調べて認知率を計算したり、イメージ効果を調査したりする。

③ ブランデッド・エンターテインメント

　ブランデッド・エンターテインメントとは、テレビ番組や映画の中にブランドを登場させながらコンテンツとの結びつきをより強めることで、イメージ構築を狙う手法である。コンテンツのシナリオ段階から関わることで、コンテンツのストーリーや世界観をブランドのイメージ構築に最大限活用する。

　必ずしも言葉に頼らなくてもメッセージを伝え、イメージを構築することが可能である。

④ ブランデッド・コンテンツ

　ブランデッド・コンテンツとは、ブランデッド・エンターテインメントと同様に、映像などのコンテンツの力を利用してコミュニケーションを目指す手法である。コンテンツの種類はテレビ番組や映画には限らない。ネットを利用した映像やイベントなどもコンテンツの範囲に含まれる。

　ブランデッド・コンテンツとして有名な事例は、ナイキ（NIKE）の「The Last Game」である。これは、2014年ブラジルで開催されたサッカーワールドカップの直前からオンエアされた長編アニメCFで、「本物のサッカーを取り戻すために」スーパースターの選手達が活躍するストーリーのアニメーションである。

　2015年にカンヌライオンズのヘルス＆ウエルネス部門で銅賞を獲得したカゴメのウエアラブルトマトもブランデッド・コンテンツの事例である。東京マラソンのタイミングに合わせてイベントとWeb動画で展開したもので、ロボットスーツを装着して走りながらトマトを食べる様を描いて話題を呼んだ。

⑤ ネイティブ広告

　ここで1つ留意点を述べておく。これらの手法は広義に捉えるとネイティブ広告と呼ばれるジャンルに隣接した手法と考えることができる。ネイティブ広告とは、広告らしいスタイルではなく、記事や番組の中であまり区別なくブランドのメッセージを伝える手法のことであるが、近年はステルスマーケティング（ステマ＝消費者に宣伝と気づかれないように宣伝行為をすること）との関連で広告表記や広告主を明示するなどのルール作りが議論されている。ブランデッド・コンテンツの手法でも同様なポイントには留意する必要がある。

5. 参加と共創戦略

　次に、コミュニケーションの実行にあたって生活者の参加や共創の考え方を取り入れた事例を紹介したい。生活者と対話したり、企画や運動に参加してもらうことでブランドへの共感を狙う手法である。

(1) 生活者との共創

　生活者との参加をコミュニケーションに取り入れる戦略や、生活者と共創（協働して創り上げること）する戦略は、コトラーが主唱する「マーケティング3.0」の中核コンセプトで、現在大きな注目を集めている。このような戦略が注目されるのは、IT社会が進展し、生活者の意思表明や生活者同士の連携が容易になり、大きな力になってきたからである。

　従来のマーケティング・コミュニケーションは、企業からの情報が一方的に生活者に届けられ、その情報によって生活者が行動するという、情報に対して受動的な生活者の態度を前提とするモデルであった。一方、現在の生活者は、ブランドを使った感想をブログなどで発信し、それを参考に他の生活者が行動を起こす。生活者が別の生活者に呼びかけてイベントに参加したり、自分でイベントを企画して集客して実施したりと、能動的でアクティブな存在である。そういうアクティブな行動を無視するとコミュニケーションで問題が起きるが（例えば炎上など）、逆にアクティブな面を活用できれば大きな力になる。

(2) 口コミとソーシャルコンテンツ

単に情報を送り届けるだけでなく、情報を映画やテレビ番組、ネット配信の動画などのコンテンツとして創造するところまでがPRやブランドコミュニケーションの仕事になってきた。また、コンテンツを創造する仕掛けが広がる中で、ソーシャルコンテンツが大きな注目を浴びている。ソーシャルコンテンツとは、社会性をテーマとした、Web動画などのコンテンツである。テーマをソーシャルに置くことによって、一層生活者をひきつける力が生まれる時代環境になっている。

(3) イベントによる体験の創造

イベントなどの体験の創造も注目されている。ある時期、フラッシュモブという手法も注目されたが、街頭などパブリックな空間で多くの生活者が参加するパフォーマンスを利用したコミュニケーション手法である。内輪の参加者だけではただのパフォーマンスで、作り物を超えられないが、多くの生活者が参加することである種の社会的事実になったと考えることができる。

6. マーケティングROI

次に、マーケティング・コミュニケーションなどマーケティング施策の実行による効果を測定する方法について触れておきたい。経営上のKPI（Key Performance Indicator＝重要業績評価指標）が重視される時代においてはマーケティング施策にも効果が求められる。

その1つの指標が「マーケティングROI（Return on Investment）」である。これは、マーケティング投資に関するリターン、すなわち投資効率を意味する。マーケティング全般の投資効率を把握すると同時に、個別のマーケティング施策の投資効率を把握することも含まれる。投資効率の把握には短期的効果（1年以内の効果）や長期的効果（1年以上）があるが、ここでは主に短期的な投資効果を取り上げよう。

ROIとは財務用語で、「リターン÷投入コスト」で計算される。したがって、

マーケティングROIの場合も、「マーケティングによって得られた成果÷マーケティング費用」となる。

$$
マーケティングROI = \frac{マーケティングによって得られた成果}{マーケティング費用}
$$

　マーケティング費用の把握は難しくないが、成果の正確な把握には困難が伴う。売り上げや利益、市場シェアなどはわかりやすい成果指標であるが、これらの指標のうち、どこまでがマーケティングで生み出されたかを正確に把握することは難しい。なぜなら、通常はマーケティング費用と無関係に一定の売り上げや市場シェアは獲得できるからである。マーケティング以外の活動（セールスマンの活動など）や過去のマーケティング活動によっても売り上げや市場シェアは獲得される。これらと「今期のマーケティング活動が生み出した成果」を分けることは難しい。

　逆に言うと、一定期間マーケティング投資を止めた場合の売り上げをベースライン（底値）として、そこからの差分をマーケティング投資の成果とみることができる。ベースライン（底値）が分かれば、それを基準に、ベースラインからの差分を測ることでマーケティングの成果を測ることができる。増分がマーケティング投資の成果とみる考え方である。ベースラインは統計的分析で計算することができる。その手法は分析会社によってさまざまでそれぞれ独自の統計分析手法をもっている。

　また、全体のマーケティングROIは把握できても、個別施策のROIの把握はより複雑である。マーケティングの成果は複数の施策の相乗効果によって生まれることが普通であるから、個別の施策が生み出した成果を把握することは難しい。

　近年はシングルデータと呼ばれるパネル調査データを分析したり、売り上げ等の成果指標と個別のマーケティング費用を分析する統計モデルを駆使することで、個別施策のROIの把握を可能にする手法が開発されている。

Ⅲ マーケティングの新概念

本章の最後に、マーケティング・コミュニケーションを取り巻くマーケティング戦略やコミュニケーション手法についての新しい潮流を取り上げる。生活者のより深い理解をベースに、生活者とブランドの接点をより豊かにするための考え方、施策であることが特徴である。また、これまでの社会貢献活動と異なり、ビジネスの本業を通して地域や社会とのより良い関係性を構築していこうという企業の動きも生じている。

1. 経験価値マーケティング

スターバックスやアップルなどは、戦略的にブランド経験を重視している。アップルが「アップルストア」を展開する目的の1つは、ブランド体験の創造である。「ブランド・アイデンティティからブランド経験へ」とブランドの個性（アイデンティティ）を重視してそれを認知させることから、ユーザーがブランドを使用したり、購入したりする体験を重視するということへ、体験重視型のコミュニケーションは実際広まっている。ブランド体験のためにイベントを企画する、ブランド体験機会の創造もコミュニケーション実行の範囲になってきている。ブランドの価値を認知することから経験することで生まれる価値へ転換してきたのである。

2. インターナル・ブランディング

コミュニケーションのターゲットに従業員や協力会社などのインターナルを挙げるケースが増えている。従業員などのインターナルをターゲットに、ブランドへの理解を深め、ブランドの目指す方向へ行動することを目的に展開されるのがインターナル・ブランディングである。理解を促すツールは、ブランドコンセプトなどを解説したブランドブックのほか、ブランド体験を深めることを議論するワークショップやブランド体験の改善を競うインターナル・コンテストなどがある。

第8章　マーケティング・コミュニケーションの実務　*189*

インターナル・ブランディングが注目されるのは、ブランド経験が重要になる中で、ブランドの経験を生み出すのは製品だけでなく従業員や協力会社などのインターナルが重要なケースがあるからだ。スターバックスのような飲食サービスや流通などは従業員の行動・態度も大きなブランド経験である。また、こうした体験型の業種でなくてもインターナル・ブランディングは重要で、従業員の企業へのロイヤルティを上げることやモティベーションを高めることに効果がある。企業の成長をもたらすイノベーション力を強くするためにもインターナル・ブランディングが効果的である。IBM がイントラネットを活用して全世界の従業員に参加を呼びかけてグローバルにブレーンストーミングなどのアイデア会議を実施するイノベーションジャムなどが有名である。

3. ソーシャルリスニング

生活者がブログなどで情報発信する時代では、ネットの中で自社や競合のブランドに関してどういう情報が流れているかを知ることはとても重要である。ネットの中の情報を調べて戦略に活かすことをソーシャルリスニングと言う。

ネットの口コミ情報や生活者の行動を探る際には、さまざまな解析ツールやトラッキングツールを使う。参加と共創のところでも触れたが、生活者と共創する上で状況をリスニング、傾聴することは重要な第一歩である。

4. 価値の創造－CSV と LTV

近年、生活者の意識や行動で顕著な変化として、社会的なつながりや社会貢献への意識の高まりが挙げられる。社会的なつながりへの関心の高まりは明らかにソーシャルメディアの隆盛が影響している。そして、社会的なつながりへの関心が社会貢献意識の高まりにつながっている。地球環境や貧困などの社会が抱える課題に対して何か行動で役立ちたい、社会に貢献している企業を応援したい、という意識は年々高まっている。生活者の社会貢献意識の高まりを背景に企業の活動に社会課題解決の視点を導入するのがソーシャル・マーケティングである。

190　Ⅲ　マーケティングの新概念

　最近では、CSV という経営戦略のコンセプトも注目されている。これは、ポーターが 2011 年に提唱したもので、「Creating Shared Value（共有価値の創造）」の略語である。共有価値とは、企業と社会の間で共有された価値のことである。つまり、CSV（共有価値の創造）とは、企業内部だけで通用する価値ではなく、社会と共有できる価値の創造を目標に経営することを意味している。企業の社会的責任（CSR）と対比して、本業での社会貢献ということを意味することもある。

　また LTV とは「Life Time Value」の略語で生涯価値と訳される。顧客が企業に価値をもたらす期間は、ある一時期だけとは限らない。例えば、以前は電化製品などは一度あるメーカーのものを買うとその後長い期間、同じメーカーの製品を買い続けるということが多かった。コーヒーも同様で、一度あるメーカーのブランドを購入するとその後長い期間同じメーカーのブランドを愛用する傾向がある。そういう顧客の人生を通して得られる売り上げや利益のことを LTV というのである。顧客のライフステージが変わるとそれまで購入していた製品を買わなくなることがある。顧客のライフステージの変化に対応して生涯付き合う関係を作るのである。食品企業やレストランチェーンの場合、これも LTV マーケティングの仕事となる。

　LTV マーケティングが注目される背景に、成熟市場が進む先進国で新規客を開拓する費用が年々高くなってきたことがある。それゆえ、既存顧客との継続的な関係構築が重要になってきたのである。

第9章 マーケティング・コミュニケーションの潮流

　マーケティング・コミュニケーションが目指す成果は、最終的には製品やサービスの売り上げに寄与することである。そのためには、広告のような企業からの一方的な情報発信による認知獲得のみならず、実際にその魅力をターゲットとなる生活者に、より深く、納得感ある形で理解してもらうことが重要だ。そのようなプロセスを経て、ようやく生活者がその製品・サービスの自身に対するベネフィット（効用・利益）を意識し、購買を検討し、実際の購買に動く可能性が出てくる。これを最終的なゴールとして、そのために何をすればいいのか、を検討していくことが必要となる。

Ⅰ マーケティングにおける KPI の考え方

　マーケティング・コミュニケーションにおいて、一気に売り上げに結びつくようなプランニングを行うのは困難な場合もあるだろう。中長期的な施策を必要とするケースもあるし、PRだけではなくさまざまなコミュニケーション手法との相互作用によって、成果が得られるものもある。したがって、そのコミュニケーションステージ（ステップ）において、どこまでの成果を目指すのかを最初に規定しておくことが重要だ。目標を生活者の「意識変化」とするのか、「態度変容」までを目標とするのか、「エンゲージメント（企業と生活者のつながり）の強化」とするのか、などを明確に設定しておくべきだろう。

1. バルセロナ原則 2.0

　マーケティングにおいては、実際に数値化できる成果が求められており、それはマーケティング・コミュニケーションにおいても同様だが、その成果をパブリシティ露出の量で測るわけではない。そもそも、広報・PR の目的は、一時的な話題を獲得することではないので、そこで満足してはならない。PR 活動は、常に継続性をもって行うべきで、成果を蓄積し、活動自体のノウハウも向上させていくことが望ましい。この視点を PR に関わる全員が共有し、企業活動としてしっかりとルーティン化していくことがその活動の継続性（サステナビリティ）には必要であるし、またそれを組織的に取り組むことが重要である。

　ここで、コミュニケーションの国際的な効果測定・評価団体が採用している成果指標のフレームワークを紹介する。それは、世界の PR 実務家が所属する業界団体、AMEC（The International Association for Measurement and Evaluation of Communication）が定めたコミュニケーションの効果測定に関するフレームワークで「バルセロナ原則」と呼ばれている。

「バルセロナ原則 2.0 にまとめられた 7 つの原則」

1. ゴールの設定と効果測定はコミュニケーションと PR にとって重要である。
2. アウトプットだけの測定よりも、むしろコミュニケーションのアウトカムを測定することが推奨される。
3. 組織のパフォーマンスへの効果は測定可能であり、可能な限り測定すべきである。
4. 量と質を測定・評価すべきである。
5. 広告換算値はコミュニケーションの価値ではない。
6. ソーシャルメディアは他のメディア・チャネルとともに測定可能であり、測定すべきである。
7. 測定および評価は、透明性があり、一貫性があり、有効なものであるべきである。

第9章　マーケティング・コミュニケーションの潮流　　*193*

国際的な PR アワードでも、よくこの指標が審査行程において確認され、成果評価される。この7つの原則は、2015年9月に更新され、「バルセロナ原則2.0」として発表されているが、更新のポイントと併せて解説していきたい。

全体を要約してみると、「PR にはゴール設定と、その効果測定が必要であり、その指標はパブリシティのような露出ではなく、しっかりとしたビジネス的成果で測られるべきだ。メディア露出の広告換算は成果ではなく、メディアの報道露出量よりも、成果に繋げるためのきちんとした質的コントロールがされているかが重要だ。昨今は、ソーシャルメディアなども評価の対象に入れなければならない。それらの評価指標は透明性・一貫性を持つべきである」ということになる。PR 活動の KPI（Key Performance Indicator：重要業績評価指標）を問われた場合、常にここに立ち戻るべきである。各項目を見ていこう。

原則1：ゴールの設定と効果測定はコミュニケーションと PR にとって重要である

「バルセロナ原則1.0」（2010年）は、もともと PR 領域に特定されて書かれていたが、昨今のコミュニケーション全般の融合を鑑みて、今回の改定で「コミュニケーション領域」が、その対象に加わった。ゴール設定も、効果測定も、PESO（Paid, Earned, Shared, Owned）各種メディアを含めて行われるべきであるとされている（**図表9-1**）。多くの場合、コミュニケーション施策そのものに、PR 視点が盛り込まれるようになってきている。コミュニケーション施策は、さまざまなメディアが互いの特性を生かしながら融合しており、それぞれの領域の境界線があいまいになっている背景もある。

原則2：アウトプットだけの測定よりも、むしろコミュニケーションのアウトカムを測定することが推奨される

これまで、PR 領域におけるある種の成果と思われていたパブリシティ（アウトプット）に限らず、ビジネス的、実質的成果が求められるべきである、という趣旨である。パブリシティ露出や、さらには広告的なコミュニケーション

194　I　マーケティングにおける KPI の考え方

【図表 9-1　相互に影響を与え合う PESO モデル】

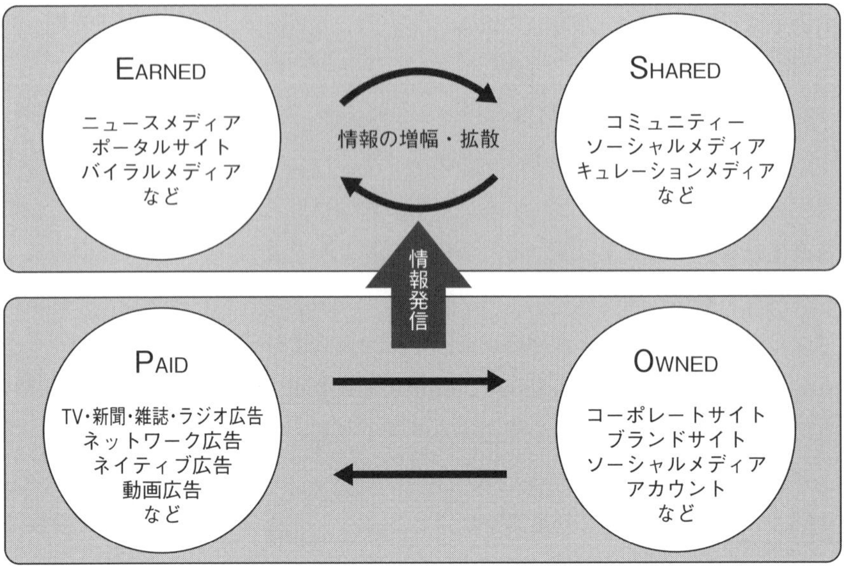

EARNED

ニュースメディア
ポータルサイト
バイラルメディア
など

情報の増幅・拡散

SHARED

コミュニティー
ソーシャルメディア
キュレーションメディア
など

情報発信

PAID

TV・新聞・雑誌・ラジオ広告
ネットワーク広告
ネイティブ広告
動画広告
など

OWNED

コーポレートサイト
ブランドサイト
ソーシャルメディア
アカウント
など

電通パブリックリレーションズ作成

施策においても、「出したら終わり」では、もはや意味をなさないということが世界的に謳われているわけだ。「CM を流したのでこれだけの生活者に情報が届いたはず」「イベントで〇百人、〇千人が参加したから効果があるはず」といった、プロセスにおける数字のみで成果は語れない。全ての施策において、実質的な成果測定を包含すべきと主張している。

原則 3：組織のパフォーマンスへの効果は測定可能であり、可能な限り測定すべきである

　キャンペーンが、組織のパフォーマンス向上に対してどのように寄与したかについてもできる限り測定すべきという意味である。ここで言うパフォーマンスとは、「売り上げ」や「寄付金の増加」、「合意形成」「規制緩和・規制強化などの法令改定に向けた世論形成活動」などを含む。欧米の先進的な PR 体制では、PR だけではなく、統合マーケティングキャンペーンのパフォーマンスが

第9章　マーケティング・コミュニケーションの潮流　　*195*

一元的に管理できている。大手企業や、それに協働する広告・PRエージェンシーなどで行われる、全てのコミュニケーション施策が最終的には単発ではなく、企業全体の底上げに寄与するべく連動すべき、という主張だ。そのためにも企業側および協働するエージェンシーのPRの実務家は、マーケティングおよびコーポレート・コミュニケーションの統合的な相互作用をより深く理解しておかなければならない。また、企業の宣伝部、広報部、事業部など、部門ごとの縦割りで進みがちな活動は、全体最適を目指して連動しなくてはならないはずだ。この連動は、その活動の効果測定にあたっても同様で、そうでなければ、組織全体のパフォーマンスへの効果測定には至らないだろう。

原則4：量と質を測定・評価すべきである

　パブリシティの量的な成果の達成のみに言及しがちであるが、背景をしっかり把握し、その成果に寄与したPR活動の質的側面を明らかにすべし、という主張である。ポジティブ、ネガティブ、ニュートラルなど、質的に内容を把握する必要がある。それらを分析してみれば、全ての露出が必ずしも成功だと断定はできないはずだ。獲得したパブリシティに評価を与える場合、発行部数やメディア・インプレッション（視聴者の数）や広告換算を基準にするケースがあるが、それは、掲載内容がポジティブであるという前提で成り立っている。しかし、質的な成果測定のプロセスなしに、本質的な成果を検証することはできないので留意したい。量的指標を成果にする場合には、その質をしっかり確認すべきである。

原則5：広告換算値はコミュニケーションの価値ではない

　ここでは、広告換算はPRの実質的成果として評価できないとしているばかりか、コミュニケーション施策全体の効果としても意味がない、と強く明言している。これについては後述する。

原則6：ソーシャルメディアは他のメディア・チャネルとともに測定可能であり、測定すべきである

　ソーシャルメディアの影響というのは、その他の施策と同様の基準では判断しづらい状況にある。しかし、他のメディアやチャネルと一貫性のある方法で測定されるべきだろう。その際、閲覧数や「いいね！」の数といった量的なものだけを計測するのではなく、他のメディア同様、ここでも質的側面を評価しなくてはならない。しかし、そのための標準的な方法論は、現時点では業界内ではまだ確立されていない。

原則7：測定および評価は、透明性があり、一貫性があり、有効なものであるべきである

　最後に「バルセロナ原則2.0」は、量的測定は、信頼できるものであるべきであり、汎用性が高いものであることが望ましく、質的測定も信頼できるものになるべきであると述べている。

　例えば、ある企業のキャンペーンの効果を測定した手法が、他のキャンペーンに応用できないような評価軸では意味がない。他のキャンペーンにも活用できる基準を明確に持つことが、成果の信頼性にもつながる。これは一企業のみならず、広報・PR業界全体の課題でもあり、業界として汎用性の高い評価基準を策定することが望まれる。

　業界標準となる評価基準があれば、非常に効果的かつ効率的であるが、残念ながらいまだ統一基準が生まれていない。この「バルセロナ原則」は、評価基準ではなく、あくまでも「原則」を示したものである。PRの成果指標、ひいてはコミュニケーションの成果指標の統一は、これからも引き続き議論されていくべき業界の課題だろう。

2.　広告換算の考え方

　「バルセロナ原則」では、「広告換算はコミュニケーションの価値ではない」というスタンスが示されているが、マーケティング・コミュニケーションの効

第9章　マーケティング・コミュニケーションの潮流　　*197*

果測定として、今も日本で頻繁に活用されているのが「広告（費）換算」だ。

　この手法は、PR活動を通して獲得された各種メディアのパブリシティをそのオンエア尺や掲載サイズに応じて、広告の媒体費に置き換えて金額換算するものだ。換算の計算式は各社で異なるが、メディア別広告費との兼ね合いで計算式を作成し、比較するのが基本的な手法となっている。

　例えば、新聞の紙面で記事として紹介された時に、その記事の寸法を測り、その企業がその紙面に広告出稿したときの通常の広告費用（定価）と照らし合わせて何十万円分〜何百万円分などと算出する。テレビ番組で報道された場合は、その番組のネット数や視聴率などを勘案して、もし同条件の番組にスポットCMを同秒数、放映したらいくらになるか、計算する。よって、広告料金の高い人気番組や認知度の高い新聞・雑誌などで紹介されれば、この数値は一気に跳ね上がる。

　広告換算は、統合キャンペーン等において、各マーケティング手法に紐付いた「相対的効果指標の参考値」としてなら、算出する一定の意味があるが、問題点もある。

　例えば、オンライン・メディアが広告換算の対象となる場合だ。インターネット勃興期には、まだその威力を認められていなかったポータルサイトなどが、今では4大マスメディア以上の影響力をもつことがあるにもかかわらず、設定されている広告費自体が4大マスメディアより低いことがあるため、広告換算額が低く出てしまうのだ。この数値のみで価値が低いと見なすのは、大きな間違いだろう。また、従来のメディアであっても、公共放送には広告が出稿できないので、例えばNHKの番組で紹介されても、広告換算ができないという問題もある。さらには、通常、企業が広告出稿する際は、出稿回数によって割引価格が適用されることが多いにもかかわらず、広告換算は定価を基準に計算することが多いため、現実的な広告費よりも高い価値を示すようになる、といった課題もある。また、高額な広告換算を獲得すれば、どの番組、どの新聞、どの雑誌に露出してもいい、ということではないはずだ。広告であれば出稿しないようなメディアに掲載された場合でも、掲載されれば換算するという考え方

では、本来の PR の目的とはかけ離れた成果指標になってしまう。

　以上のような理由から、広告換算は常に疑問視されてきた。結局のところ広告換算は、「価値」ではなく「仮説の広告コスト」を算出しているにすぎない。

　そもそも広告換算とは、PR で獲得した「パブリシティ」を広告費として算出、把握したいという考えの下で、広まった手法だ。ここには、「正規の広告出稿費用をかけずに、パブリシティという手法によって広告同様のリーチを安価に獲得しよう」という思惑が隠されている。

　しかしパブリシティはあくまで PR の手法の 1 つであって、目的達成の過程にすぎない。PR の最終的な目的は、その露出を稼ぐことではなく、その先の「意識変化」「態度変容」にこそある。広告換算にばかり目が行き、その数値だけを PR の成果としてしまっている企業も多い。結果として、「パブリシティはたくさん出たが、製品の売れ行きや企業ブランドの向上にはつながらなかった」というような声を聞くことも多々ある。そもそも、「広告換算」という手法は、根源的な PR 活動における「効果指標」ではないのである。

　しかし、それでも「効果指標の推移を調べるための参考値」として使わざるを得ないということなら、最新の広告費に合わせて常に指標を改訂していくことを忘れてはならない（オンライン・メディアを含む）。また、これまで重視されてきた従来のマスメディアとソーシャルメディア上での情報拡散の価値についての議論もなされるべきだ。ソーシャルメディア上での情報拡散の価値についてはまだ研究の途上ではあるが、試行錯誤でトライする企業が増えてきている。次項ではそれらの手法も合わせて紹介していく。

3. KPI の考え方と具体的測定方法

　前述のように、広告換算は量的評価の参考値であり、バルセロナ原則でいわれるような「質的評価」についても考慮する必要がある。まだ業界標準としての絶対的基準というものは確立していないが、各企業が独自に研究、また PR 会社がそれに合わせて開発・実施しているいくつかの質的評価の手法をここでは紹介していこう。

（1）報道状況分析・報道論調分析

　パブリシティをメディア別に量的に測る「報道状況分析」や、その内容を把握して質的な視点でチェックする「報道論調分析」といった手法は、広報・PR業界内でのスタンダードな分析方法として、利用頻度は高い。特に後者の質的把握は、各報道が広報側（情報発信元）の立てた戦略の方向性に沿って正しく伝わり、表現されているかどうかを確認し、次の戦略立案につながるヒントを得られる点で有用だ。

　広告のような主体的な表現・発信とは異なり、メディア等の第三者を通じて情報がどのように発信されたのかを追いかけることは、広報・PRにおいて重要である。例えば、企業が伝えたかった内容とその報道に異なる側面があった場合、伝え方やタイミングに問題がなかったのかなどをきちんと検証し、PDCAサイクルを推進していくべきだ。これは日々のニュースリリースの見出しや説明文においても同様で、使用した業界用語が受け手の理解を阻害し、内容がうまく伝わらないなどという事態を招かぬよう、言葉の使い方なども含めて言いたいことを正しく伝える工夫や努力を重ねるべきである。

　また、露出された記事や報道の内容がポジティブなものか、あるいはネガティブに書かれているのか、ニュートラルな扱いか、などの内容の分析も必要だ。例えば、新聞やテレビの報道ではニュートラルに淡々と扱われたが、女性向けの雑誌やWebメディアなどのメディアではネガティブな報道が多かったとしよう。個々のメディアによって、そのニュースに対する向き合い方や理解の仕方、意見は異なるものだが、ある種のメディアグループにおいてこれらの違いが顕著になっているとすれば、そのようなメディアカテゴリーに対してのさらに詳細な説明行動が求められるかもしれない。

　すなわち、これらの分析を通じて、各メディアの性質や記事傾向、特性を把握することで、その後のコミュニケーションの改善に役立てることが重要なのである。また署名記事などを分析することにより、個別記者の取材テーマや興味なども大まかに把握することが出来るかもしれない。

(2) メディアオーディット（メディア・ヒアリング）

　前述の報道状況分析や報道論調分析は企業や製品・サービスについて、実際に記事化、報道された「露出」を対象に行う。しかし、最終的な報道にはならなくても、取材過程において記者の中で一定の心象や評価を得ている場合がある。そのメディアの心象や評価を聞きだし、まとめるのが「メディアオーディット（メディア・ヒアリング）」である。

　紙面やテレビ番組内での扱われ方とは別に、情報を受け取ったメディアの心象というのは大切な「質的評価」と言えるだろう。発信した情報に関して各メディアの記者が、おもしろい、今後期待したいと思ってくれても、メディアのスペースや時間は限られているため、報道されないこともある。また、大きな事件の影響で、取材内容が日の目を見ないこともある。したがって、「露出結果」だけを評価基準とするのではなく、実際のところメディアの記者たちが情報をどう捉えたのか、という「心象」もPR活動の定性的評価の対象として捉えられる。情報発信して、掲載されなかったとき、即座にあきらめるのではなく、その裏側の事情を把握することは、その後の活動においてきわめて重要なことである。記者の意見を吸い上げ、それらの意見を元に、PR活動を反省し、次の一手を考える。そんなヒントになる意見を常に吸い上げられるようなメディアとの関係性を作っておくのも非常に大切だ。この「メディア・ヒアリング」は、キャンペーン終了後に実施するだけではなく、企画前に行うことも重要だ。キャンペーンを計画する上で、自社が抱える課題・機会をメディアから吸い上げることができれば、より精度の高い戦略が立案できるだろう。

(3) ソーシャルリスニング

　テーマによっては、インターネットを重視した情報発信機会もあるだろう。その際にぜひ取り入れたいのが、ソーシャルリスニングだ。例えば、ネットメディアに掲載された記事がその後、ソーシャルメディアにおいて、生活者間の話題拡散にどうつながっているかを調査・分析したり、あるテーマに関して、生活者がどのような感想をソーシャルメディア上で表現しているかを調査・分

第9章 マーケティング・コミュニケーションの潮流　*201*

析することを指す。ただし、これも投稿記事やつぶやきへの賛同数や拡散数を見ただけでは「量的評価」となってしまう。これだけをそのまま PR の成果として提示しても関係者の納得感は得られないであろう。

　従来からリスク対応手段として、ネット上に書き込まれたネガティブ意見をウォッチする企業もあったが、最近ではポジティブ意見も拾い上げ、さらにそれを詳細に分析することが多い。「この製品のここが好き」「この機能はこういう使い方がより有効なのではないか」など、情報発信側の思惑とは違う形で生活者に理解され、生活者目線での新たなベネフィットが顕在化することもある。

　ソーシャルリスニングを使えば、生活者の反応をリアルタイムに把握することができるので、生活者に評価されている部分はより強く打ち出し、ネガティブな部分は方針を転換するなど、即時かつ柔軟に PR 戦略に反映させることが可能になる。併せて、どのような属性のグループに何が評価され、またどういう経路で情報入手、拡散されたかなどを把握することもできる。情報展開がリアルタイムでどう変遷しているのかを把握することで、ネットを介しての生活者の行動や発言が見て取れるし、また次の策もとりやすい。評価だけでなく、次の一手をどう考えるかという視点でも活用できる手法といえよう。

　ソーシャルメディアの分析で気をつけなければならないのは、キャンペーンそのものの評価で終わってはならない、ということである。キャンペーンが好意的に評価されていても、企業や製品の評価が好意的にならない、といった結果も見かけるが、これでは意味がない。手段を目的化してはいけない。構築した Web サイトや、実施したイベントが好意的に評価されても、ビジネス上の成果がでなくては何の意味もない。

(4) 情報接触前後の生活者パーセプション比較

　PR によって、生活者の意識変化や態度変容を実際に引き起こすことができたかどうかを把握する調査として有益なのが、「パーセプション比較」である。方法としては少し大がかりになるが、PR キャンペーン前後で数千の生活者サンプルの意識変化を比較するというものだ。

例えば、3カ月間のPRキャンペーン期間において、ターゲットに設定した生活者グループが日常どのような情報接触を体験し、さらにそれによって「商品に関心を持った」「買ってみたいと思った」「店舗に赴き購買検討した」「買った」などの行動をとったか、という相関性を見ていくものだ。生活者は日々さまざまな情報接触をしており、同期間にCMを見ている人もいれば、PRから派生したネットのニュースを見た人もいるだろう。街中のイベントや店舗のセールで製品を知ったのかもしれない。しかし、単体の情報接触をした人、複数の情報接触をした人を条件別に比較していくことで、個々の施策が生活者の意識変化や態度変容に及ぼした効果を導き出すことができる。細分化して分析をすることで「PRが及ぼす影響」が判明してくるのである。最近ではネットを通じて同様の調査をより安価に、スピーディに行うことも可能となっている。

こうしたパーセプション比較で各PR施策の影響力は示される。しかしそれだけで生活者が動いたと判断するのは尚早である。やはりさまざまな融合的な情報接触があってこそ、生活者の実際の行動につながる。ある調査では、CM単体に接触した生活者よりも、PR情報と複合的に接触した生活者の方が、来店意向率と購買検討率は数倍も高かった。もちろん製品・サービスに対する生活者の関心や、情報発信されている内容、社会的タイミングなどによって、これらの数字が異なることもある。しかし広告で、PRで、という単体ソリューションではなく、いかに各施策を成果のために有機的に結びつけて設計できるかが現代のコミュニケーションプランには強く求められるのである。

4. コーポレート・コミュニケーションとの融合

近年、マーケティング・コミュニケーションとコーポレート・コミュニケーションの融合が求められている。マーケティングにおける施策がコーポレートの価値向上にどう連動・寄与したか、という視点も持っておきたい。

例えば、新聞社が毎年行っている企業イメージ調査の各項目における自社評価ポイントや、地方自治体のイメージランキングなどの推移を毎年追っていくなどの方法もその1つだろう。新卒採用時の応募者数などの増減も指標になる。

全項目を向上させるというのも良いが、3カ年程度でまずは押し上げていくべきイメージ項目を設定し、そのポイント向上に寄与するような情報発信をマーケティング・コミュニケーションでも心がけていくことで、実際の施策の成果をトレースしていくことができるだろう。

また、実際の製品の売り上げと連動してみることはもちろん、それらが話題になることによる企業への期待値の高まりや株価の相関を見ていくこともできる。要は何をゴールとするかの設定が大切で、自社の指標をしっかり定めることが大切なのだ。

Ⅱ 「自分ゴト化」を導くコンテンツづくり

ブログやソーシャルメディアなどの利用率が高まるに伴い、世間に溢れる情報が加速度的に増加し、そのほとんどが消費されない状況になっている。総務省の統計データからの算出によれば、99％以上の情報が消費されずに生活者からスルーされているともいわれる。発信した側は、情報を送り出した時点でその情報がきちんと生活者に届いているだろうと安心しているのかもしれないが、実際は、多くの場合、情報接触はしているものの頭にも心にもその情報が歩留まっていない状況なのだ。この情報氾濫の時代には、情報を発信しただけで安心してはいけないし、その情報が届いた後、どのように受け止められ、実際に生活者の意識変化を起こすことができたのか、態度変容のきっかけを作ることができたのかを確かめつつ、継続的に働きかけることが必要である。

1. 情報受容度を高める活動

近年の生活者は、情報の受け取り方が極めて慎重になっているといわれる。その背景には、モノや情報が溢れ、購買欲求がわかないという時代性もあるだろう。発信者側が工夫をしながら発信している情報も、生活者側からは興味のないものに見えてしまい、接触時に無視されてしまうこともある。いずれにせよ、これらの情報に対する生活者側の受容度を高めておく必要がある。

(1) 自分ゴト化

生活者が「この情報は自分に関係があり、有用かもしれない」と思うこと、これを「自分ゴト化」と呼ぶ。自分ゴト化を促進するためのフックが発信側には必須となっている。そのフックを通じて、ようやく生活者はその情報に向き合ってくれるのである。

個々の生活者の興味・関心の範囲を調査・分析しながら、それに併せて自身のもつ情報コンテンツをさらにカスタマイズし、ターゲットとなる生活者専用の情報のように工夫できたらそのレスポンスは飛躍的に向上するだろう。ECサイトなどのリコメンド機能は、自動的にその役割を果たすように考えられたものだ。ただ、情報ピースを直接的に提示する買い物カタログ的なアプローチならそれでもいいのだが、もう少し踏み込んだ情報加工をしていこうとすると、さらに効率的なやり方が望まれるだろう。そこで考えたいのが、いかに多数の生活者の共通項を見いだすかである。

(2)「最大公約数」的共感の抽出

「自分ゴト化」を丁寧に行う必要がある一方で、発信する情報に対する生活者の賛同や共感をより広い対象から得る手法もある。広い対象において、当該製品やサービスに対する好意的な環境を作り出すことで、ターゲットの前向きな検討を喚起し、購買行動を促すことを狙うのだ。もちろん、ターゲットが購買までたどり着かなくても、情報に対する共感を得ていれば、別の機会に好意的な発言などの情報発信を引き出し、それが周囲に伝播していくなどの可能性も期待できる。このような共感をなるべく多くの生活者においてつくり上げるための工夫として、「最大公約数的共感」の発見を目指したい。

(3)「ソーシャル・グッド」も共感の創造が起点

2010年頃からコミュニケーション設計の世界的な潮流となった「ソーシャル・グッド」も、実はこの共感をいかに大きくつくれるかという発想が起点となっているといっていいだろう。「ソーシャル・グッド」とは、「社会にとって

よいこと」である。CSRなどの企業の社会的責任活動や、コーズ・リレーテッド・マーケティング（CRM）などの社会的イシューに取り組む活動が以前は主流であったが、現在では企業の事業活動としっかりリンクしている活動が、国際的な広告・PRを含むコミュニケーション領域で高い評価を得るようになった。企業のビジネスにはもちろん、社会にもプラスに働く活動ということだ。単なる社会貢献活動ではなく、それが最終的に自社の事業活動として売り上げや利益、企業のレピュテーションや製品ブランドの向上に寄与している優れた事例が数多く出てきており、またそうやってに企業と社会のWin-Win体制が構築されることで、仕組み自体も非常にサステナブルな（継続性の高い）ものとなってきた。

　ここで注目したいのは、共感のつくられ方だ。「ソーシャル・グッド」な取り組みが社会に評価されたのかといえば、「社会にいいことをしている企業」に対して、大半の生活者、特に現在消費を牽引する大きな層となっている1980年代から2000年前後に生まれた「ミレニアルズ」（後述）が期待し、共感をもち、好意的に見てくれているからである。例えば、国連が常に問題提起するような「世界的食料問題」、あるいは多くの先進国が抱える「食の安全性の問題」や「ジェンダー問題」、新興国で発生する「子供や女性など、弱者の健康問題」など、国を越え、年齢・性別を越え、誰もが共通の問題として理解できる内容については、共感を得やすいということなのだ。これが、「最大公約数的共感」にあたる。このように、多数の生活者が関心をもち、共感してくれる課題やメッセージのうち、親和性の高いものを自社のコミュニケーション活動の本質部分とリンクさせていくのも1つの工夫といえる。

2. ストーリーテリングによる理解促進

　多くの賛同・共感を得るための情報のつくり方について述べてきたが、さらに深い理解を促進するためには、もう一歩踏み込んだ「ストーリーテリング」が有用である。人は製品仕様などの無機質な情報よりも、自分と関わり合いのある文脈を含む物語の展開に引き込まれ、その過程において理解度を増してい

くものである。すなわち、個々の情報コンテンツを発信するだけでなく、製品をとりまく文脈や周辺情報が付加されている方が生活者には記憶に残りやすく、共鳴しやすい。

1つのコンテンツであっても「5W1H」のような付随情報を常に用意しておきたいものだ。「いつ、どこで、誰が、何を、なぜ、どのように」という製品やサービスに関連する背景情報は、生活者が会話をするときの構成要素となる。特に「Why（なぜ）」のような「理由」をひも解くための情報は、通常の会話でも焦点となってくる部分である。その語り口によって、納得や疑問、違和感や共感が生まれ、会話も弾むはずだ。製品やサービスがもつ「ストーリー」を顕在化させ、整理し、生活者がわかりやすく、語りやすくするように組み立てることがPRの要となる。

ストーリーづくりをそれほど難しくとらえることはない。製品やサービスがなぜ生まれたのか、そこにどのような生活者の課題や要望があったのか、そこに自社のどのような開発技術がマッチングしたのかなどを深掘りし、整理すればよい。また、開発背景のバックグラウンドに、企業のビジョン、経営姿勢などが存在しているのであれば、それを「ストーリー」に盛り込めばよい。さらに、社会背景や社会課題などもその製品やサービスと連動して、ストーリーに付加されていると話に厚みが出る。ターゲットの関心を引き寄せる、複数のフックを大小に関らず用意しておくことが重要だ。

ストーリーは客観的に作成することも重要だが、開発プロセスにおいて生まれたひらめきや想いなど、エモーショナルな情報を入れる工夫も有効だ。「最大公約数的共感」の手法とは逆に、あるコアなターゲットをいくつか設定し、それぞれのターゲットに共感されるような文脈や周辺情報を付加していくことで、より生活者が共鳴しやすいストーリーとなることもある。もちろん脚色や過大表現があってはいけないが、ストーリーの細部に納得感が持てるかどうかがストーリー全体の正当性にも直結するのだ。

このような「ストーリー」に納得感をもった生活者は、ブランドの強い味方となる。また、「ストーリー」に共感してくれた人は、自らそのブランドの「ス

トーリー・テラー」となり、このストーリーを人に語り、納得して拡散してくれるかもしれない。共感からさらに深く引き込む「ストーリー」は生活者の態度変容まで促す際の大きな武器になる。

3. 新生活者グループの登場

近年は細分化する生活者をカテゴライズすることが非常に困難な時代になってきており新たな生活者グループも出現してきている。それが「ミレニアル世代」、そして「ジェンZ（ジー）」だ。

「ミレニアル世代」は、「ミレニアルズ」とも呼ばれる。「millennial＝千年紀」の意味で、欧米で象徴的に使われている「西暦1980年〜2000年に生まれた、デジタルネイティブな世代」の呼称だ。インターネットが普及した環境に育っているため、情報リテラシーに優れ、ソーシャルメディアを通じてさまざまな生活者やコミュニティとつながっており、そのつながりは国境を越えてグローバルに展開している。流行にも敏感だが、実際に消費する前にはネット上の情報や動画等での疑似的体験を通じ入念に検討する傾向がある。単一情報では決して動かない、非常に対応の難しい集団ともいえよう。情報について常に客観的で冷静な目で見ており、各所からの意見を吸い上げ判断していくため、勢いや流行に流されない独自の評価基軸をもっている。しかし、周囲の生活者との関係性は良く、そこから得た情報には重きを置くなどの特徴もあり、この属性を理解しながら対処していきたい。

また併せて「ジェンZ」世代にも注目したい。「ジェネレーションZ」と呼ばれるこの世代は、「ミレニアルズ」よりもさらに若年層に位置し、2000年前後に生まれた世代を意味する。若い世代ではあるが、より社会的な価値に重きをおき、自らの体験を大事にする。すなわち、他者から発信される情報に左右されることなく、自身の強い評価基準をもっている層とも言えるのだ。これは彼らの親世代（ジェネレーションX：1960年代初めまたは半ばから、1970年代生まれの世代）が、彼ら自身で各種の課題に立ち向かわせ、また結果についても責任をとらせるといった独立自尊の精神を鍛える育て方をしてきたことが

208 II 「自分ゴト化」を導くコンテンツづくり

強く影響しているともいわれる。全てを現実的に見ながら、自らの目で確認し、体験したものだけを評価する世代なのだ。しかし、逆にそのような分析眼をもっているため、発信された情報が広告であっても、自身の価値観に沿っていれば素直に受け入れる余地がある。こうしたターゲットの特性を考慮して、ニュートラルにコミュニケーション手段をうまく活用すべきだということである。

4. レリバンシーのある施策

　PR の実務においては、事前に立てた戦略・アイデアを基に、いかにそれぞれのターゲット層に「自身に有用な情報」として向き合わせるか（自分ゴト化）が重要と述べてきた。ターゲットを単純なグループとしてとらえず、グループの中にある個々の考え方に目を向けていく必要がある。それらを理解した上で「共感を得られる共通項」を探していかなければならない。

　「共感を得られる」というのは「レリバント」であることである。「レリバント」という言葉は「適切な」「妥当な」「関連性のある」などの意味で、欧米のPR・マーケティング業界で頻繁に使われている用語である。要するに、ターゲット層が「自分にとって関連性のある情報だ」と思えるような（前述した「自分ゴト化」につながる）コミュニケーション施策をしっかりと検討すべき、ということだ。

　情報があふれる現代社会において、こちらが伝えたい情報にターゲット層を振り向かせ、共鳴させ、感情的コネクションを構築し、意識変化・態度変容を起こすには、既存の手法にとらわれず、新たな情報発信テクノロジーや、前述の新たな生活者群の存在も鑑みながら検討することが重要だ。接触するデバイスやメディア、響くメッセージはターゲットごとに異なることを肝に銘じ、「レリバンシー」のあるコミュニケーション設計を常に心がけたいところである。

第9章 マーケティング・コミュニケーションの潮流 *209*

生活者のインサイト発見による「共感」創出の事例
事例：P&G「#LikeAGirl」（2014）

「#LikeAGirl」はP&Gの生理用品ブランド「Always」（日本では「Whisper」として展開）が、「Like a girl（女の子みたいに）」という言葉を再定義し、女性のエンパワーメント（能力開花）を推進したキャンペーンである。「Always」は30年以上前にブランドがローンチされて以来、一貫して思春期にまつわる啓発活動を行ってきた。このキャンペーンに先立ちP&Gが行った調査によると、生理の始まりという体の変化のタイミングに約半数の少女が自信をなくしてしまうということがわかっていた。Alwaysのチームはカメラの前で、成人女性、少年たちに「女の子みたいに（Like a girl）」走ってください、戦ってみてください、あるいは、ボールを投げてくださいと問いかけてみる実験を行った。そうすると成人女性や少年たちはなよなよと走ったり、戦ってみたり、ボールを投げてみせた。一方、当の思春期前の少女たちはそれとは真逆の、非常に力強い振る舞いを見せつける。この対比により、「女の子みたいに（Like a girl）」という言葉に対し、いかに成人女性や男性が偏見に満ちた概念をもっているかが明らかになった。P&Gのチームはこの事実を示す3分間の動画を製作し、YouTubeに投稿した。この動画を見たものは、自分自身の固定概念、ステレオタイプ的な考え方に気づかされる仕組みとなっている。この動画は、見た人々の心を動かし、公開されて、最初の1週間で3000万回再生され、その後全世界で8500万回以上の再生を記録している。メリンダ・ゲイツ、チェルシー・クリントン、サラ・シルバーマンなど人権活動を行っている有名人がこの動画を見て、ツイートした。

この3分の動画はさらに60秒に編集しなおされ、6カ月後、スーパーボウルのCFとしてもオンエアされた。テレビの前にいた男性も女性も子供も大人もこのコマーシャルを見たものはみな、このスーパーボウルらしからぬ意外なコマーシャルに驚かされ、ショックを受けたことであろう。このような意外な広告を流すことにより、Alwaysのメッセージはより一層社会を変えることになったのではないか、と注目を集めた。

留意すべきは、このキャンペーンが、少女だけに向けてメッセージを発しているのではないことである。女性、母親、父親、そしてあらゆる文化を背景にもつ人々にメッセージを訴えていったことである。

P&Gの調査によると、16歳から24歳の若い女性の76%がこの動画を見て「Like a girl」の定義が変わったと答えている。また動画を見た男性の3人に2人が「Like a girl」という言葉を使う際、女性を侮辱しないか慎重になったと答えている。

このキャンペーンは女性たちに自信を取り戻してもらうことを入口にしながら、ブランドへのロイヤルティ強化も同時に図っている。特に女性は成人前に使っていたモノをそのまま使い続けるという傾向も強く、この時期に出会ったブランドは継続使用が望める。調査によると、思春期前の少女5人中4人が「Alwaysは"Like a girl"というフレーズの定義を変えることに寄与している」と答えた。

　この「Always」のキャンペーンのポイントは、自らインサイトを導き出したことにある。多くのブランドが行うCSRやコーズ・リレイテッド・マーケティングにおいては、NPOなどをパートナーとし、そのNPOがもともと取り組んでいる社会課題解決活動をサポートすることにより社会責任活動を行うというものが主流で、自ら「パーパス（目的）」を導き出すものは少ない。P&Gはこのキャンペーンにおいて、借り物のコーズ（大儀）ではなく、自らコーズを創造した。「少女たちが思春期に自信を失い、その自信喪失をその後の人生においてずっと引きずっていく」「性的なステレオタイプは我々の文化に根深く存在し、日常使う言語の中にも現れている」というパワフルなインサイトを自ら導き、その状況を変えることをブランドの目的としたのである。その後、ユネスコなどをパートナーとしてキャンペーンを展開して自らニーズを創造し、ブランドの強化に結び付けているところが画期的である。

写真提供：P&G（プロクター・アンド・ギャンブル）

第9章 マーケティング・コミュニケーションの潮流 *211*

5. ソーシャルメディア時代の PR の特徴

　自分ゴト化を促進するには、情報接触による納得感を高めることも重要だが、一番効果が高いのが実際の「体験機会」をつくり出すことだろう。訴求したい製品・サービスを「モノ」としてとらえた場合には、従来のサンプリングといった手法で体験を作り出すことができた。しかし、実際にそのモノからどのような現象が巻き起こるのか、それを起点にどのようなベネフィットを自身が享受できるのか、ということまでを実感してもらうためには、モノを配るだけでは不十分である。それは結局、情報接触後の「コト」への体験イメージを生活者に委ねてしまうからである。情報接触を図りつつも、その体験をより理想的な形で、また実感を伴う形で提供できるかによって生活者における情報の歩留まりが格段にちがうものとなることを理解しておきたい。

　さらに、このような体験をすることによって、ソーシャルメディアでの情報拡散も期待できる。もちろん体験したこと自体をきっかけに自身の感情を発信することを期待するわけだが、ここで注目したいのはその発信に込められる気持ちの強さである。例えば、気になった情報をほぼそのまま、自らの手を加えずに原文シェアされたものより、自身が納得を伴う体験を書き加えてシェアしたものの方が、格段にその伝わる力が強くなる。語る言葉には力が入り、イキイキとしたリアルな言葉がその体験を表現するために並び、気持ちまでも共有できるような内容になることが多い。すなわち、表面的に接した情報の単なる拡散よりも、体験を通じて深い納得・共感を得た情報の方が、シェアされるときの威力がまるで違ってくるのだ。そのため、最近ではさまざまな体験機会が設計されるようになってきている。

　リアルな体験創出を図るには、イベントとしての準備が必要で、費用もかさむ。なるべく多くの体験者を生み出そうとすれば、物理的に費用がかかるのは否めない。しかし、この体験を疑似体験に置き換えることができれば、その費用もある程度縮小できるかもしれない。その場合、あたかも「自分がその場にいたら、こんな感じになるに違いない」と思えるような仕組みを提供することが重要だ。例えば、映像やVR（バーチャルリアリティ）を活用することも疑

ソーシャルメディアを活用した疑似体験機会の創出の事例
事例：ツーリズムビクトリア(Tourism Victoria「Melbourne Remote Control Tourist」2014)

　個人個人の関心領域に併せて、ユニークな観光情報の提供に取り組んだのがオーストラリア、メルボルンの Tourism Victoria が展開した「Melbourne Remote Control Tourist」である。旅行を計画中の生活者のリクエストに応じて、実際の景勝地やレストラン、ギフトショップなどで本人に代わって体験し、その感想を伝えてくれるというキャンペーンだ。それらの体験はヘッドセットに組み込んだカメラで撮影され、動画でアーカイブされていく。リクエストした側は、豊かな景観に対する疑似体験者のコメントや、お店の人たちとの実際の会話をリアルな形で見ることができ、「この店員さんと話してみたい」といった具体的な感情まで生まれる。5日間で行われたこの取り組みには、158カ国 4000 の都市から約 9000 もの体験リクエストが殺到した。

　このように同社のサイトに蓄積された体験ムービーを見て、自分が旅する際のプランを選択し、オンライン上にオリジナルの旅行プランを作ることができる。同サイトには 500 以上のビジネスの場も紹介されており、このサイトを見て実際に現地を訪れた人が各スポットを利用するなど、商業的なレスポンスにもつながる工夫がされている。定番の観光プランではなく、オリジナルでプランを組み立てることができる一方で、現地リサーチによって一度トライアルされたスポットからプランニングできるというのは、効率を求める「ミレニアルズ」にフィットするやり方なのかもしれない。

Tourism Victoria「Melbourne Remote Control Tourist」　出典：Cannes Lions

第9章　マーケティング・コミュニケーションの潮流　　*213*

似体験を創出する手段として有効だ。視聴者が映像を見た時に、自身で体験しているような視点や角度で撮影されていれば、あたかも自分の目で見ているような感覚になることもあるだろう。リアルな体験、あるいは質の高い疑似体験の仕組みを組み合わせて提供することによって、ソーシャルメディア上で、その"体験"をより効率的に拡散することができ、体験のリーチを増やせるようになるのだ。特にグローバル展開されるキャンペーンなどは、この手法によって飛躍的にコストパフォーマンスが向上することだろう。

Ⅲ PRにおけるターゲット設定

　広告等でコミュニケーション・ターゲットを事前に設定するのは当然だが、実はマーケティング・コミュニケーションのターゲット設定には少し異なる視点が必要になる。

1. PRにおけるターゲットの考え方

　広告のメッセージは、メインターゲットを絞り込み、そのターゲット・グループが一番興味・関心を抱くであろう製品・サービスの特長（USP：Unique Selling Proposition）を抽出し、クリエイティブな表現を施すことにより魅力的に伝える工夫がなされる。そのメッセージを直接届けるため、ターゲットが親和性をもって接触するメディアをリストアップし、リーチ効率の高いものを選択しながらメディア・プランニングし、テレビCMや新聞・雑誌広告、Web広告、街頭イベントなどを組み合わせていくことになる。すなわち、エンドユーザー・購買者となるターゲットにどうやって接触し、購買へと誘うことができるかに重点が置かれる。一方のPRは、いわば「将を射んと欲すれば先ず馬を射よ」といった考え方に似ている。広告によるメッセージ発信とは別に、最終的なメインターゲットの「意識変化」「態度変容」を促すため、周囲から固めていく作戦だ。

　例えば、ターゲットが「欲しい」と思っても、購買までの決断が滞る場合が

ある。そんなとき、ターゲットを取り巻く外部環境に影響を与える情報、例えば社会的なトレンド感を盛り上げることによって、購買意欲を刺激することにつながるかもしれない。あるいは、ターゲットの行動に何かしらの影響を与えるであろう人物、例えば家族、友達、仕事の先輩・後輩、尊敬する恩師などがターゲットと会話をする中で、購買検討を促す機会を作り出すことなども考えられる。広告とは異なり、直接的ではなく間接的に、ターゲットのみならずその周辺を巻き込みながら好意や共感を作り上げていくというのが広報・PRのターゲット設定と言える。このメインターゲット周辺に存在し、影響力をもたらし得る対象が「戦略ターゲット」である。

2. 戦略ターゲットを動かすための手法

　メインターゲットを動かすための「テコ」となるような存在である「戦略ターゲット」を見いだしても、1つのメッセージで「意識変化」「態度変容」まで引き起こすことは非常に難しい。そこまでの購買欲求がない生活者に対しては、意識変化から購買までの道筋を示し、その導線を設定し、全ての道程を丁寧に導く必要がある。オンラインショッピングサイトにおいては、一度買い物をすると、類似カテゴリーや類似製品が「あなたへのお薦め商品」としてレコメンドされる。表示された時には購入の意向がなくても、何度も接触しているうちに購買することもあろう。

　このスキームでは、ブランド側ではなく、ショッピングサイトが規定する形でメインターゲットに商品を提案してもらうという形にもできる。サイト訪問者の閲覧履歴データや、購買履歴データから、訪問者の好みやパターンを推測し、嗜好と関連性の高い商品アイテムやコンテンツを自動推奨するというステップを踏んでいくのである。メインターゲットにとって関連性の高い商品が提示されることになり、購買検討リストに保存し、購買に至る可能性も高い。一度チェックされた商品は、生活者がこのショッピングサイトを離れても、彼らが登録するソーシャルメディアやその他のコミュニティサイトにいくたびに、しばらく提示されることになる。

この仕組みをマーケティング・コミュニケーションに当てはめてみよう。メイン・ターゲットをきっちりと規定できる製品・サービスにおいては、広告メッセージを届けるメディアもかなり絞り込まれる。一般的な情報番組よりも、趣味性の高い深夜の番組であったり、専門誌・業界紙などの専門的な情報であったりする。しかし、彼らを取り巻くさまざまな属性の戦略ターゲットに接点を持つためによく用いられるのが、動画やそれらを閲覧・共有する、ガジェットなどの新たなメディアやアプリだ。

YouTube などに投稿された動画はインターネット上での拡散には非常に有効で、見て気に入ったら友達とシェアすることができる。ソーシャルメディアに投稿された映像ということで、シェアされた側も場所や時間の拘束をそれほど受けずに気軽に見ることができ、強い拡散力を発揮するのである。

3. BtoB 領域のターゲット

BtoB 領域では、直接的な情報提供で取引条件の交渉が行われ最終的な契約に至る。潜在ユーザーに自社の存在を知らしめ、発信情報に関心を向けてもらうための社会的プレゼンス向上のためにも、コーポレート・コミュニケーションが必要になる。

きわめてオーソドックスな BtoB の商取引は、相手のことをよく知る会社同士の商談や官庁の競争入札などである。製品やサービスの中身は、提案書などでわかっているわけで、多くの場合、業者選定の判断材料は納入価格や納品スケジュールなどになる。そんな中、前述のような、企業の信頼性をアップするコーポレート・コミュニケーションと併せて、より製品・サービスのクオリティに近いところでのアピールを行うこともできる。

また、これまでの取引範囲のみならず、新たな市場とのビジネスマッチングを探す取り組みも始まっている。もともとの商取引においては、当該製品・サービスの持つ、ベーシックなベネフィットを前提にそのセールスターゲットをある程度の範囲に定めているわけであるが、このようなターゲット選定に留まっている限りは新たなビジネスマッチングはなかなか開拓できない。自社製品や

サービスのベネフィットを、より広く社会や生活者に提示していくことで、BtoB の新たな取引機会が生まれてくる。BtoB 企業だからといって、地味なサプライヤーとしてではなく、社会や生活者に向けた対外的コミュニケーションを取り入れながら、知名度を上げておくことも今後のビジネス拡大には必須といえよう。例えば、以下のような手法で各企業の取り組みが始まっており、またその成果も見えてきている。

(1) これまでとは異なるジャンルへの進出

自社のメイン領域とは異なる業種の展示会に出展していくことで、新たなビジネスコラボレーションの可能性を探ることができる。実際、世界的な一大家電展示会において自動車業界の展示ブースが設置されている。かつて家電展示会の出展は、家電各社のホームエレクトロニクス部門が主流だったが、そこに EV 技術などの開発が著しい自動車業界なども進出し、新たなビジネスマッチング機会となっている事例もある。自社のメイン市場とは異なる領域にあえてプレゼンテーションし、そこで第三者企業を巻き込んだビジネスマッチングの可能性を探る取り組みとも言えよう。

(2) メジャーイベントやスポーツへのスポンサード

BtoB 企業が新しい市場に進出する際、知名度、信頼度が重要になる。建設建材のメーカーが国際的なスポーツイベントにスポンサードし、フィールド内の施設に自社建材を活用する設備を象徴的に展示した例もある。知名度が高まり、特に外国の新市場においての取引がしやすくなったという。

(3) ソートリーダーを目指した情報発信

新たなビジネスマッチングを想定したときに、当該業界においての存在感はとても重要だ。業界における序列によって、そのビジネス機会を得られるかどうかは大きく左右されることになる。ソートリーダー（Thought Leader：特定の分野でリーダーシップをとる企業）として業界内での第一人者に相応しい存在感を確立するために、自社のみならず業界全体を俯瞰した情報や先進的なアイデアの発信に注力する企業もある。セミナー開催や、オウンドメディアにおける情報拡充なども重要だ。

BtoB ターゲットのインサイト発見によるストーリー構築の事例
事例①：VOLVO TRUCKS「LIVE TEST SERIES」（2014）

ボルボ・トラックは、ボルボ・グループ（AB Volvo）の傘下にある企業である。典型的なBtoBの企業で、生産台数の90%以上を16トン超の大型クラスのトラックが占めており、世界第2位の大型トラック製造メーカーである。

ボルボ・トラックは2012年に新しい5種類のトラックを全世界で発売することになり、PRチームは事前にヨーロッパにおいて調査を実施した。トラックの購買者は購買決定において彼らの周りにいる家族や友人の影響を受けることや、購買決定には非常に感情的なものが伴うこと、さらに、購買者となるターゲット層は、トラックドライバー（エンドユーザー）から大手企業のCEOなど、多岐にわたることがわかった。

もともと、トラック業界は非常に保守的で、BtoB企業はバイラル・マーケティング（口コミによる情報拡散）など通常行わない。そこで、ボルボ・トラックは競合ブランドがやらないこと、つまり、バイラルビデオの制作によって新商品のマーケティング活動を行うことにした。計6本のビデオ「LIVE TEST SERIES」が制作されることになったが、その内容については、優れた機能や性能を提示しつつも、より広い一般生活者に到達するためには、見て面白いものであることが重要だと考えられた。ボルボ・トラックは、制作コストはカットせずに、広告費をカットしてPRで補いながら、全体の予算をおさえる努力をした。

最初のビデオ「The Ballerina Stunt（バレリーナ・スタント）」ではボルボFHシリーズの動きの正確性を見せるため、プロの綱渡り師を起用したビデオを制作した。2台のトラックが時速80キロで並行して走行し、その2台を綱でつないだ上を綱渡りするというもの。2台のトラックが全く同じスピードで走らないと、このスタントはうまくいかない。このトラックはトンネルに向かって進んでいくが、トンネルの入り口はレーンごとにわかれているため、トンネルにつく前に綱を渡りきらないと、綱渡り師の身に危険が及ぶというスリル満点のビデオである。

最後に制作されたのが「Epic Split（偉大なる開脚）」である。格闘家で映画俳優のジャン=クロード・ヴァン・ダムが、ゆっくりとバック走行する2台のトラックのミラーに足をかけ、徐々に足を広げ、最後には180度の開脚を見せるという内容である。このビデオでもボルボ・トラックの「ダイナミック・ステアリング」の正確さを見せるものとなっている。2台のトラックは、同じ間隔で、同じスピードを保ちながら、後方に走行していく。

制作したYouTube用の動画は再生回数が1億回を超え、800万回シェアされた。また、何千ものパロディ動画がアップされ、さらに5000回再生されることになった。ビデオは、全世界のニュースメディアでも2万件報道されるほど、話題となった。トラックバイヤーの購買検討率も46%増加した。さらにこのキャンペーンは社員のプライドや自信を高めるのにも一役買い、営業担当者に会話を始めるきっかけを提供する役割も果たした。

Ⅳ ソーシャルメディア活用術

現代は、ソーシャルメディアが台頭し、メディア環境が大きく変化しており、生活者の意識変化や態度変容を促すためには、さまざまなメディアを複合的に活用しながら情報発信をしていく必要がある。最後に、ソーシャルメディアを活用した広報・PR 手法について考えてみよう。

1．生活者の反応を知るための判断軸

ソーシャルメディアは、インターネット上でさまざまな参加者をアメーバ的に繋げることができる。つながった生活者同士の中で多面的に情報が流通するため、「情報流通のインフラ」として認識する方が正しいかもしれない。そして、これらソーシャルメディアを活用した広報・PR の事例として、動画サイトのPV 数を増やすための施策や、口コミ拡散を加速化するための仕組みだけが紹介される場合があるが、それらはあくまで単体のツール・サービスの活用である。最も留意したいのは、4 大マスメディアを包含した、より立体的な情報流通構造におけるソーシャルメディアの連動だ。

そこで、メインストリームにあるこれまでのマスメディア、あるいはソーシャルメディアといった各メディアが現在どのような形でお互いつながっているのかを象徴的な例で見てみたい。

例えばテレビパブリシティである。情報リーチという点からみると、ターゲット層によってはテレビという情報接触ルートは有益である。そして企業は、影響度が高い番組で自社製品やサービスを取り上げてもらうことを強く要望する。しかし今や、ダイレクトにテレビ局の担当者に情報提供するだけでは、扱ってもらえる可能性は高くない。テレビ局側でも、その情報を流すことでどれだけの生活者に影響を及ぼすことができるのか、視聴者がその内容に納得し、番組のファンになってくれるのかをいつも計算しているからだ。今や、テレビ局の興味も視聴率だけではない。自分たちが取り上げた情報が、いかに世の中にインパクトを与えたか、世の中を動かしたかを見ている。

そこで、提供される情報の中から、何を取捨選択するかがテレビ局側においても重要な意味をもってくる。生活者に有用な情報をより掘り下げて取材し伝えていこうとしたとき、その最新の判断軸として活用されるのがソーシャルメディアなのである。

例えば、テレビの生活情報番組などは、より生活に密着した「現象」を「社会や人」の実際の動きを交えて伝えていこうとする。その場合、やはり「モノ」だけではなく、その「モノ」から派生する「コト（現象）」を具体的な「画」として撮ることが求められるし、それらを評価するさまざまな「ヒト」が絡んでくる。この「モノ・ヒト・コト（現象）」をいかに抽出し、ストーリーとして構成していくのかが、テレビプロモートにおける力量と言える。そこで有効活用されているのがソーシャルメディアなのだ。ソーシャルメディアで話題になっているかどうかも、今やテレビ番組が企画を考える際の重要な判断基準の1つになっている。「実際に今、世の中で起こっているトレンドやブーム」をチェックして報道すると、テレビ番組の話題化にもつながるといったテレビ局側のメリットもある。このような状況も鑑み、テレビでの露出を目指した場合、やはりさまざまなメディアに目を配った包括的なメディア・プランニングが必要となる。テレビ露出へ繋げるためには、あらかじめソーシャルメディア上で話題化しておくことも必要な要素の1つだ。またその社会的なトレンドを信頼できる情報として補完するため、新聞や雑誌の記事、識者のコメントなどを組み合わせ、連携させることが必要だ。「メディアからメディアへの情報伝播」という構図を頭に入れつつ、各メディア事情を理解し、その情報連鎖を想像しながらプランニングしていくことが極めて重要といえよう。

2. ネガティブな情報拡散のリスク管理

ソーシャルメディアにおける情報発信に注力する一方、ソーシャルメディア上で何が語られているのかを理解することも重要となる。それが、「ソーシャルリスニング」だ。こちらが発信した情報が、実際に生活者の中でどう扱われ、理解されたか、またどの部分に共感を得られたか、あるいは反感をかってしまっ

たか、を常にウォッチすることが重要だ。特にソーシャルメディア上では情報の拡散性が高く、そのスピードも驚くほど速い。ネガティブな感情を抱かれ、拡散された場合のダメージは大きい。そのため、そのようなネガティブな受け止められ方や拡散が発生してしまったときに即座に行動できるような準備が必要になる。もちろん、リスクが発生した場合の対応はPRの実務家として備えているであろうが、ここでは「スピード」がカギとなる。リスクは初期対応が遅れれば、ダメージを後々まで引きずってしまうことが多い。全てが後手に回って取り返しがつかなくなることも多々あるだろう。そこで、そういったリスクの火種を迅速に発見できるような警戒態勢を怠ってはいけない。初期対応が早ければ早いほど、炎上する可能性を小さくできるのである。

3. ポジティブな情報の共感・拡散

　一方で、このソーシャルリスニングでポジティブな意見を拾って分析し、施策に生かすこともできる。発信した情報がうまく生活者に理解されているかどうかの確認という意味でも有益であるし、共感された言葉やシーンなどを把握することで、次の施策に反映することもできる。また、それぞれの生活者グループにおけるメッセージの理解度を細かく見ていくことで、発信したメッセージの効果や、属性別の受け止められ方なども分析できるだろう。もし最初に発信したメッセージが適切でなければ、即座に次のメッセージを発信することでリカバリーも可能だ。すなわち、企業にとってソーシャルメディアは、情報発信する際のインフラというだけではなく、インタラクティブに生活者からの情報を吸い上げることができる、双方向型の装置なのだ。

　「PR」の役割には、「広報（情報発信）」のほかに、情報を吸い上げる「広聴」という機能もあるが、まさにこれらをリアルタイムに、オンライン上で行うことができるのが、ソーシャルメディアの特筆すべき機能といえる。時に、この特性は製品改良などのヒントにもなる。生活者がつぶやくちょっとした不満や賞賛の声を拾い上げて製品改良に活かすことも可能だろう。

科目 C

コミュニケーション
と広報・PR実務

# 第10章 メディアの種類と特性

　本章では、広報・PR活動にとっては切り離すことのできないメディアについて述べる。ここでのメディアとは、主に報道メディアであり、従来型の新聞、雑誌、テレビから、近年主流となっているWebニュースまでを含む。またそれらに加え、企業が自社のオリジナル媒体として情報発信を行う、会社案内や各種レポート、自社WebサイトやSNSなどについてもまとめておこう。

I 新聞

　最も歴史があるメディアは新聞である。各家庭・各職場に毎朝毎夕、新聞が届けられるという「宅配制度」は、日本独特のものである。長年にわたり、全国津々浦々までニュースを届けてきた巨大なメディアについて概説する。

1. 新聞の特徴

　日本の新聞の特徴は、発行部数の多さである。近年は部数が減少したとはいっても、『読売新聞』約717万部、『朝日新聞』約475万部、『毎日新聞』約201万部、『日本経済新聞』約189万部であり（『ABCレポート2021, 1～6』より）、諸外国の新聞発行部数よりも圧倒的に多い。また、諸外国に比べて新聞に対する国民の信頼度も非常に高い。

　新聞のニュースが『Yahoo！ニュース』などに転載されることも多く、部数の多さと信頼度の高さから、新聞の波及力や影響力は大きい。「説得性」もあり、新聞は報道機関の代表と位置付けられる。読者は報道された記事を信頼して素

直に受け入れる傾向にあり、広報活動においても新聞は重要視すべきメディアといえる。

また新聞には「一覧性」があり、一般紙であれば、A2サイズの紙面にたくさんのニュースが詰まっている。掲載紙面や位置、見出しの大きさでニュースの価値がわかるし、一面の記事、特にトップの記事は重要であることが一目瞭然である。さらに、文字として残るため、テレビやラジオにない「記録性」も新聞の特徴である。さまざまなデータベースサービスによって記事検索ができるようになり、情報のアーカイブとしての機能も加わった。

ただし、近年ではメディア・スクラム（1つの事件に集団的に過熱した取材を行うこと）が問題視され、新聞社の報道姿勢に対する批判も高まっている。

2. 新聞の種類

新聞には、全国に読者をもつ全国紙、地域のニュースを中心とした地方紙、特定の業界や分野だけを対象にした専門紙など、さまざまな種類があり、発行部数も数百万部を毎日発行する全国紙から数百部しか印刷しない業界専門紙まで幅広く、読者の特性もそれぞれ大きく異なっている。

地方においては地方紙の影響力が大きく、中でも『北海道新聞』『中日新聞』『西日本新聞』などのブロック紙や、『静岡新聞』『高知新聞』『徳島新聞』『福井新聞』などの県紙は、各地域において非常に高いシェアを占めている。

3. 全国紙の組織体制

『朝日新聞』『毎日新聞』『読売新聞』『日本経済新聞』『産経新聞』は、広く総合的なニュースを提供し、日本中のほぼ全ての地域で宅配購読が可能なため、「全国紙」に分類される。「地方紙」との対比で「中央紙」と呼ぶ場合もある。

『朝日新聞』『毎日新聞』は、東京、大阪、名古屋（中部）、西部（九州）の4本社制、『読売新聞』は東京、大阪、西部（九州）の3本社制、『日本経済新聞』と『産経新聞』は東京、大阪の2本社制をとっており、各本社で新聞を発行している。そのため、記事そのものは同じでも、見出しや割り付けは地域によっ

て異なることが多い。一般に、政治面や国際面は全国共通の紙面が多いが、社会面や経済面は地元に関連する話題が注目されるため、ニュースの選択についても地域差が出やすく、例えば同じ日の『朝日新聞』で、大阪本社版の新聞に掲載されている記事が、東京本社版には掲載されていないこともある。

　新聞記事をつくる部署は「編集局」と呼ばれ、各社とも「政治部」「経済部」「社会部」「外信部」などの部署に分かれる。新聞社によって名称は異なるが、「生活情報部」「文化部」「運動部」「地方部」などもあり、「論説委員室」「国内支局」「海外支局」などを置いているところもある。各部署の担当内容は以下の通りである。

① 政治部

　主に国政を担当する記者が所属している。首相官邸や各省庁、また各政党の記者クラブに記者が常駐しており、政策決定の過程などを随時取材している。地方政治は各地方支局・支部の社会部が担当する。

② 経済部

　経済政策や各企業の活動などを取材対象としている記者が所属し、経済官庁や各業界団体の記者クラブに常駐している。企業と最も関係の深い部署であり、企業によるニュースリリース発表や記者発表会などの情報に基づいて記事を書くのも、経済部の記者である。経営トップの交代・決算発表・M&Aなどで企業が取材対象になる機会は多い。なお経済関連の部門であっても、日本経済新聞社は、「企業報道部」「経済部」「証券部」などに分かれている。

③ 社会部

　事件・事故や災害などを担当する部署である。警察や司法関連の記者クラブに記者が常駐している。企業に法令違反・事故・反社会的行為などが発生した場合は、社会部の記者の取材対象となる。平時においては、季節の話題や街の話題などについての記事も社会部が担当している。

④ 外信部

　海外支局から送られてくる原稿や海外通信社からの配信を日本国内に伝える部署である。新聞社によっては、「外報部」「国際部」などの呼称を用いている。

⑤ 生活情報部

　暮らしや文化を担当し、食品・ファッション・インテリア・健康など生活に関連する記事や、映画・演劇・美術・音楽に関する記事を書く部署である。新聞社によっては「文化部」「生活文化部」などの呼称を用いる場合もある。

⑥ 科学部

　科学技術や医療を担当し、新技術や新薬開発などのニュースを扱う部署である。新聞社によっては、「医療部」「科学医療部」などの呼称を用いている。

⑦ 論説委員室

　「論説委員室」に所属する「論説委員」は、社説や一面コラムを担当するベテラン記者である。「天声人語（朝日新聞）」「編集手帳（読売新聞）」「余録（毎日新聞）」「春秋（日本経済新聞）」などを執筆し、各新聞の論調をリードする重要な役割を担っている。

4. 新聞製作の流れ

　新聞記事が紙面を埋めているのは、記者一人ひとりが取材して記事を書き、デスクが編集して紙面構成をしているからである。基本的な流れを整理しておこう。

　日本には「記者クラブ制度」があり、多くの記事が「記者クラブ」に所属する記者によって書かれている。一般に新聞社の「記者」は新聞社に出勤することはなく、政治部に所属する記者は内閣記者クラブや衆議院記者クラブ・参議院記者クラブへ、経済部に所属する記者は経団連記者会や兜倶楽部へ、社会部は警視庁七社会や東京都庁記者クラブへと、それぞれ直接出勤している（ただし、生活情報部、文化部などの記者は本社へ出勤することが多い）。

　「記者クラブ」にいる記者は、現場の「キャップ」と相談しながら記者会見や発表資料（ニュースリリース）、独自取材などで得た情報を原稿にまとめ、本社の所属部署の「デスク」に送る。各部の「デスク」は複数名いて、毎日の朝刊と夕刊の紙面づくりを日替わりで担当する。「デスク」は、集まってきた原稿をチェックし、再取材や関連取材の指示を出すと同時に、どの原稿を記事

226　I　新聞

にするか、スペースの大きさはどうするかなどを決定して、原稿を「整理部」
へ回す。「整理部」では、原稿に大見出しや小見出しを付け、レイアウトをする。
同時並行的に原稿は「校閲部」でもチェックされる。

5.　朝刊と夕刊の締切時間

　新聞社の間では、印刷所に紙面を渡す時間を定めた降版協定が交わされてお
り、それに基づいて夕刊・朝刊の最終版の締め切りはそれぞれ午後1時半、午
前1時半が目安とされている。重大ニュースがある際には各社の話し合いによ
り降版協定が外され、締め切り時間は延長されるが、協定の解除には加盟社全
社の同意が必要となる。なお、最終版の締め切り時間が延長された場合、差し
替えられたページには、新聞によって「14版●」「▲」「S」などのようなマー
クが記載される。

　前述の通り、午前1時半というのは最終版の締め切りであり、地方への配送
に要する時間に応じて複数の締め切りがある。各版の締切時間の目安と新聞社
のスケジュールは**図表10-1**の通りである。なお夕刊のない産業紙や業界紙・
専門紙の締切時間は午後5時半ごろが一般的である。

6.　新聞の版と配布エリア

　新聞は、配達される地域によって、報道される内容や見出しが微妙に異なっ
ている。これは「版」が新しくなるたびに最新の情報に差し替わるためで、東
京で夕刊に載っている記事が、東北では翌日の朝刊に掲載されることは珍しく
ない。これは、東京から遠方になるほど原稿の締切時間が早くなり、遠方地域
では、遅い時間に起きたニュース記事の掲載が翌日回しになるためである。

　『朝日新聞』の場合、朝刊が12・13・14版の3版、夕刊も2・3・4版の3版
に分けて発行している。朝刊の記事が夕刊に、夕刊の記事が朝刊にダブらない
ように「版」もセットで考えられており、朝刊の12版エリアの地域の夕刊は
2版、朝刊13版エリアは夕刊3版、朝刊14版のエリアは夕刊4版が販売される。
地方では、夕刊が発行されていない地域もあり、そうした地域では前日の夕刊

第 10 章　メディアの種類と特性　*227*

【図表 10-1　新聞社（全国紙）の締切時間と業務の一例】

朝刊	
15：00 頃	朝刊第 1 回編集会議 ・ニュースの項目が揃う ・大まかなレイアウト検討
16：00 頃	デスク会（その日にどういう情報が出るかの確認）
16：30 頃	各部長による幹部会議で記事のバリューを検討
17：00 頃	デスクが出稿予定をまとめる
18：00 頃	朝刊第 2 回編集会議 ・追加原稿、最新ニュース原稿
18：30 頃	統合版締切
21：00 頃	11 版（早版）締切
22：00 頃	12 版締切
23：00 頃	
24：00 頃	13 版締切
25：00 頃	
25：30 頃	14 版締切
夕刊	
9：00 頃	夕刊編集会議
10：30 頃	2 版（早版）締切
12：00 頃	3 版締切
13：30 頃	4 版締切

記事と当日の朝刊記事を一緒に割り付けた「統合版」が配達されている。

7.　経済部記者の特徴

　次に、経済部に所属する記者の特徴をまとめておこう。広報・PR 部門と最も関わりの深い記者である。

① 業界別に担当が分かれている

　経済部記者は、企業や経済、産業などの視点で企業や行政機関、諸団体を取材する。業界別に担当が決まっており、金融、エネルギー、機械、建設、食品、流通など、各業界の記者クラブを基点に取材活動を行っている。

経済部記者は、ほとんどが本社へは出勤せずに所属の記者クラブへ直行し、通常は記者クラブに詰めてそこを拠点に活動をしている。記者会見での取材やリリース発表を受けて、必要に応じて追加取材や確認取材なども行う。

② 最新動向を取材する

企業動向の取材が専門であるため、決算、合併、人事、新事業、新技術、組織変更などの出来事を重視しており、常に最新動向に目を光らせている。トップや経営陣などへのインタビューや経営方針、経営計画、経営目標、新分野進出などの話題を取材するのも、主に経済部の記者である。

③ ニュース価値があるものは補足取材する

経済部記者へは、各企業の広報部門から多数の情報が届けられるが、記者はこれらの情報をそのまますぐに記事にしたりはしない。報道価値や時流への適合性、読者の関心領域などの複数の観点からチェックして、ニュース価値があると判断したものだけが記事にされる。その場合も、補足取材や関連取材を行って事実関係を確認した上で原稿を書くのが鉄則とされており、広報資料をそのまま転記することはほとんどない。補足取材の結果、事実誤認があったり、不確定要素があったりすれば、記事化は見送られる。

8. 社会部記者の特徴

社会部記者は事件・事故から街の歳時記まで広い分野を扱っている。主に警察、検察、裁判所の記者クラブに所属し、その日に起きた事件や事故の取材を行う。企業が関わる事件や事故の場合も社会部が担当となる。その他、季節の行事や地元のイベントなども取材対象としている。社会部記者の特徴は、次の通りである。

① 国民の「知る権利」を代表する

社会部記者には、個人の「知る権利」を国民を代表して行使しているという意識があり、国民が知るべき情報を「公共のメディア」を通して「知らせる義務」があるという基本スタンスで活動している。つまり、「社会の公器」という意識が高く、社会を代表して取材活動をしているという職業意識を持っている。

② 企業の不祥事を追及する

通常、企業の取材は経済部の記者が行うわけだが、企業の不正、法規違反、事故などについては、社会部の記者が取材する。社会部の記者は、企業は社会を構成する一員であると認識しており、常に社会正義や生活者の視点に立っているので、企業の違法な行動などを厳しく追及していくスタンスを持つ。

例えば、製品の欠陥で生命に危害を及ぼす可能性があると判断すれば、被害の拡大を防ぐために企業に徹底的な取材攻勢をかける。隠蔽を認めず、原因を追及し、解決策や改善策を要求したりもする。

③ 公共性のある話題を好む

平時の企業活動においては、社会貢献など公共性の高い活動や地域貢献などの話題は、社会部の記者が好んで取材するテーマとなる。人間性や人間愛にあふれる行動は、社会部記者の好む話題であり、社員のボランティアや人助けなどの善行を記事にすることも多い。

④ 取材範囲が広い

社会部記者の取材範囲は経済部記者よりかなり広く、企業絡みで事件や事故、スキャンダルなどがあれば、社会部の記者が取材に当たる。社会部の記者は社会正義を守るという意識が強いので、普段その企業を取材している経済部の記者より、はるかに厳しく不正を追及する姿勢で取材に臨んでくることが多い。

9. 記者クラブについて

記者クラブは、記者の取材の便宜に応えるために、官庁・地方自治体・民間経済団体などの施設内に設置されている組織であり、記者の取材拠点となっている。

記者クラブは、各メディアから派遣された記者によって構成される組織であり、個人名で登録されるのが原則である。記者クラブへの加盟の条件は、基本的には日本新聞協会の加盟社（新聞社・テレビ局・通信社）であるが、最近では外国メディアの加盟を認めるクラブも増えている。経済部、社会部、政治部の記者は、大多数がどこかの記者クラブに属しており、複数の記者クラブに重

複して所属している記者も多い。基本的に、記者会見などは登録していないと出席できないため、いざというときのために各社とも常駐記者の何倍もの記者を登録しており、常駐の記者ばかりでなく、名前だけ登録している記者も含まれている。

日本新聞協会の加盟社とは別の記者クラブもある。業界紙・専門紙をメンバーとする記者クラブや、外国メディアで構成する「日本外国特派員協会」などである。

記者クラブでは「幹事社」が外部との窓口役を果たすが、これは輪番制（2カ月交代が多い）となっており、記者発表や資料配布の採否、日時決定などを行う。また、記者会見では代表として最初に質問を行うことが多い。

「幹事社」が記者会見や資料配布の申込みを受けた場合、黒板にスケジュールを書き込むが、ここに書き込まれた案件は発表前に報道しないという紳士協定があり、これを「黒板協定」という。ただし、突発的な事案や緊急事態のときは、記者クラブのルールに縛られずに記者会見を行う場合もある。

Ⅱ 通信社・地方紙・専門紙など

全国紙とは別に、地方紙や専門紙など、新聞の種類は多数ある。また、媒体を持たずに取材して記事を配信する通信社もある。これらの関係を押さえておこう。

1. 通信社と新聞社の関係

通信社は、日本全国に取材網を持ち、海外の数多くの支局にも特派員を派遣し、世界中のニュースを集めて新聞やテレビ局、ラジオ局に記事を配信している。自社ではメディアを持っていないが、その取材網と影響力は大きい。日本には、「共同通信」と「時事通信」の2つの大きな通信社があり、海外の「AP通信（アメリカ）」や「AFP通信（フランス）」などと業務提携してニュース記事を配信している。

通信社によって配信されたニュースは、加盟する新聞社や契約しているテレビ局・ラジオ局がそれぞれ独自に選択し、記事として報道される。さらに通信社は、メディアだけではなく、官庁や企業と直接契約し、ニュース配信を行っている。ロイターやブルームバーグは金融情報に強く、ここでニュースとして流れた情報は投資家への影響が大きい。

2. ブロック紙・地方紙の特徴

東京・大阪圏では全国紙が圧倒的な発行部数を誇っているが、その他の地域ではブロック紙や地方紙が全国紙より多く読まれているところが多い。ブロック紙は、数県（広域）単位で発行される新聞で、『中日新聞』の約202万部、『北海道新聞』の約88万部など、全国紙に匹敵するほどの発行部数を誇る。愛知県の世帯数は約324万、北海道の世帯数は約280万（2021年）であるから、周辺県での購読を考慮しても、どれだけ地元への浸透率が高いかわかるだろう。『北海道新聞』『中日新聞』『西日本新聞』の3紙は、"三社連合"を組んで、記事を相互に利用したり、特派員の共同派遣を行ったり、東京に政治部や経済部を設けて独自の取材を行ったりしている。

地方紙は約60紙あるが、その多くが朝刊のみの発行である。地方紙の取材エリアは県内とその周辺が中心であり、国政・経済・国際・家庭などのニュースは「共同通信」や「時事通信」からの配信記事が大多数を占める。地方における全国紙の購読率は低く、地元新聞の浸透率は高い。例えば、『北國新聞』（石川県約47万世帯で約28万部）、『福井新聞』（福井県約29万世帯で約17万部）、『徳島新聞』（徳島県約31万世帯で約19万部）など、非常に高い購読率である。沖縄県では『沖縄タイムス』と『琉球新報』の2紙で県内シェアの9割近くを占めている。なお、発行部数はABCレポートによる。

3. 産業紙の特徴

企業・産業・経済・ビジネスなどに特化した編集方針を明確に打ち出しているのが産業紙で、『日経産業新聞』『日経MJ』『日経ヴェリタス』『Fuji Sankei

232 Ⅱ　通信社・地方紙・専門紙など

Business i（フジサンケイビジネスアイ）』『日刊工業新聞』などがある。各紙とも朝刊のみで全国紙のような版による記事の差し替えはない。

　『日経産業新聞』は、「工場（ものづくり）」「新製品」「デジタル」を報道テーマの三本柱として、最先端技術の開発、新製品、サービスなどに特化した記事を毎日 400 件前後掲載している。月曜から金曜の週 5 日刊である。『日刊工業新聞』も週 5 日刊である。

　『日経 MJ』の「MJ」はマーケティングジャーナルの略で、生活、消費、サービス産業をカバーしている。素材と技術、技術と製品、製品と消費者をつなぐ視点で、ビジネスの動向や消費トレンドを紹介している。2001 年に創刊 30 周年を記念して、『日経流通新聞』から名称変更した。月曜・水曜・金曜の週 3 日発行である。

　『日経ヴェリタス』は、金融と投資に関する専門紙で、金融市場の流れを読む「マーケット情報」、業界や注目企業の動向がわかる「経営情報」、株式・投資信託・年金などに関する「投資情報」などの記事がある。毎週日曜日のみの発行である。

4.　業界紙・専門紙の特徴

　各業界に関わる専門的な情報に特化した新聞が業界紙で、電機、食品、建設、流通、繊維、機械などの分野で、1000 種類以上の業界紙が発行されている。発行部数や発行形態は幅広く、数十万部の発行で新聞販売店を通して宅配されるものから、週に 1〜3 回程度の発行のもの、郵送やファックスなどで届けられるものなど、さまざまである。

　発行部数が少なく、取材対象と読者がほぼ同じ業界関係者であり、編集スタッフや取材記者が広告営業を兼ねている場合もある。同じ業界に長く携わっていて、全国紙のように数年ごとに担当が入れ替わるわけではないので、専門的な知識や業界内の事情に通じている記者が多い。業界紙には個別企業のニュースが掲載される可能性が高く、しかもその記事は、全国紙・全国誌の各分野の担当記者が目を通しているから、記事が出たことをきっかけにして全国紙の取材

を受けることもある。

5. スポーツ紙の特徴

スポーツ新聞は、その名の通りスポーツの専門紙であるが、政治や経済、事件・事故などに関するニュースも大きく扱うことがある。取材編集も全国紙に準ずる体制を組んでおり、「編集局」があり、各スポーツ専門の担当のほかに「文化部」「社会部」などの部署が置かれている。企業記事に関しては、スキャンダルや不祥事など話題性の高いニュースを得意としている傾向がある。

Ⅲ 雑誌

新聞の次に世の中に登場したメディアは雑誌である。週刊・月刊などの定期刊行物があり、「雑（さまざま）」な「誌面」という文字通り、娯楽的な読み物からビジネス誌まで、雑誌の種類は幅広い。

1. 雑誌の特徴

「雑誌」とは、定期的に発行され、ジャンル別のさまざまなニュースやイベント、技術、解説、人物、歴史などの情報を集めた出版物の通称である。文字通り雑多な情報をまとめた定期刊行物で、総合雑誌とターゲット別の雑誌に分かれる。臨時増刊号として、通称「ムック本」という雑誌体裁の書籍のような特別企画本が出ることもある。出版科学研究所の調査によれば、日本の雑誌の推定販売額（2020年）は年間約5576億円で、1997年をピークに下降を続けている。

雑誌は書店・駅売店・コンビニ等で販売されるほか、定期購読を受け付けている。定期刊行物を郵送する場合、第三種郵便として認可を受ければ郵送料が安くなる。重い印刷物を定期購読者に送付する場合など、正規の郵便より大幅に低額の料金で郵送できるのは大きなメリットだったが、近年は宅配便業者の配達サービスも拡充してきた。

2. 雑誌の種類と発行部数

雑誌の分類には、発行頻度別、ジャンル別、ターゲット別などがある。月刊か週刊か、ビジネス誌かコミック誌（漫画）か、男性誌か女性誌か、などの分類である。それぞれの雑誌の特徴を見ていこう。発行部数は日本雑誌協会（JMPA）の「マガジンデータ」（2018年1月〜3月）を参考にしている。

まず発行頻度別では、毎週発行される「週刊誌」、2週間に1回または1カ月に2回発行される「隔週誌」、毎月1回発行される「月刊誌」、2カ月に1回発行される「隔月誌」、1年に4回発行される「季刊誌」などがある。年間総発行部数が最も多いのは「月刊誌」で、発行点数も多い。

月刊誌では、『文藝春秋』が40万部以上の発行部数で他誌より圧倒的に多い。女性月刊誌は雑誌界の激戦区となっている。

次に多いのは「週刊誌」で、その大多数が1960年前後の週刊誌創刊ブームから続く人気誌である。『週刊文春』が約61万部、『週刊新潮』が約43万部、『週刊現代』が約40万部、『週刊ポスト』が約37万部と続く。こうした「一般週刊誌」は主に男性ビジネスマンを読者ターゲットにしてきたが、近年はこれらの雑誌は女性読者が30〜40%を占めており、『AERA』（約9万部）のように読者の中心が女性にシフトしつつある雑誌もある。また、写真週刊誌として、『FRIDAY』（約23万部）、『FLASH』（約18万部）がある。

ジャンル別では、一般週刊誌、ビジネス誌、コミック誌、ファッション誌などがあり、最も発行部数が多いのは男性向けの「コミック週刊誌」である。少年向けでは『週刊少年ジャンプ』が200万部に近い圧倒的部数で、『週刊少年マガジン』が約81万部、『コロコロコミック』が約79万部である。

3. 女性向け雑誌の特徴

いわゆる「女性週刊誌」は『女性自身』（約35万部）、『女性セブン』（約34万部）、『週刊女性』（約20万部）の3誌である。ファッションから生活情報まで扱う。総合情報誌として長く発刊されてきた。近年は生活便利グッズや料理の素材紹介から不祥事まで、企業に関連した情報を扱うことも増えてきている。

女性向け雑誌で最も激戦市場なのはファッション誌で、『Very』、『CLASSY』、『STORY』、『LEE』、『ViVi』、『MORE』、『Seventeen』、『non・no』などがある。いずれもターゲットとなる年齢層やライフスタイルが明確で、男性誌のような幅広いターゲットに向けた内容ではなく、固定読者をつかんでいる傾向がある。これが女性向け雑誌の特徴で、市場をきめ細かくセグメント化し、読者を絞り込んで誌面を編集している。年齢層だけでなく、主婦、ワーキングウーマン、独身女性などの生活形態や、趣味・ライフスタイルなど、各ターゲット向けの特集を組み、タイトル、ファッションの選び方などにも配慮して編集しているのである。女性のライフスタイルが多様化し、画一的なファッション誌が受け入れられなくなったため、雑誌が「マスメディア」からターゲット別の「ミディメディア」に移行したといえる。

4. ビジネス誌の特徴

　主要ビジネス誌は、月曜日発売の週刊誌が多い。『日経ビジネス』（約19万部）、『週刊ダイヤモンド』（約13万部）、『週刊東洋経済』（約9万部）、『週刊エコノミスト』（約7万部・自社発表）、『プレジデント』（約17万部・隔週刊）などがある。

　各誌とも特集記事に注力しており、企画の良し悪しが売り上げを大きく左右する。経済・経営・ビジネスなどを多面的に取材し、新聞よりも掘り下げた情報を報道している。不祥事についてもニュースとして取り上げ、大きな企業スキャンダルが起きると特集を組むこともある。

5. 生活情報誌の特徴

　最も発行部数が多いのは、JAグループの機関誌『家の光』（約52万部）である。次に、既婚女性を主要な読者対象とした『ESSE』『オレンジページ』『サンキュ！』『レタスクラブ』が続く。男性向けの隔週刊の雑誌である、『Tarzan』、『サライ』『BRUTUS』にも、ファッションや生活スタイルなど、オフビジネスの情報記事が詰まっており、ホテルやレストランなどの紹介記事も多い。

近年は「クオリティライフ誌」「カルチャーライフ誌」などの分野で、読者対象や読者の関心領域をセグメントした雑誌の創刊が相次いでいる。『日経おとなの OFF』『PEN』などに続く雑誌群で、編集キーワードを「大人」「OFF」「ボディ」などに設定し、独自の読者を獲得した。「温泉」「市場」「ホテル」などの特集が多く、逸品のお取り寄せ情報（通販情報）などを掲載、男の生き方を提案している。

6. 雑誌記事の取材編集体制

　一般雑誌の記者は契約ライターが多いが、ビジネス誌の場合は新聞社と同じように社員が記者として取材・執筆している。編集体制を大まかに説明しよう。

① 一般週刊誌

　一般週刊誌の取材編集体制は大きく二種類あり、『週刊朝日』『サンデー毎日』など新聞社系の週刊誌は社員である記者が、取材から原稿執筆、編集までをこなす。それに対し、『週刊文春』『週刊新潮』『週刊現代』『週刊ポスト』など出版社系の週刊誌は、取材は契約記者が行い、その原稿を社員編集者がまとめる形をとる。

② ビジネス誌

　ビジネス誌では、取材も編集も基本的には社員が行う場合が多い。取材した原稿をまとめるのが各編集部である。例えば東洋経済新報社では、各記者が担当する業界や企業を取材して、『週刊東洋経済』から『会社四季報』まで、自社メディアに記事を書く。編集部員は、特集の企画や記事の執筆、記者への取材依頼などを行う。

　ビジネス誌は月曜日の発売が多いが、各誌で企画会議の曜日は異なっている。毎週１回、デスクによる編集会議が開かれ、次号の確認や次号以降の企画を決定する。第１特集は１〜２カ月前に決めている場合が多い。

③ 女性週刊誌

　女性週刊誌では、速報グラビアやトピックスの編集において、新聞やテレビのニュースを受けて、それを深掘りするような企画を立てることが多い。一方

で実用記事の編集は、企画会議に編集者が各自のアイデアを持ち寄り、会議を経て決められる。こうした企画は、身近な友人との会話、芸能人や有名人の発言、季節感、流行・ブームの先取り、女性の悩み解決、などのアイデアも元になっている。最終的にどの企画を使うか決めるのは、普通の記事はデスクや副編集長クラスであり、大型のカラーグラビア企画などになると編集長が決めることもある。

Ⅳ テレビ

　1950年代に登場したテレビは、映像を伴った情報を全国一斉に届けられるメディアとして広く普及した。インターネットが出現するまでは、全国津々浦々に世界のニュースを映像として同時に伝えられるのはテレビだけであり、現在も大きな影響力を持っている。

1. テレビの特徴

　テレビの最大の特徴は、多くの人に同時に同一の情報を伝えることが可能なことである。新聞やラジオなどと比べると映像の情報量は極めて多いし、テレビの世帯普及率が100％に近いことを考えると、テレビ放送の社会的影響力は非常に大きい。

　多くの人がテレビを当然のように毎日見ており、テレビ番組への信頼を前提として、情報や流行の共通化・標準化が行われている。テレビで見たことが「理想モデル」「行動指針」「スタンダード」となることもある。

　総務省の調査（総務省情報通信政策研究所「令和2年度 情報通信メディアの利用時間と情報行動に関する調査」（2021年）によると、平日一日当たりのリアルタイムの平均視聴時間は163分（休日は223分）で、年々減少傾向にあったが、新型コロナウイルス感染症感染拡大に伴う在宅時間の変化もあり、2020年から微増している。また、高齢になるほどテレビをよく見ている。テレビは究極の「ながら」メディアであり、何か他のことを「しながら」視聴すること

238　Ⅳ　テレビ

が多いのが、新聞・雑誌や Web サイトとは異なるテレビの重要な特性である。

　テレビ放送は社会的影響力が大きいだけに、放送局には公共性を重視した責任が求められている。社会的な公序良俗に反するような映像は放映できないし、政治思想的にも不偏不党の中立性が要求される。

　しかし、テレビの公共性を維持するのは簡単なようで難しい課題である。NHK は公共放送であるが、民放局は主に広告収入で番組を制作している私企業である。いずれも、権力から自立した公正な言論が担保される場というジャーナリズム本来の機能に加え、視聴者への説明責任、メディアの公開性と自由なアクセスを保証することなど、多くの課題をクリアしなければならない。フェイク（偽）ニュースを意図的に流すことはジャーナリストとしてありえない行為である。

　番組の内容や編成方針をチェックする機関として、各局に番組審議委員会が設置されており、放送事業者は同委員会を定期的に開催し、編成の適否等について承認を得ることが義務付けられている。しかし、テレビ番組の情報が全て正しいわけではないことを忘れてはならない。意図的ではなくても、テレビは視聴者をミスリードすることがある。したがって視聴者の側にも、テレビからの情報を批評的に解読し、情報を再構築する力、つまり「メディアリテラシー」が求められる。

　「マスメディア集中排除原則」によって、複数のテレビ局を兼営することはできず、原則として新聞社の系列化も禁止されているが、例外規定によって、事実上はキー局を中心としたテレビ放送局と新聞社には極めて緊密な系列関係が存在している。日本テレビは読売新聞社、テレビ朝日は朝日新聞社、テレビ東京は日本経済新聞社が筆頭株主である。

　なお、各放送局は言論・表現の自由は保証されているが、公共性の高いメディアであるため「免許」という形で放送活動が認められている。同時に「自律的に放送番組の適正を図る責務」が規定されており、他のメディアとは比較にならないほど高い倫理性が求められている。日本民間放送連盟（民放連）と日本放送協会（NHK）は、1996 年に「放送倫理基本綱領」を定めている。

2. テレビ視聴率

　日本では、テレビ番組の成否を決める判断材料として、ビデオリサーチ社による視聴率調査を使うことが一般的である。同社の視聴率調査は、一般世帯から選ばれたサンプリング対象家庭に視聴率調査のための機械を設置して集計されている。

　調査対象世帯数は、関東地区が900世帯、関西地区・名古屋地区は各600世帯、その他の全国24地区が各200世帯ずつ、全国で総計6900世帯となっている。視聴率調査には、どのくらいの世帯でテレビをつけていたかを示す「世帯視聴率」と、性別、年齢別、職業別などの属性ごとの「個人視聴率」があるが、一般に視聴率と言う場合は「世帯視聴率」を指す。視聴率は1分単位で計測されており、関東地区でいえば、視聴率1%は約18万人に相当する。

　視聴率はリアルタイムで視聴した人の割合を表しているが、昨今はデジタル機器に録画して視聴する人が増えているため、正確な視聴率を反映していないという見方が広がり、2016年10月から、ビデオリサーチ社は「総合視聴率」を集計するようになった。これは、リアルタイム視聴と録画によるタイムシフト視聴を合計した数字である。ドラマの視聴率が倍近くに上がり、テレビ視聴の実態が明らかになったが、録画視聴の場合は早送りやCMスキップを行う傾向が強く、視聴率が広告費に直結しているスポンサー企業としては、総合視聴率が一般的になることについて、警戒感があるといわれている。

　なお、日本民間放送連盟の放送基準によれば、1週間のコマーシャルの総量は、総放送時間の18%以内と決められている。

3. テレビ局の組織

　テレビ局の組織は、編成部門、報道部門、営業部門、事業部門、技術部門、総務部門などで構成され、それぞれの担当に分かれて業務を行っている。バラエティ番組とニュース番組は、別の部門で制作されている。最近ではテレビ局の関連事業も多様化しており、映画事業部門、ライツ開発部門、デジタルコンテンツ部門、情報制作部門などを持つテレビ局が増えている。

240　Ⅳ　テレビ

① 編成部門（局）

編成部門は、番組編成（放送予定）を決める部門であるが、実際には番組制作にも強い権限を持っている。

制作会社への発注も編成部門の仕事で、番組の予算決めから企画会議、収録立ち会い、VTR のチェック、宣伝などに幅広くかかわり、実質的にプロデューサー的な役割を果たしている。

編成局の中には、ドラマ制作部、バラエティ制作部、情報部、スポーツ制作部、企画部、考査部、アナウンス部などの部門がある。

② 報道部門（局）

報道局は、番組制作とは別のセクションとして、局内で独立していることが多い。社員の記者が取材した素材を局内で構成して放送するのが基本形だが、ニュースにエンターテインメント性をプラスした「報道バラエティ」番組の増加によって、取材や制作を外部会社に委託するケースも増えている。

③ 営業部門（局）

民放局の場合、CM 枠をクライアントに売る営業局の役割は重要である。CM 枠には「タイム」と「スポット」があり、「タイム」はある期間のシリーズ番組を提供する形で広告を流すもの、「スポット」は番組と番組の間にあるCM 時間枠に流す広告である。ほかにプロモーションプラン作成、放送素材審査・管理・進行などの担当がいる。

④ 技術部門（局）

カメラマン、照明マン、音響マン、美術スタッフなど、テレビ関連の専門技術者が所属するのが技術局である。ただし、近年の民放局では現場スタッフの多くが派遣業者となっているため、技術局の社員は、こうした技術者チームの編成や発注管理などを主な業務としていることが多い。

⑤ 事業部門（局）

事業局は、放送局主催のイベントやコンサート等を扱う部門で、イベントと局の番組を連動させることで大勢の観客動員が期待できる上、番組の PR ができるばかりでなく、放送局の大きな収益元ともなっている。

⑥ ライツ開発部門（局）

著作権関連事業（ライツビジネス）に携わる部門がライツ開発局で、番組の
ビデオ化・DVD化や地方局への再放送の認可、キャラクターグッズのロイヤ
ルティ契約、ネット関連のコンテンツ権利にかかわる事業等が含まれる。近年、
インターネットやスマートフォンの普及や放送のデジタル化などによって、ラ
イツ開発局が扱う事業範囲は急速に広がっている。

4. 番組編成の流れ

番組編成とは、それぞれの番組の配置（どの時間にどの番組を放送するか）
を決めることであり、主に編成局の役割である。緊急事態において特別報道番
組をどの時間帯にはめ込み、どの番組の放送を中止するかの決定や、スポーツ
中継の延長などの判断も編成局が担う。

通常、まず1クール（3カ月）の大枠の編成を決め、さらに週単位、日単位、
時間単位と放送枠を決めていく。放送枠には、番組本編だけでなく、CMも含
めた放送全てが含まれる。また、番組制作に付随する制作費管理、番組宣伝、
著作権管理、番組考査などの関連業務も編成局の仕事である。

制作会社への番組発注も編成局の仕事で、台本やVTRのチェックなども行
い、番組のプロデューサー的な役割も果たすので、現場で番組制作に直接携わ
る制作局よりも、番組作りに強い権限をもっている。

テレビ番組の編成は、一般に4月と10月に改編されるのが通例になっている。
こうした制度が定着した背景には、番組を提供する多くのクライアントが予算
の切り替えを4月と10月に行うこと、タイム広告の広告契約が6カ月単位で
あること、プロ野球のナイターシーズン（4〜9月）とシーズンオフ（10〜3月）
とで編成を変更する必要があったこと、などがある。

5. 番組制作会社

テレビ番組の制作には、多数の番組制作会社が深く関わっている。番組制作
会社のスタッフは、パッケージ番組の制作と放送局への人材派遣の2つの形で

テレビ番組の制作に関わっている。

　パッケージ番組とは、番組制作会社が放送局から発注されて番組を全てまるごと制作する番組のことである。パッケージ番組では、制作会社が構成案の作成からキャスティング、スケジュール調整等までを主体的に行う。この場合、放送局所属のプロデューサーの役割は番組内容のチェックが中心となる。現在のテレビ番組の約7割がこのようなパッケージ番組であるといわれており、制作会社の果たす役割は拡大傾向にある。

　人材派遣業務とは、制作会社がテレビ局に、プロデューサー、ディレクター、AD（アシスタント・ディレクター）、カメラマン、美術などのスタッフを派遣することである。チーフプロデューサーと総合ディレクターだけが放送局の社員で、その他のスタッフは全て派遣社員という番組も珍しくない。ワイドショー、ニュース番組、報道番組、バラエティ番組、歌番組、ドラマなど、あらゆるジャンルの番組がこのような制作スタイルで作られている。派遣会社に所属せず、フリーの立場で番組制作に携わる者もいる。

Webニュース

　近年は、Webニュースの存在感が高まり、ニュースの速報をネットで知り、詳細もネットで検索する、という情報行動が増えている。パソコンよりもスマートフォンからWebニュースにアクセスするユーザーが圧倒的に増え、「モバイルファースト」を意識したWeb制作が主流となりつつある。

1. Webニュースの利用とその歴史

　「令和2年度 情報通信メディアの利用時間と情報行動に関する調査」（総務省情報通信政策研究所、2021年）によると、インターネットの平均利用時間は平日168分（休日は175分）で一貫して増加しており、全年代では、平日の「インターネット利用」の平均利用時間が「テレビ（リアルタイム）視聴」の平均利用時間を初めて超過した。平日に最も利用しているのは20代で、以下

10代、30代、40代、50代、60代という順になる。インターネットのポータルサイトによるニュース配信を通じて「ニュースを得る」とした人（全世代）は72.2%で、「ソーシャルメディア」によるニュース配信の46.9%、紙の「新聞」を通じて「ニュースを得る」とした人の43.7%より多い。一方で、「メディアとしての信頼度」については、「新聞」66.0%「テレビ」が61.6%、「インターネット」が29.9%である。

　Webニュースの歴史はインターネットの発展とともにあり、現在もなお激しく変貌を遂げつつある。NHKや全国紙がニュースのインターネット配信に取り組み始めたのは1990年代後半であり、Webニュースサイトの歴史は20年程度しかないが、その間に技術は大きく進歩し、Webニュースサイトと、そこに掲載されるニュースは質・量ともに拡充の一途を辿っている。

　主なWebニュースサイトを挙げると、「Yahoo！ニュース」「livedoorニュース」「NHK NEWS WEB」「日本経済新聞電子版」「YOMIURI ONLINE」「朝日新聞デジタル」「47NEWS」「東洋経済オンライン」「J-CASTニュース」「ハフィントンポスト日本版」などがある。

2. Web上の広報・PRメディア

　近年では、企業・団体等から発信された情報は、マスメディアや、ポータルサイト、まとめサイト、インフルエンサーによる情報発信など、さまざまな経路を経て、ネット上のニュースとして掲載されるようになっている。その概念を図式化したのが**図表10-2**である。企業や行政機関から発信された情報は、自社の公式サイト、マスメディア、ネット（SNSを含む）を経由してステークホルダーへ伝達されるが、マスメディアからネットへ、公式サイトからマスメディアへなど、情報の伝達には相互関連がある。

　Web上でニュースを提供しているメディアは、大きく2種類に分けられる。1つ目は、取材・記事制作を行い、Webやスマートフォンアプリでニュースを公開している「ニュース・コンテンツ・プロバイダー（ニュースCP）」で、2つ目は、複数のメディアが報じたニュースを整理・分類し、まとめて提供す

244　V　Webニュース

【図表10-2　企業・団体・行政等から発信された情報の伝達】

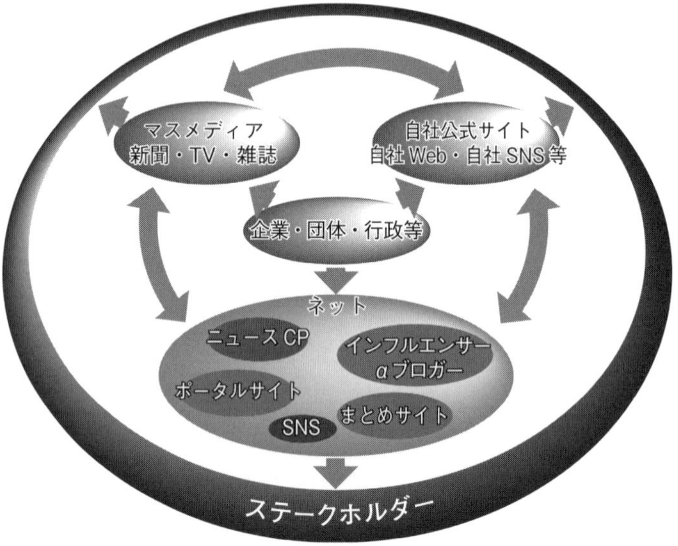

マスメディア
新聞・TV・雑誌

自社公式サイト
自社Web・自社SNS等

企業・団体・行政等

ネット

ニュースCP

インフルエンサー
αブロガー

ポータルサイト

SNS　まとめサイト

ステークホルダー

日本パブリックリレーションズ協会作成

る「ポータルサイト」「キュレーションメディア」である。

(1) ポータルサイト

　『Yahoo!ニュース』などに代表される総合ポータルサイトのニュースコーナーは、ニュースメディアとして大きな影響力を持っているといわれ、ここで企業ニュースが取り上げられると、その企業のWebサイトにアクセスが集中することもある。そのため、ポータルサイトのニュースコーナーへのニュース掲載を狙うパブリシティ活動は大きな注目を集めている。

　ポータルサイトのニュースコーナーには、さまざまな種類のニュースが大量に掲載されている。政治、経済、スポーツ、芸能、海外の情報から、評論などの読み物、IT情報やインターネット上のできごとなど、扱うニュースの種類だけでいえば新聞やテレビのニュース番組を上回る多彩さである。また、記事の本数も多く、さまざまなポータルサイトの記事数を合わせると一日あたり数

千件が掲載されている。

(2) ニュース・コンテンツ・プロバイダー（ニュースCP）

　ポータルサイトのニュース記事を書くのは、「ニュース・コンテンツ・プロバイダー」と呼ばれる企業に属する記者である。こうした企業に所属する記者が取材・記事執筆を行い、記事を有料でポータルサイト運営会社に提供している。自らもニュース記事を掲載するニュースサイトを運営し、そこにも記事を掲載しながら、ポータルサイトへの記事提供を行っている者も多い。

　ニュース・コンテンツ・プロバイダーからポータルサイトに提供された記事は、ポータルサイトのニュースコーナーを担当する編集者の手によって分類や関連リンクの追加などが行われ、掲載されることになる。　ニュース・コンテンツ・プロバイダーは複数のポータルサイトにニュース記事を提供している場合が多く、またポータルサイト側も複数のニュース・コンテンツ・プロバイダーからニュース記事の提供を受けている。

　ニュース・コンテンツ・プロバイダーを別の側面から見ると、大きく2種類に分けられる。

　まず、新聞社や通信社、テレビ局や雑誌社など、インターネット以外でもニュースを発信しているメディア運営会社であり、大規模で、ジャンルを問わず幅広いニュースを取り扱うことが多い。もう1つがインターネットでのみニュースを発信しているニュースサイト運営会社、情報サイト運営会社、ブロガーなどである。

(3) Webニュースのできるまで

　Web専業のニュースメディアの多くは、新聞などのように幅広い情報を網羅的に扱うことはせず、メディアごとに限られた専門領域に関するニュースを取り扱う。特に、IT、マーケティング・コミュニケーション、Web系のニュースに関しては、新聞やテレビよりニュースの種類が圧倒的に多く、盛んな情報発信を行っている。若い女性を対象としたコラムメディアも多く、どこまでが

厳密な意味でのニュースメディアであるかは議論が分かれるところだが、記事制作・発信体制はニュースメディアとほぼ同じであり、広報・PR実務の領域においてはニュースメディアと同様に扱われることが多い。

Web専業のニュースメディアが扱う記事の専門性は非常に高く、IT領域の中でも、例えば、クラウド技術だけを扱うメディア、モバイルテクノロジーだけを扱うメディア、アップル社製品のみを扱うメディアなど、多様に細分化されている。

この傾向は女性向けコラムメディアも同様で、美容だけを扱うメディア、ダイエットだけを扱うメディアなどがある。

Web専業のニュースメディアでは、人数が多くないこともあり、記事取材、原稿執筆、写真（あるいは動画）撮影、見出しの決定などを一人の記者が行うことが多い。これは大手マスメディアと大きく異なる点である。見出しがつけられ、写真が添付された記事は、すぐさま編集会議にかけられる。複数の編集者が、編集記者として各地を飛び回っていることも多いため、ChatWorkやSlackといったビジネスコラボツールを使って、記事ファイルを共有した上でチャットによる会議を行い、記事の編集を行うこともある。

記事の鮮度を重視するWeb専業のニュースメディアでは、記事の初稿が完成してからの編集作業をいかに短縮するかが運営課題となっており、さまざまな手法を駆使して、スピーディなニュース提供を心がけている。

3. 情報流通の構造変化

前述のように、あるメディアがニュース・コンテンツ・プロバイダーとしての役割とポータルメディアとしての役割の両方を持っていることはよくある。また、「Yahoo！ニュース」や「livedoorニュース」のように、以前から総合ポータルサイトの中のニュースを扱うコーナーとして運営されているポータルメディアと、スマートデバイスのアプリとして展開される「LINEニュース」などのキュレーションメディアとの境界線はさらに曖昧になってきている。実際、両者らは無数にあるニュース記事の中から編集者の視点で記事を選び、整理・

分類するという、ほぼ同じやり方で読者にニュース記事を提供している。

　さらに、生活者がニュース記事を読む際に利用するのはニュースサイトやニュースアプリだけではない。あるキーワードを検索して、ニュース記事にたどり着いたり、ソーシャルメディアのフィードに表示されたリンクをクリック（またはタップ）したりすることでWeb上のニュース記事を読むことも多い。

　ニュース情報は、インターネット上、そして紙メディアなどのオフラインメディア上で複雑に影響を与え合いながら、大都市に張り巡らされた道路のような道筋を通って、読者に届けられるようになった。

　この構造を情報流通構造と言い、Webにおけるパブリシティのみならず、あらゆる情報発信の際に意識しなければならなくなっている。

　広報・PRでは、長い間、インターネット上で情報を発信するメディアを「ネットメディア」や「Webメディア」と呼び、それらが共通した1つの特徴を持つメディアジャンルであるかのように扱ってきた。しかし、今やインターネット上で情報を発信するメディアの数は爆発的に増加しており、それらにインターネット上で情報を発信しているという以上の共通点を見出すのは難しい。

　また、情報発信の主体としての「メディア」という言葉と、情報発信そのものを司るシステムとしての「プラットフォーム」という言葉を巡る議論も活発になってきている。以下に挙げるのは、広報・PRの実務において、その概念を知っておくべき「メディア」や「プラットフォーム」である。

① バイラルメディア

　ネット上の情報メディアの中で、特にクチコミになりやすいであろうコンテンツを扱うメディアで、『grape』や『BuzzPlusNews』などがある。

② ニュースキュレーションアプリ

　インターネット上で公開されているニュース記事を、人的または機械的に収集し、整理した上で読者に提供するスマートデバイスアプリで、『SmartNews』や『Gunosy』などがある。

③ キュレーションプラットフォーム

　インターネット上に広く公開された文章や画像、動画などから、あるテーマ

に沿ったものを収集し、並べて掲載することができるプラットフォームで、『NAVER まとめ』などがある。

④ まとめブログ

Twitter や 2 ちゃんねるなどに投稿された不特定多数の書き込みの中から、サイト管理人の視点で抜粋したもので、真偽の入り混じった情報を集めたブログ形式の Web サイトである。

Ⅵ ソーシャルメディア

Twitter や Instagram はこの数年間で急激に普及し、毎日チェックしている人が増えている。こうした SNS の特徴と利用者の属性について、広報の観点からまとめておこう。

1. ソーシャルメディアの利用率

「令和 2 年度 情報通信メディアの利用時間と情報行動に関する調査」（総務省情報通信政策研究所、2021 年）によると、平日のインターネットの利用項目として「ソーシャルメディアを見る、書く」を挙げる人は 10 代で 61.3 ％、20 代で 69.5 ％と若い世代が圧倒的に多い。プラットフォーム別に見ると、全世代を通じて YouTube、LINE が多く利用されている。

ソーシャルメディア系サービス/アプリの利用率（全年代）では LINE が最も高く 90.3 ％、YouTube 85.2 ％、Twitter と Instagram が 42.3 ％、Facebook 31.9 ％、となっている。

また、スマートフォンの利用率は 92.7 ％で、これらモバイル機器によるインターネット利用時間は、平日 105.8 分（休日は 126.4 分）で継続的に増加しており、10 代と 20 代の平日の利用時間はいずれも約 3 時間で突出している。

2. ソーシャルメディアの種類

インターネット上には、複数のソーシャルメディアプラットフォームがあり、

第10章　メディアの種類と特性　　*249*

【図表10-3　主なソーシャルメディア系サービス / アプリ等の利用率（全年代・年代別）】

	全年代(N=1,500)	10代(N=142)	20代(N=213)	30代(N=250)	40代(N=326)	50代(N=287)	60代(N=282)
LINE	90.3%	93.7%	97.7%	95.6%	96.6%	85.4%	76.2%
Twitter	42.3%	67.6%	79.8%	48.4%	38.0%	29.6%	13.5%
Facebook	31.9%	19.0%	33.8%	48.0%	39.0%	26.8%	19.9%
Instagram	42.3%	69.0%	68.1%	55.6%	38.7%	30.3%	13.8%
mixi	2.3%	2.1%	3.8%	3.6%	3.4%	0.7%	0.4%
GREE	1.3%	2.1%	4.2%	1.2%	0.6%	1.0%	0.0%
Mobage	2.7%	4.9%	6.6%	2.4%	0.9%	2.4%	1.4%
Snapchat	1.5%	4.9%	5.6%	0.4%	0.3%	0.3%	0.4%
Tick Tok	17.3%	57.7%	28.6%	16.0%	11.7%	7.7%	6.0%
YouTube	85.2%	96.5%	97.2%	94.0%	92.0%	81.2%	58.9%
ニコニコ動画	14.5%	26.8%	28.2%	14.8%	12.0%	7.7%	7.8%

出典：「令和2年 情報通信メディアの利用時間と情報行動に関する調査」総務省 情報通信政策研究所（2021年）

　それぞれの利用者がそれらのプラットフォームを通じて情報発信を行い、また情報を受信している。

　ソーシャルメディアのプラットフォーム数は多いが、日本で多くの利用者がいる7種類は以下の通りである。

① Twitter（ツイッター）

　Twitterは140文字以内という短文による投稿を特徴とするソーシャルメディアプラットフォームである。2006年にアメリカでサービスが開始され、現在では世界中に広まった。個人だけでなく、行政機関、一般企業、ニュースメディアなどが情報発信に利用している。最大の特徴は匿名性で、気軽かつ簡潔に投稿を行うことが可能なため、リアルタイム性の高い情報を発信するのに適している。

② Facebook（フェイスブック）

　Facebookは、2004年にアメリカのハーバード大学の学生3人が創業し、今や世界最大のソーシャルメディアに成長した。

　ユーザー登録を行い、個人のプロフィールを作成し、他のユーザーとメッセージを交換したり、共通の関心を持つユーザーグループへ参加したりすることができる。また、実名登録が基本で、友人関係以外は閲覧できないようにロックをかけることもできる。

近況報告から写真や動画の共有、Web ページのリンクの紹介、アプリケーションの利用など、さまざまな用途に対応しているのが特徴で、企業や団体が、公式な Facebook ページで情報発信を行うケースも多い。

③ mixi（ミクシィ）

mixi は、2004 年に日本で始まったソーシャルメディアプラットフォームである。「日記」の共有など、日本文化にマッチした機能が特徴的である。アメリカ発の Facebook と競合関係にあり、近年はアクティブユーザー数が減少傾向にある。

④ Instagram（インスタグラム）

Instagram は、2010 年にアメリカでサービスを開始した。写真等の画像の無料共有をメインとしている点に特徴があり、特に若年層を中心に利用者数が多い。また、フォローしている人以外の投稿は自分のフィールドに流れて来ないので、公開する動画にハッシュタグを複数付けることで、検索流入を増やす企業も多い。

⑤ LINE（ライン）

2012 年にサービスを開始した。文字や音声、動画に加え、「スタンプ」と呼ばれる絵文字でメッセージ内容を表現できる機能が特徴である。プライベートな使用のほか、「LINE 公式アカウント」「LINE ＠（ラインアット）」と呼ばれる、企業向けのサービスもあり、多数の企業や店舗が消費者とのコミュニケーションに活用している。

⑥ YouTube（ユーチューブ）

2005 年にアメリカでサービスを開始した、世界最大の動画共有サービスである。一般生活者の撮影による動画のほか、最近では、企業や行政機関も「チャネル」を作り、積極的に動画を投稿し、ステークホルダーとのコミュニケーションに活用している。

⑦ ニコニコ動画

2006 年に日本でサービスを開始した動画共有プラットフォームで、動画にコメントをつけることができ、それが字幕のように表示されることが最大の特

徴である。20 代〜30 代の利用者が多く、ニコニコ動画から生まれたヒット音楽も多い。年に一度、利用者やさまざまな企業、行政団体、政党などが集まって「ニコニコ超会議」というイベントを開催しており、そちらの注目度も高い。

3. 分散型メディアとフェイクニュース

さらに近年、注目されているメディアが分散型メディアである。従来のWeb メディアは自社の Web サイトにニュースコンテンツを集約し、ポータルサイトにそのニュースを配信することでリンクをたどってくる読者を自社サイトに誘引していた。それに対して分散型メディアは、他のプラットフォーム（主にソーシャルメディア）に直接コンテンツを配信し、自社メディアを持たないか、持っても誘引を目的とはしていない。読者は自分の興味のあるニュースだけを拾い読みすることになり、ニュースコンテンツは読者によって拡散される。BuzzFeed などがその代表例である。また動画のみをコンテンツとする分散型動画もあり、短時間の動画情報をソーシャルメディア上に拡散していく。ニュース以外にもさまざまな生活情報などが取り扱われている。

これらの分散型メディアの拡大とともに問題となってきたのがフェイクニュース（虚偽の情報）である。分散型メディアはそのニュースコンテンツの提供元が強く意識されない構造があるため、コンテンツの面白さのみで判断され拡散する傾向がある。その中に嘘の情報が混じっていても、読者は発信元の信頼性を吟味することなく、信じてしまう傾向がある。

2016 年の米国大統領選挙や 2017 年の英国の EU 離脱を問う国民投票において、さまざまなフェイクニュースが流され拡散していった結果、国民の投票行動にも大きな影響を与えたといわれている。今後のソーシャルメディアの活用における大きな課題といえる。

メディアリレーションズの実務

　少子高齢化やインターネットの伸長によって、活字（新聞、雑誌）離れ・テレビ離れが進み、テレビの視聴スタイルは変化している。報道記者の数は減り、一方で仕事は増え続け、記者はますます多忙になり、年々、置かれた状況は厳しくなっている。

　本章では、広報・PR実務の中で最も重要なメディアリレーションズについて述べる。具体的な業務と注意事項、報道記者との関係づくりなど、実務の中でポイントとなる事項を整理しておこう。

Ⅰ 記者発表の実務

　まず、記者発表に必要な実務知識を整理しておこう。主な実務は、ニュースリリースの作成・配付、記者会見や記者向けイベントの実施である。

1. ニュースリリース

　ニュースリリースとは、企業や組織がメディアを対象として、公式発表する情報を掲載した報道用資料である。メディア側はニュースリリースから、その情報の新しさ、社会的意義などのニュース性を判断し、興味があれば独自取材を加えて原稿を書く。全国紙の経済部には、各社のニュースリリースが日に数百本も届いており、広報・PR担当者としては、一目で内容を把握できるようなわかりやすいニュースリリースの書き方や、有効な配付方法を習得しておく必要がある。

第11章　メディアリレーションズの実務　　*253*

（1）読みやすい構成

　記者は文章のプロであり、毎日大量の文章を読んで、記事を書いている。そういう相手に読んでもらい、記事にしたいと思ってもらうには、読みやすい構成にすることが重要だ。

① 見出しとリード

　ニュースリリースにおいて、見出しが重要なことはいうまでもない。大量のニュースリリースの中から拾い上げてもらうためには、まず見出しで記者の目を引かなければいけない。

　誰が（会社名）、何を（新製品、サービスなど）、どうするのか（発売、発表、開発など）を明確に示し、そのまま新聞記事の見出しになるようなものが理想的である。

　続いては本文の１段落目となるリード部分の的確な記述である。見出しとリード部分はニュースリリースの要であり、全文を読んでもらえるかどうかの関門ともいえる。リード部分には、誰が、いつ、どこで、何を、なぜ、どうするのかという5W1Hの基本情報を漏れなく入れる。記者は、具体的な数字を求める傾向が強いので、開示できるものは積極的に盛り込むことも重要だ。価格や数量などスケールを表す数字はもちろん、売上目標や販売見込みなども明記したい。

② 逆三角形

　新聞記事の多くは逆三角形の構成で書かれている。これは、重要な結論から先に書くということである。記事のもととなるニュースリリースにおいても、当然この逆三角形の構成が望ましい。一番伝えたい基本情報を冒頭に持ってきて、背景説明や詳細な関連情報は次の段落で補足するとよい。

③ ニュースリリースのフォーマット

　基本的なフォーマットとして、「ニュースリリース」「報道関係各位」など、リリースであることを明確に示すヘッダー、発信元となる会社名、日付、見出し、リード、本文、会社概要、問い合わせ先の記載は必須となる。特に、問い合わせ先は、報道関係者からの連絡先はもちろん、必要に応じて一般の読者・

254　I　記者発表の実務

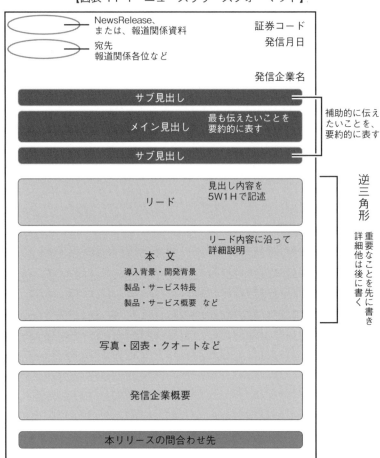

【図表11-1　ニュースリリースフォーマット】

※上記外の参考情報は、添付資料として別紙に記述する

視聴者からの照会先を示した方がよい場合もある。また、ニュースリリース本文は1枚に収めることが望ましい。詳しい情報を提供したい場合は、「添付資料」とすればよい。要は、コンパクトに、簡潔にまとめることが重要となる。

　近年は、こうしたフォーマットではなく、外資系の企業のように、関係者のコメントと肩書を本文に入れるなどの形式のリリースも徐々に増えてきている。

（2） 対象メディアの選定

　メディアに情報を提供する際は、読者層や編集方針を検討し、その内容に合ったターゲット（担当部、担当記者）を絞り込む必要がある。掲載される可能性が乏しいメディアにアプローチしても時間と労力の無駄であろう。ターゲットを的確に絞り込むためには、普段からどのメディアがどのような情報をどのような切り口で取り上げているのかに注目し、各メディア固有の特性を十分に知っておくべきである。

（3） ニュースリリースの配布方法

　ニュースリリースの配布方法は記者クラブへの資料配付（「投げ込み」という）、ファックス、メール、郵送が一般的である。内容と相手によって最適な方法を考える。また、ファックスの場合は何十枚も一度に送信しない、メールの場合はデータ量の大きいファイルを添付しないなど、常識的なことも注意したい。記者クラブ以外のコンタクトでは、新聞記者や雑誌の編集者への直接配付となるが、できれば最初は訪問し、面識を得ておく方がよい。面識ができれば、メールでのコンタクトも可能になる。

　新製品の発表であれば、サンプル品を一緒に見せながら説明することも有効である。この方法を「メディア・キャラバン」ということもある。

（4） 発表のタイミング

　発表した情報がどのように報道されるかは、発表のタイミングによるところも大きい。メディア側には、情報が殺到している時期と、逆に素材がなくて困っている時期とがあるのだ。一般に、素材が少ないのは次のような時である。

① **夕刊**：発行部数や配布地域が限られるため、影響力は朝刊よりも小さいが、慢性的に夕刊の情報は不足している。

② **日曜日、月曜日**：経済記者は平日に取材を予定していることが多く、通常、週末は企業が休みで取材をしないため、日曜日と月曜日の紙面には情報が少ない。

③ **夏休みや年末年始**：多くの人が長期休暇をとる時期は、社会活動も停滞し、情報が少なくなる。この時期は「ひまネタ」（いつ記事にしてもよく、掲載日程に制限の少ないニュース素材）が使われることも多い。

2. 記者会見・記者発表会

　ニュースリリースの配付のほかに、情報を開示する手法として、記者会見・記者発表会がある。ともにメディアを介して広くさまざまなステークホルダーに対して説明責任を果たす場であり、企業の広報・PRの重要な機会である。会見・発表会を実施する目的と、発表する内容に応じたキーメッセージを確認し、事前に適切なシナリオを組み立て、企業側から経営トップを始めとして最もふさわしいスポークスパーソンを登場させる必要がある。

(1) 記者クラブでの発表

　記者会見・記者発表会には、記者クラブ主体に限定された報道関係者を対象として実施する場合（クローズド）と、記者クラブのメディアに限定せず、雑誌やフリージャーナリスト、業界紙などを含めた幅広いメディアを対象に公開した形で実施する場合（オープン）とがある。記者クラブ主体に発表する際は、事前に幹事社に相談の上、発表の可否と形式（「会見」「資料のみ配付」「説明（レク）つき」など）、日時、資料の必要部数などを確認する。発表の申し込みについては何日前に行うことが必要か、各記者クラブの幹事社に確認しルールに合わせる。

　この場合、主導権は記者クラブにあり、参加メディアの把握などはできないことが多い。このため想定問答（Q&A）を事前に用意し、さまざまな質問への対応を準備しておく。なお、ネガティブな質問や、関連した分野の質問内容についても想定し、準備しておくほうがよい。

(2) オープンな発表

　記者クラブ以外のメディアも含めてオープンに発表する場合には、参加メ

ディアの目標数を設定して、都内ホテルの宴会場や貸会議室などの中から、記者が出席するのに利便性の高い会場を選定した方がよい。ターゲットとなるメディアのリストを作成し、開催日の2週間前を目安に概要をまとめた案内状を送付する。

　プログラムには、発表案件について説明するプレゼンテーションのほかに、十分な質疑応答の時間を確保する。記者クラブでの発表でなければ、自社で司会者を立て、質疑応答の場を仕切る。質問が出ない時には司会者から呼び水となるような質問を行ったり、逆に記者に意見を求めたり、同じ記者がいくつも質問することがないよう質問者の指名に配慮したりと、進行における時間管理も司会者の重要な役割となる。

　事前の準備で必要なことは、まず会場の下見である。何度も使っている会場でない限り、下見は欠かせない。会場の担当者と調整し、使う予定の部屋を実際に見られる日時にアポイントメントをとり訪問する。下見の際の主なチェックポイントは次の点である。

① **導線**：記者や登壇者はどこから会場入りし、どこを通って席に着くのか
② **出入口と受付の位置**：部屋のどのドアを記者用の出入口とし、受付をどこに設置するのがいいか
③ **レイアウト**：スクリーン・プロジェクターの位置や、登壇者席と記者席の配置
④ **照明調節**：プロジェクターを使用する場合、明るさをどこで調節できるか、スクリーンは見えにくくないか
⑤ **音響設備**：有線マイク、無線マイク、ピンマイクはそれぞれいくつ使用可能か、プレゼンテーションに映像・音声がある場合、必要なケーブルやコネクターの規格は何か、テレビクルーの参加が想定される場合、音声ラインを用意することができるか
⑥ **カメラ台**：テレビクルー用の台を用意できるか
⑦ **同時通訳ブース**：同時通訳を入れる場合、ブースの位置や音声の電波状況
⑧ **その他**：当日配布用のプレスキット（ニュースリリースや参考資料、登壇

者の略歴、会社概要などをセットにしたもの)、登壇者の役職と氏名を書いたテントカード（三角名札)、受付セット（参加予定メディアのリスト、名刺受け、芳名帳、筆記用具)、スタッフの役割分担など。

3. 記者向けイベント

　一般のイベントと異なり、記者を対象としたイベントは基本的に招待制であり、事前の準備に配慮が必要である。ただ楽しんでもらうだけでなく、記事に書いてもらうようなイベントを企画しなければならない。

(1) 記者向けイベントの特徴

　記者向けイベントは、屋外・屋内で行われる新製品やブランドの発表会、セミナーやフォーラム、施設見学会やプレスツアー、あるいは企業の周年行事、上場記念行事などさまざまである。いずれも報道関係者を対象として企画されており、報道関係者に関心を持たせ、その結果として好ましい報道を期待することを目的として行われる。

　実施にあたってのメディア対応は、通常の記者会見や個別取材の場合と同様であるが、特にイベントならではの配慮が必要になる。

　例えば、新製品、新ブランドなどの発表を伴う記者会見を行う場合は、案内リリースにその旨を明記し、会見日の前にメディアから資料請求があっても応じてはならない。会見会場を選定する場合には、同日に同業他社の発表やイベントが予定されていないかを調査しておくことも不可欠である。

　そのほか、記者向けイベントは報道関係者を対象としていることを十分に意識し、報道慣行やルールに十分に注意して企画と実施を進めなければならない。

(2) 記者向けイベントの種類

　主な記者向けイベントには、新製品発表やプレスセミナー、施設見学会や記者懇談会などの種類がある。

① 新製品発表イベント

新製品や新ブランドの発表をショー形式やパーティ形式、あるいは両方を組み合わせて行うイベントである。企業が訴求したい製品やブランドに対する熱意や意気込みを伝えるために大規模な仕掛けや印象的な演出を施し、その製品、ブランドのコンセプトを表現することに最大の力を注ぐ。また、広く露出を図るために、いわゆる「セレブリティ（広く注目されている人物）」を招いて行うことも有効な演出方法である。

特に最近は、新製品の記者発表会や続いて行われるパーティーにCFキャラクター契約（テレビCMに出演する契約）をしているタレントが出席するケースが増えている。これは、経済面での新製品記事のみならず、テレビの情報番組やワイドショー、スポーツ紙、インターネットメディアでの幅広い露出を狙ったものである。そのため記者発表会の最後にタレントのフォトセッションが、新製品のロゴマークが市松模様に配置されているバックパネルの前で行われることが多い。記者発表会でのタレントのインタビューの様子は即時にインターネットニュースのサイトで流れ、動画も配信されることもある。「Yahoo!トピックス」に取り上げられ、その日のうちに大きな話題になることもある。

② プレスセミナー／記者フォーラム（勉強会）

セミナーは、比較的少人数で実体験をしたり、学習を共通の目的として集まる講習会や研修会のことをいう。そのうち、特に報道関係者向けに開催するセミナーを「プレスセミナー」という。「記者フォーラム」または「記者勉強会」ということもあるが、目的、内容は同じである。専門性が高く理解が難しい事柄や、誤解を招きやすい事柄を専門家が1～2時間かけて講習形式で説明する。報道関係者にある事象を正確に理解してもらい、関連事項などを認識してもらうことで露出の機会を増やしたり、報道内容に誤りがないようにする効果がある。また、ソーシャルメディアが浸透してきた昨今では、一般のブロガーを対象とするセミナーや製品体験会を実施するケースも増えている。

③ 施設見学会（オープンハウス）／プレスツアー

施設見学会は企業の本社や工場、研究所などに社外の人を招いて自社の活動内容を公開する活動で「オープンハウス」ともいう。対象は、地域住民、一般消費者、報道機関などさまざまであるが、マスメディアを通じて広く一般に紹介してもらうために報道機関を対象に行うことが多い。

特に、地方工場や、海外拠点については、一定人数の記者を募ってツアーを組むことも多く、これを「プレスツアー」という。

④ 記者懇談会

記者懇談会の場合、ターゲットを比較的少人数のキーメディアのみに絞り、より深く丁寧にコミュニケーションをとることで記者の理解促進やリレーションの構築を図ることができる。このため、広い会場で登壇者と参加メディアが向かい合うスクール形式ではなく、同じテーブルについて気軽に話せるような「ロ」の字にテーブルを配置した会場設定をすることが多い。

また、昼食を用意する場合は、ワンプレートランチや弁当などを着席のまま配膳する形式と、スペースを移しての立食形式が考えられるが、それぞれにメリットとデメリットがある。一般に記者側には、社長や役員など話を聞きたい人物に自由に声をかけられる立食形式が好まれるが、それぞれの役員が記者に囲まれてしまうと、そこで何が話されたか広報・PR担当者が把握するのは難しくなる。定められたテーブルに着席する場合、やや堅苦しくなるが、会話の把握は容易である。

Ⅱ 取材への対応

記者の取材に対応するには、一般的な営業活動とは違った配慮が必要になる。主な注意点を整理しておこう。

企業は社会に対する情報公開の責務と説明責任を負っており、メディアからの取材に対しては原則として、応じる義務がある。もし何らかの事情で取材に

第 11 章　メディアリレーションズの実務　*261*

応じられない場合には、少なくとも記者が納得できる理由を示すことが必要である。

1.　電話取材への対応

　最も日常的な取材対応は、電話でのやり取りである。電話対応の基本は、電話口で記者を長く待たせたり、たらい回しをしたりしないことである。ビジネスマナーの基本のようだが、記者は常に時間に追われ、締め切りのプレッシャーを強く感じているため、時間感覚は他の職業より敏感である。すぐに対応できない時は折り返しの電話をするなど、クイックレスポンスが不可欠になる。

　全ての取材に共通することだが、記者に伝える情報には決して間違いがあってはならない。記者にとって最大の失敗は、書いた記事が間違いだったという「誤報」である。誤報は、記者にとってもメディアにとっても決して犯してはならない最大のタブーである。回答する側の広報も誤解を生む発言をしないことが重要だ。

　面識がない記者から問い合わせがあった場合、必ず相手の電話番号を聞いておくことを絶対に忘れてはいけない。万一、間違ったことを伝えてしまったときに、連絡が取れず、訂正ができなくなってしまうからだ。

　記者の質問にすぐ回答できず、回答期限を記者から提示された場合は、たとえ期限までに確認できなくても、とりあえず回答期日に連絡し、確認がとれなかったことを伝えるのも当然のマナーである。

　そして、どんなに多忙なときに問い合わせがあっても、何よりも事実をベースに丁寧で誠実な対応をしなくてはならない。知らないこと、わからないことは、はっきりとその旨を伝え、事実確認や調査をして折り返し返答する。未確認や不確実なことは決して言わないことだ。記者も電話対応する広報パーソンも、メディアと企業それぞれを代表した立場にある。一言一言がそれぞれの組織を代表した発言になる。なお、電話でのやり取りでは、質問に対して答えるだけでなく、記者にとって有益な関連情報や会社としてアピールしたいことについて、積極的に情報提供する姿勢も必要だ。

262　Ⅱ　取材への対応

2．対面取材への対応

　取材の申込みがあったら、対応できるかどうかを確認した上で、取材対象者の予定を調整して取材の日時のアポイントを入れる。しかし、それだけでは十分とはいえない。企業として発信したい情報を十分に伝えるためには、事前の準備が不可欠であり、取材時のきめ細かな配慮が必要になる。対面取材に必要な心得を順番に考えていこう。

(1)　取材申込み時

　社長や役員のインタビューなどの重要取材では、記者はまず電話かメールで取材依頼を伝えてくる。この依頼時に最低限、記者に確認しておかなければならない事項がある。

　まず、メディア（媒体）名、記者名、連絡先（電話、メール、ファックス）といったメディア（相手）に関する事項を確認する。次に取材テーマ（主旨）、誰にインタビューしたいのか（取材対象者）、取材希望日時、取材（インタビュー）に要する時間、などの取材内容に関する事項である。特に取材テーマを正確に把握しておくことは、記者の要望に沿った適切な取材対象者とのセッティングや必要な情報を用意することに役立つので、主要な質問事項を事前に知らせてもらうことは取材の成功に不可欠である。

　できれば事前に質問事項を尋ね、メールかファックスで事前に提出してもらうことが望ましい。また、なぜ取材することになったのか、他社へも同様の取材をする予定なのか、掲載予定日はいつか、掲載面（コーナー）はどこか、などを可能な限り聞く。ただし、記事掲載の判断はメディア側のデスクにあり、記者が取材しても掲載されないこともあるので、回答を強要するべきではない。

(2)　取材前の準備

　最初のステップは、メディアと記者のことをできるだけ深く知ることである。有名メディアや親しい記者の場合は問題ないが、あまり知らないメディアからの取材依頼があった場合は、各種のメディアガイドや各メディアの媒体資料、

第11章　メディアリレーションズの実務　*263*

そして実際にそのメディアの紙誌面をチェックしておくとよい。

難しいのは記者についての調査である。プロフィールや経歴、性格、関心事項を知ることは現実的にかなり困難である。日本のメディアの多くが署名記事制度（記事の後に記者の氏名を表示するルール）を採っていないことと、全国紙では、記者の担当期間が1〜3年と短いことが原因である。面識のない記者から社長取材など重要な取材依頼があった場合は、取材前に事前に記者と直接会っておく方がよい。業界や自社、社長のプロフィール等の関連情報を提供するという主旨で、事前に説明の機会がほしいと連絡して、その機会に記者本人のことを聞くとスムーズである。

次にやることは、頭の中に掲載記事をイメージすることだ。自社にとって最も望ましい記事は何かを考える。具体的には、見出しを自分で考えて作ってみる。見出しになってほしいキーワード、表現を想像する。そして、自分が作った見出しが紙面に立つには、どんな話をすればいいかを逆算し、話の材料（コンテンツ）を考える。「見出し→コンテンツ」の順番がポイントである。最後に想定問答（Q&A）を作成する。

つまり、①相手（記者）を知る、②理想的な記事（タイトル）をイメージする、③理想のタイトルが成り立つには何を話すかの材料（コンテンツ）を探す、④最後にQ&A作成、という順序を踏んで準備することが成功に結びつく（**図表11-2**）。

(3) 想定 Q & A

想定質問は、自社が強くアピールしたいキーメッセージに関する質問、ネガティブなリスクについての質問、その他の質問の3つに分かれる。

取材対応の目的を常に意識するために、まずQ&Aの冒頭に必ずキーメッセージを書いておく。想定質問をランダムに書くと、なかなか頭に入らないので、必ずテーマ別、ジャンル別に整理した構成にしておく。

なお、数値情報や参考データを取材の場に持ち込むのは確認のために必要だが、Q&Aのペーパーそのものは持ち込まない方がいい。ペーパーを見ながら、

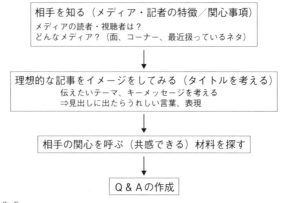

【図表11-2　取材・インタビュー実施に向けてのプロセス】

筆者作成

記者の取材に答えるのは望ましくないからだ。したがって、あまり多くの想定質問を考えても、実際には役に立たない。記憶しておけるのは、せいぜい20～30程度が限度である。

　最も注意が必要なのは、回答に困るような嫌な質問である。取材の主旨がポジティブなテーマであっても、記者はわざと嫌な質問をするものであり、それがジャーナリストというものである。ネガティブな質問が必ず出るものだと覚悟しておいた方がよい。しかもネガティブな質問の多くは一問一答で終わることがない。回答に満足しない記者は必ず関連質問をするし、その回答に対してもまた新たな質問を重ねて聞くのが取材テクニックというものである。ネガティブな質問に関しては、単純な一問一答ではなく次の関連質問とその回答、さらに次、といった連鎖的な「サブクエスチョン」が続くことを考えておくべきである。

(4) 取材対応の注意事項

　取材当日は、広報担当者が直接取材に応えるか、あるいは対象者の取材に立ち会うか、いずれにしても取材現場で記者と向き合うこととなる。一般的に初

心者が陥りやすい誤解と注意事項を挙げておこう。取材対象者がメディア取材に慣れていない場合は事前に伝えておくとよい。

① 質問に答えるだけでなくキーメッセージを伝える

　取材とは記者の質問に答えることだ、と誤解している人は多いが、取材への対応はそんな簡単なことではない。広報・PR活動の目的は、記者を通じて、企業がアピールしたいことを記者の先にいるターゲットのステークホルダーに伝えること（記事化されること）である。つまり、取材とは、企業が伝えたいこと（キーメッセージ）を、記者を介して本当のターゲット（ステークホルダー）に伝える場なのである。

　キーメッセージとは、企業が強くターゲットにアピールしたいこと、伝えたいことを簡潔に短いフレーズで表現した文章である。取材前にまずキーメッセージを2つか3つ考えて短い文章にまとめておくとよい。ただ、キーメッセージはいわば一種のキーワード、スローガンなので、そのままでは記事に反映させることは難しい。具体的に理解してもらうためには客観的な事実や数字を示してキーメッセージを補強する必要がある。例えば、調査結果や統計データ、権威あるエキスパートの発言や記述などを活用して、キーメッセージを裏付け

【図表11-3　キーメッセージを裏付ける】

キーメッセージとサポートデータはセットで

サポートデータの例
・客観的な事実
・権威・エキスパートの発言・記述
・個人的経験
・統計データ、数字
・調査結果　etc…

筆者作成

るのだ。

　つまり、取材対応の最初のステップは、メディアを介して何を伝えるのか（キーメッセージ）、誰に伝えたいのか（記者の先にいるステークホルダー）、最終的に伝えたい相手（ステークホルダー）に企業が期待すること、の三つを明確にすることである。

② 話したい内容を記者の関心と関連づける

　スピーカー（取材を受ける人）が話した内容は意図通りに相手（記者）に伝わる、と思っている人が多いが、これも誤解である。

　人は自分が関心のあること、聴きたいことはしっかり記憶するが、関心のないことは覚えていない。つまり、スルーする。当然、スピーカーのアピールしたいことでも、相手（記者）に興味がなければ、記憶に残らないし、記事にも反映されない。記者が本当に聞きたいことを話すか、アピールしたいことと記者の関心とを関連づける工夫がなければ成果は得られない。

③ 記事化・オンエアされるのは取材のごく一部である

　取材に慣れていない人は、自分が話したことは必ず記事に反映されると思っているが、これも大きな誤解である。

　通常の取材では、話したことのせいぜい10分の1から20分の1位しか記事化されない。例えば、1時間のテレビ取材では10秒程度しかオンエアされないことがほとんどである。記事化された部分やオンエアされた映像に自分がアピールしたいことが入っていれば取材は成功ということになるが、そうでなければ、掲載（放映）後に、「自分が言ったことが記事（放映）に何も入っていない」という不満が発生することがよくある。

　それだけに、取材対応は記者の質問に誠実に答えることが基本だが、回答を質問の枠の中だけに限定せず、回答の話の中に伝えたいキーメッセージを徐々にまぎれ込ませ、話の流れをシフトさせていくことが必要である。記者の質問に答えるという単調な記者主導のワンパターン（一本調子）の流れにせず、キー

メッセージをその補強データ（事実や数字等）とセットで話すことで、主導権を取ってアピールすることが可能になるのである。

ただし、一度の取材で、5つも6つもキーメッセージ（伝えたいこと）を記者にアピールしても、記事にできるスペースはない。キーメッセージは2つか3つまでに絞らないと結果に反映されない。また、キーメッセージは一度言ったからもういいと思わず、チャンスをつかんで取材中に何度も言うように心がける。キーメッセージを補強する数字や事実、エピソードを付け加えてアピールする。できるだけポジティブで前向きに、肯定的な表現で、過去のことよりも将来のことを、断言できることははっきり断言した方がインパクトは強まる。

④ 業界用語を使わず、わかりやすい説明をする

記者は何でも情報を知っているように見えるが、これも誤解である。業界・専門メディアを除いて、一般メディアは大手新聞社であっても1〜3年で記者は担当を交代する。基本的に業界の常識に染まらず、素人の立場で取材することがわかりやすい記事を書く上で重要だからである。したがって、専門知識がないことを前提にした対応が不可欠であり、業界用語の使用は控えた方がいい。

質問に対する回答は、まず結論を言ってから次にその理由、根拠という順序で説明する。説明は極力、論理的にする。ロジックが通っていないと、記者は原稿を書けないからである。「かなり」「非常に」「結構」といったあいまいな表現も誤解を生むので避ける。質問の意味がよくわからなければ、復唱して確認する。また、説明の途中、記者の名前で呼びかけて親近感を醸成しながら、記者が正確に理解しているかどうかを確認するのもテクニックの1つである。

⑤ 守秘義務事項はオフレコでも言わない

取材対応では、質問に全て答えるのが基本だが、企業の守秘義務に触れる事項や記事になっては困ること、ネガティブな影響をもたらすことは、たとえ聞かれても答えてはいけない。とくに固有名詞と数字は要注意である。

また、取材での発言は誰が何を言ったか（話し手の氏名、発言内容）を全て

記事にしてもよいという基本的な原則があり、取材中のコメントは全てオフィシャルな発言になる。ただし、両者の事前の約束が成立している場合、「オフレコ（off-the-record)」や「バックグラウンドブリーフィング」が許されることがある。「オフレコ」は話したことを記事にしないという前提で情報提供（話をする）することであり、「バックグラウンドブリーフィング」は、発言は記事にしてもよいが、発言者の名前は書かないというものである。ただし、こうした約束は拘束力も罰則もなく、必ずしも守られるとは限らないので注意が必要である。

　なお、質問に対する「ノーコメント」という言葉は記者の強い反発を招くので、「公表できる段階になったらお話します」などの表現にすべきである。しかも、「ノーコメント」という言葉は「イエス」「肯定した」というニュアンスで記者が受け止めるリスクもある。

⑥ 記者とは一定の距離感を保つ

　記者と酒を酌み交わして親しくなれば、記事掲載の融通が利くようになる、というのも誤解である。記者と接する上で注意すべき事項には以下のようなものがあり、どんなに親しくなって信頼関係ができても、一定の距離感は保つべきである。

　例えば、記者はよく誘導質問をする。ひっかからないための注意も取材対応では不可欠である。嫌な質問を受けたときに記者への目線をそらせると何かあると勘ぐられるし、記者の不意の質問に動揺した様子を見せても同じことになる。特に気をつけなければいけないのは、取材が終った後の瞬間だ。ホッとしたその一瞬を突いて、最もネガティブな質問をするのがベテラン記者である。エレベーターホールなどで最後の挨拶をする際も気を抜かず対応すべきである。

　また、取材中や取材後、記者に「記事に書いてよ」と強く頼んだり、「なぜ書かないんだ」と強要したりすることはタブーである。実際に取材してもニュース価値がなければ記事化されないし、デスクの判断でボツになることもある。そもそも、書くか書かないかを決める権限はメディア側にある。掲載後に「ニュ

アンスが違う」とか「言ったことが書いていない」という言葉も同じである。何を書くか、どう書くかは記者とメディアの判断次第である。

ニュース価値があれば書く、なければ書かないという関係がメディアと企業の間の基本的な関係である。記事になる前に原稿を見せてほしいと言うこともタブーである。記者から「間違いがないか、チェックの意味で原稿を見てほしい」と言われた場合は構わないが、企業側から要求することは「検閲」のように感じて強い反発を受ける。

なお、記者はいつも特ダネを狙い、自分だけが書ける記事を書きたいと思っている。記者と話をする時は、他社の記者や同僚の記者の話には触れない方が良い。一人ひとりの記者は独立した存在であり、たとえ同僚であっても他の記者は全てライバルだからだ。だからといって、取材中に他の記者や他社の悪口を言わないことも重要だ。噂が本人に伝わると、修復できない禍根を残す。広報担当者の人間性も問われるといえるだろう。

3. テレビの取材対応

これまでは、新聞や雑誌など活字メディアの報道記者の取材について述べてきたが、テレビなどの映像メディアの取材には、もう少し違った配慮が必要である。それは、活字メディアにはファクト（事実）と数字を重視した論理的な説明が不可欠なのに対し、映像メディアには何よりも動きのあるユニークな映像と、短いインパクトのあるコメントが必要なことである。

① 声と表情で90％の印象が形成

テレビの視聴者は通常、1人または数人で映像を見ており、話し手の声や態度がそのままダイレクトに伝わる。したがって、多数の人を相手にした記者会見やスピーチのスタイルで取材に対応してはいけない。一人や二人に話しかけるように、ソフトにゆっくりと、クールに、低いトーンの声で、会話するように話しかけることがポイントである。活字メディアと異なり、見た目（非言語表現）の部分の影響が極めて大きいので、外見の印象が大切になる。最も重要

なのは姿勢である。背筋をしっかり伸ばしてカメラの前に立つことだ。

話をしている人物の信頼感の多くは、見た目と話し方（話す内容ではない）によってもたらされるという「メラビアンの法則」がある。イメージや信頼感は、言葉より視覚で形成される、というものであり、特にテレビ取材では見た目（ビジュアル）が重要となってくる（図表11-4）。

② キーメッセージは短い言葉で

テレビの取材依頼が入ってからの準備は活字メディアと変わらない。まず取材番組がどういうものかをチェックするために過去の番組の録画は必ず見ておく。次に番組の傾向を考えながら、強くアピールしたいキーメッセージを考えて、短い話し言葉にしておく。当然、事前に想定問答（Q&A）を必ず考えておくべきである。

テレビ取材では、何よりも一つひとつのセンテンスを短くし、話の区切りを明確にする。テレビで放映されるコメントは多くが10秒以内である。30秒も40秒も話が切れない長いセンテンスだとカットされて使われない。加えて主語と述語をはっきりとわかりやすく明確に話す。聞いただけでは意味がわかりにくい同音異義語は使わない。早口としゃべり過ぎは禁物であるが、「えー」

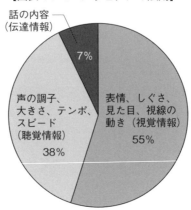

【図表11-4　メラビアンの法則】

とか「あのー」といった無駄な言葉、挿入語を使うのもよくない。とにかく短く話すことが重要だ。

　質問に対しての回答は、イエス、ノーを明確にし、まず結論を手短かに言ってから、その理由、根拠を簡潔な言葉で答える。手にメモや資料を持ったまま答えてはいけない。目線はカメラに向けるのではなく、記者（インタビュアー）に向けて話すようにする。

③ オフィスでのテレビ取材は背景に注意

　オフィスでの取材では、撮影場所や環境にも注意が必要である。インタビューを受ける人のイメージは撮影場所や背景で大きく変わる。殺風景な場所ではインタビューされる人物も軽く映ってしまう。例えば、背景に書棚があると知的で権威あるイメージが出てくるものだ。背景に企業のロゴ入りのパネルや製品を置いた方がいいかどうかの判断も必要である。

　オフィスでの撮影ではソファーは避けた方がよい。上から下へのカメラアングルになって悪い印象に映ってしまうからである。ソファーでなくテーブルが望ましい。一般に、テレビでの人物カットはバストショット（胸から上を映す）になるので、テレビの画面に映ることを考えると手を動かすなどのボディアクションは胸から上の高い位置で行うべきだ。

　また、撮影中に体が動いてしまうので、回転椅子は避けた方がよい。撮影中に電話や携帯電話が鳴ったり、誰かが部屋に入って来たりしないようにする配慮も必要になる。空調の音も高性能なマイクだと音を拾ってしまうことがあるのでチェックが必要である。

　テレビ取材の準備はとにかく時間がかかる。通常、1時間程度は覚悟した方がよい。オンエアの時間は短くても、放映された場合のインパクトは大きいので、どんな映像が効果的なメッセージになるかを考えながら、周到な準備をしておこう。

Ⅲ 情報拡散の手法

メディアリレーションの手法として、社会的な話題を提供して情報を拡散させ認知度を上げる、というパブリシティ活動がある。マーケティング・コミュニケーション（第9章参照）と重複する部分があるが、ここではメディアリレーションの観点から考えてみよう。

1. パブリシティによる情報の拡散

個別の製品・サービスをストレートにニュース報道に結びつけるシンプルなパブリシティにとどまらず、社会的なブームやトレンド、世論形成に至るプロセスを事前に計画し、総合的に広報活動を展開するのが「戦略PR」といわれる分野である。

(1) 戦略広報・戦略 PR とは何か

マーケティングは本来、企業のシーズと生活者のニーズのマッチング（交換）といえる。消費者が必要とする製品・サービス（ニーズ）に対し、企業が持つ資源（シーズ）を駆使して、これに応えることで両者のシーズとニーズが一致する。その結果、両者間に Win-Win の信頼関係が築かれ、ブランドが形成されていく。このプロセス（コミュニケーション）を担うのが広報・PR 活動ということになる。

しかし、消費者は自分が必要とするものが何かに気づいていないことも多い。生活者が欲するのは製品・サービスの機能（形態）ではなく、製品・サービスを通じて問題を解決することである。したがって本人も気づいていない便益（解決法）にスポットを当てて、ニーズを顕在化させ、気づきを与える広報が「戦略広報／戦略PR」であり、かつては「啓蒙・啓発広報」と称されていたこともある。

第11章　メディアリレーションズの実務　　*273*

(2) 消費者のインサイトを可視化する

　消費者のニーズの認識と企業が提供する製品・サービスの間に乖離があれば、当然、消費者に受け入られない。製品・サービスの提供する便益（メリット）と社会的関心を結びつけて、見える化（可視化）し、ブームやトレンドを創り出すことがこのPR活動のメインフレームである。

　まず、ターゲットの消費者のインサイト（ニーズが顕在化していない消費者の本音）を調査することが出発点になる。さまざまな関連情報（メディア報道）を提供することで消費者のインサイトに気づきを与え、購買の理由を示して可視化していく。

　消費者が気づくためには、一定レベル以上の刺激（報道量）と情報の信頼性が不可欠である。消費者に情報が到達し、問題・課題を認識すれば解決法が理解され、製品・サービスが購入・利用され、企業のシーズと消費者のニーズがマッチする。重要なポイントは、メディア経由で提供される情報（コンテンツ）に社会性、公共性があることで、つまりニュース価値があることが不可欠である。さらにメディアからメディアへの情報連鎖と拡散、事象の可視化（テレビ報道、動画流通）によって、出来事が社会化（トレンド、ブーム）していくのである。

(3) メディアへの基礎資料が成否を分ける

　こうした戦略PR活動でキーとなるのは、メディアに提供する情報コンテンツ集（基礎資料）の出来映えである。テーマに関連するさまざまな事実（ファクト）、基礎データ、調査結果、有識者のコメントを網羅したデータリリース（ファクトシート）のレベルが成否を分ける。

　まずベースとなる基礎資料を作成してから、アプローチするメディアの特性に合わせて提供するデータ集を再編集する。テレビ向けにはどんな映像（絵）が取れるかがイメージできる1〜2ページのプロモート（取材誘致）資料を作り、コンタクトする。新聞の生活面や女性誌向けには、研究成果や専門家の見解、調査結果、マーケットデータを詳細にまとめたページ数の多いデータリリース

を使う。

　基礎資料をベースにイベント、パブリシティ調査、コンテスト、公募企画等を企画・実施して、長期間にわたる計画性をもって実施する。ツールと PR 手法を複合的に組み合わせて計画的に展開するのが特長である。情報コンテンツ集をベースにイベントやさまざまな PR 企画で出来事（ニュース）を創り出し、メディア間の情報連鎖と増幅によってブーム、トレンド、世論を作り出し、情報を拡散させて話題を作る。そうすればニュース価値は高まり、メディアが取り上げてくれる可能性が高まる。

2. パブリシティ調査

　パブリシティ調査は、メディアに提供する情報素材として自社が独自に調査したアンケート結果を活用するものである。本業の情報ではないが、話題性があれば、企業名を印象づけることができる。

(1) 情報素材を作り出すための調査

　ニュースの対象となるほとんどの情報は、新製品や新サービス、経営トップや社内の人物、社会貢献や地域貢献などといった企業の諸活動であり、その素材は社内にある。

　しかし、メディアにとってニュース価値のある情報素材が社内に少ない業種の企業では、自社の事業に関連するイベントや、シンポジウム、エッセイ・論文募集、コンテストなど、話題性のある企画を考え、ニュース素材（ネタ）を作り出そうとする。この 1 つの手法がパブリシティ調査である。

　金融機関の「お父さんのお小遣いアンケート調査」、漢字検定団体の「今年の漢字」、百貨店や食品メーカーのお中元やお歳暮アンケート調査、人材紹介会社の新入社員対象の意識調査、ペット関連企業の各種ペットについての実態調査など、パブリシティ調査は、話題性のある調査結果がタイミング良く報道されれば高い広報効果があり、しかも何日もたってから引用されたりする。

(2) パブリシティ調査の特徴

　毎年、季節性のあるテーマを定点観測調査として、パブリシティ調査を実施すれば、年毎の時系列の変化を調査結果に示すことができる。「○○会社の△△調査」といった定番化・ブランド化が可能になり、メディアも毎年定期的に報道する。メディアにリリースを送ってアプローチしなくても、その季節になればメディアからいつ発表するのかを聞いてくるようになる。最も効果があるパブリシティ調査は、季節や記念日、話題となる社会的テーマ（入学・卒業、成人式、クリスマスなど）について、毎年、同時期に調査して発表する定点調査である。

　定番でなくても、旬のテーマであったり、アンケート調査の結果が読者や視聴者にとってユニークな関心の高いものであったりすれば、ニュース価値は高まる。記事になった時、ストレートニュースと異なってかなり大きな扱いで報道されることもあるし、ニュースが少ないときにトピックスとして扱われることもある。ニュースとしての賞味期間が長いことも意外なメリットである。

(3) 成功するための留意点

　パブリシティ調査は、何よりもテーマが重要である。しかし、テーマが良くても調査結果がつまらなければ高い広報効果は得られない。

　ポイントは、調査テーマの設定と、興味深い仮説を事前に想定することである。テーマは調査主体（発表企業）の事業、ビジネスジャンルと関連性のあるものにすべきである。いくら結果がユニークで多くのメディアに取り上げられても、調査主体の企業との関連イメージがない場合は、読者や視聴者に企業名がまったく認識されず、何のためにやったのかということになってしまう。調査テーマと調査主体の企業とは強いイメージ連鎖が必要である。ペットフードの会社ならペットに関連するテーマ、生命保険会社ならまさかの時に必要な金額、贈答によく利用される食品メーカーなら中元・歳暮の傾向、といったテーマである。企業（事業分野）と調査テーマでイメージがつながっていなければならない。

276　Ⅲ　情報拡散の手法

　パブリシティ調査の成否は、アンケート結果がユニークでおもしろいかどう
かで決まる。要は話題性の有無である。調査をやってから結果がおもしろいか
どうか判断するのでは遅い。こういうテーマでこういう対象者にこういう質問
をしたら、きっとユニークで話題性の高い結果になるだろう、という仮説をま
ず考えてから調査をしなければならない。最も簡単な仮説を考える方法は、前
述の取材時と同様で、調査前にアンケート結果が記事になった場合のタイトル
と中見出しを自分で勝手にイメージしてみることである。次に、そういう見出
しになるにはどんな質問をすればいいか、調査対象者はどういうターゲットに
すればいいかを考える、という逆の順序で行うとよい。

　パブリシティ調査のプロセスは、他のアンケート調査と同じである。ただ、
自由回答欄の設定は、パブリシティ調査では不可欠である。なぜなら、自由回
答欄の回答で、ユニークな面白いものを調査結果発表のニュースリリースに記
載しておけば、メディアが紹介する可能性が高いからだ。数字だけでなく象徴
的なトピックスとしてのニュース価値が自由回答の中にあることもある。

(4) パブリシティ調査のプレス発表

　パブリシティ調査のプレス発表では、報告書をそのままメディアに提供する
ことはあまりない。多忙な記者は長い報告書を読む時間はないから、報告書か
ら話題性のある部分（調査結果）を中心にニュースリリースに再構成する。リ
リースはエグゼクティブサマリー（調査結果の概要）をベースに、話題性や関
心の高い調査結果を文章とグラフ、表でコンパクトにまとめる。

　サンプル数は、マーケティング調査ほどの精度は要求されないことから、
500サンプルあれば十分だろう。調査手法はコスト面からもインターネット調
査が主流となっている。

　パブリシティ調査のプレス発表は、記者クラブでの資料配付やメディアへの
個別アプローチだけでなく、ニュースレターやデータリリースの主要パートや
PR誌で紹介するなど多様な方法で展開できるところに特徴がある。つまり、
使い勝手がよく、賞味期限が長く、効果の高いパブリシティ手法といえよう。

3. PR イベント

　イベントは、ヒト（人）がコト（イベント）を通じて体感・共感するものである。参加者（ヒト）が時間と空間を同時に共有する直接性と双方向性の特性があるコミュニケーションである。

　イベントには参加者が直接、コトを体験する直接コミュニケーション効果と、メディア報道を介してイベントが広く話題となる二次波及の2つの効果がある。PRイベントは、メディアの報道を主目的とした話題性重視のイベントである。

　PRイベントの構成要素はニュース価値と同じ5W1Hであり、それぞれの話題性を考えて企画されている。著名人を起用した「ベスト〇〇賞」「一日〇〇署長」は誰が（Who）の話題性を主テーマにしたイベントである。シンポジウムやフォーラムでは何よりもテーマの「何を（What）」に社会的な関心、話題性が必要になる。記念日イベントは「いつ（When)」がテーマのイベントだ。

　そして、5W1Hのそれぞれの要素について、話題性を求めて企画されている。「今年の漢字」のパフォーマンスイベントは、アンケート調査の発表会場を京都・清水寺の舞台にし、貫主（天台宗の最高の僧職）自らが揮毫（きごう）するもので、「どこで（Where)」に話題性を求めたものだ。

　このようにPRイベントは、話題性とテレビ受けする絵がないとメディア報道につながらない。そして、最も重要なファクターが話題性であるのは事実だが、イベントが話題になりメディアで多く報道されても主催者（企業・団体）が記憶に残らないのでは意味がない。PRイベントを企画実施し、メディアを通じて話題となったことで主催者への認知、理解、好感が増し、信頼感が強まることが本当の目的であることを忘れてはならない。そのためにはイベントの主旨、テーマと主催者とのイメージ連鎖、必然性が不可欠である。

第12章 自社メディアの活用

　自社メディア（Owned Media：オウンドメディア）とは、その名の通り、企業や団体が自ら所有するメディアという意味で、広告やパブリシティ活動によって獲得された記事などとは違い、その内容を自らが決定でき、公開や配布も企業・団体の手に任されていることが特徴だ。

　自社所有のメディアを「オウンドメディア」と呼ぶようになったのは2010年ごろからである。オウンドメディアは、企業・団体が自ら編集権を持ち、時間的・紙面的な制約が少なく、その内容を自ら決定し、ステークホルダーに直接メッセージを伝えることができるという意味で、広報・PRにおいて特に重視すべきメディアである。

　自社メディア（オウンドメディア）は、広義には、企業・団体が情報発信を行う際に用いるメディアを全般的に指し、多様な表現形態、例えば印刷物、Webサイト、ソーシャルメディアアカウント、映像などの形態をとる。

Ⅰ　自社メディアの種類

　自社の情報をステークホルダーに直接伝えられる媒体が自社メディアである。記事に書いてもらうのではなく、自社の言葉で伝えたいメッセージを文章化できる。紙媒体からWeb上の情報まで、多様な自社メディアを整理してみよう。

1. 会社案内（企業・団体案内）

　会社案内（コーポレート・プロファイル）とは、企業・組織が自身の全体像（基本理念、組織概要、事業内容、事業実績等）を示すパンフレットやWebサイトであり、企業の実態を社会に発信するための自社メディアである。生活者をはじめ、取引先や株主・金融機関など、広範なステークホルダーに対し、自社の現状を正しく理解してもらうことが発行目的である。

　掲載内容やレイアウトに企業・団体の組織文化が色濃く現れていることも多く、躍動感ある写真を多用する活力型の企業、細かいデータをグラフで詳細に示すオープン型の企業などの例もあれば、トップの顔写真も掲載されておらず、他社にも当てはまりそうな事柄が記述されている没個性なものもある。

　会社案内で特に意識したいのは、情報の取捨選択と分量のバランスだ。一般に、会社案内に掲載したい情報は膨大にあるが、その全てを掲載することは難しく、特に重要なものをピックアップし、そうでないものを削る作業が発生する。その際に、ある特定の部門に関する事項や、特定の製品・サービス分野に分量がかたよることがないよう、注意しなければならない。

　近年、企業・団体はWeb上の「コーポレートサイト」で、企業・団体概要や事業の情報、採用情報、IR情報など、あらゆる情報を公開している。印刷物では入らないような情報も全て掲載できるし、最新の情報に更新することもできる。さらに、企業理念や事業コンセプトに関連したトピックスを、コラムのような読み物形式で発信する企業も増えている。

　ステークホルダーが情報にアクセスするのも容易で、日本だけでなく海外からもアクセスできる。そのため、近年では英語のグローバルサイトを充実させたり、多言語に対応したりする企業も増えている。

2. アニュアルレポート

　アニュアルレポート（年次報告書）は、年度ごとの財務に関する情報開示を行う自社メディアである。財務情報の適切な開示は、企業・団体の魅力や信頼度の向上において欠かせない要素であり、アニュアルレポートは財務広報・

PR 上の最重要ツールである。財務情報を示す資料といえば、会社法や金融商品取引法で定められた「有価証券報告書」や「決算短信」があるが、アニュアルレポートでは、財務情報だけにとどまらず、企業の理念や将来的な事業の見通しなども含めて情報開示を行う。

　アニュアルレポートの主な対象は投資家や銀行で、海外市場で社債を発行していたり、外国人の投資家・株主を意識したりしている上場企業は、英文のアニュアルレポートを制作することも多い。

　読者の特性を考えると、アニュアルレポートに特に求められるのは、情報の鮮度と正確さだ。財務データなどの情報が正確であることはもちろんだが、事業の見通しや業界環境の予測などについても、できる限り新しく、正確なものを掲載したい。そのため、発行頻度を高めて、半期レポート、四半期レポートを発行している企業もある。

　近年は、多くの企業が Web サイト上に IR サイトを設けて財務ハイライトを掲載し、主要財務指標の年次グラフを作成したり、アニュアルレポートをダウンロードできるようにしたり、決算説明会を動画で配信したりと、自社メディアによる情報発信を充実させる傾向にある。

3. CSR レポート

　今日、CSR（企業の社会的責任）は、企業の行動規範を示すバロメーターであり、広報・PR においても最重要テーマの１つにあげられる。この CSR に関する取り組みに関する情報を発信するのが「CSR レポート（CSR 報告書）」だ。アニュアルレポートと同じく、年次で発行されることが多く、企業が１年間で事業を通じて社会に対し、どのような責任を果たしてきたかの全てが掲載される。「サステナビリティレポート」「環境報告書」という名称で発行している企業もあり、CO_2 排出量の削減や廃棄物の排出抑制などの環境マネジメントに関する内容や、地域社会への貢献、また従業員の働きやすい職場づくりなどについて、具体的な取り組みが報告されている。

　近年は、前述のアニュアルレポートと一体化された「統合報告書」として発

行する企業が増えている。「統合報告書」とは、財務情報と非財務情報を合わせたもので組織の戦略や業績・見通しに関する重要な情報をまとめたものであり、グローバル化の中で、組織が価値をどのように創造・維持するかについて、簡潔・明瞭に表すために、世界的に要請されるようになった。

CSR レポートや統合報告書の内容は、印刷物として発行するだけでなく、Web サイトから PDF 形式でダウンロードできる企業が多い。また CSR レポートに入らなかった詳しい情報や活動報告について、画像や動画を使って Web サイトに掲載する企業が増えている。

4. 入社案内

採用活動の際に活用する自社メディアが入社案内である。基本的に、新卒の学生を対象とすることから、会社案内に比べ、平易な表現やレイアウトを用いることが多い傾向にある。編集にあたっては、盛り込むべき情報の取捨選択が特に重要視される。対象となる読者の多くは社会人経験のない学生であって、社会や業界についての予備知識がほとんどないであろうことを強く意識するべきである。

業界専門用語の使用や、業界内だけの常識をもとにしたコンテンツは控えるべきなのだが、これが案外難しい。人事採用部門との連携はもちろんだが、新卒1〜2年目の社員に積極的に関与してもらうなどの制作体制をとることも検討したい。若手従業員が顔写真とともに登場し、職場での働きがいや、仕事観について語るなど、新卒の学生が入社後の自分をイメージできて、親しみを感じるような紙面づくりの工夫が重要である。

最近は、Web サイト上で採用広報を行い、そのまま応募できるフォーム（閲覧者が Web 上のサーバに情報を送信する仕組み）を備えている企業も多い。氏名等を登録してエントリーした学生が動画の入社案内を見られるようにし、入社年次の若い社員が自分の仕事を語る動画を見せるなど、さまざまな工夫が見られる。

282 　I　自社メディアの種類

5. 社内報

　従業員を対象に、社内の情報の共有や、意識の統一をはかるためのインターナル・コミュニケーションツールとしての自社メディアが社内報だ。異なる部門間の「風通し」を良くするという目的で発行され、内容は業務伝達だけではなく、経営者や社員の人間的な魅力やプライベートな活動に注目し、紹介するマガジン風のものもある。各部署に情報提供のための社内報委員を任命して情報を集めたり、社員に原稿執筆を依頼したり、寄稿を募ったりすることも多い

　近年は、社内のイントラネット上で社内報を配信する企業も多く、画像や動画を入れて、迅速に全社員へ伝え、情報を共有するメディアとなっている。

6. PR誌

　直接的に企業・団体やその商品・サービス・事業の内容を紹介するのではなく、読み物などの形式をとって、より企業・団体、あるいは業界の魅力を訴求するのがPR誌である。PR誌は冊子の形を取り、月刊や季刊など、定期刊行物の形式で発行される。しかし近年は次々と廃刊になり、Web上でリニューアルされたり、メールマガジンとして発行されたりする傾向にある。

　PR誌の中でも優れているものは、読み物として十分に面白く、自社や業界に関連する話題を取り扱いながらも、専門知識をもたない一般的な読者の知的興味・関心を刺激する内容となっている。

7. その他

　前述の「コーポレートサイト」のほか、製品の情報等を中心とした「ブランドサイト」を公式に設けて、新製品の詳しい情報やキャンペーンのお知らせ等を掲載し、マーケティングのプロモーションツールとして活用している企業は多い。コーポレートサイトのドメインの下に設置される場合もあれば、製品名などで独自のドメインを取得し、コーポレートサイトとは全く別のWebサイトとして運営される場合もある。

　また、コーポレートサイトやブランドサイトに「ブログ」を設け、定期的な

情報発信を行っている企業もあり、経営者が自らの声で生活者とコミュニケーションする経営者ブログ（社長ブログ）形式のものや、広報・PR担当者が定期的に情報発信を行う形式のものがある。いずれの場合も、企業を一人称にするのではなく、個人を一人称とした文体で発信されることが多い。近年は、前述したようなTwitter、Facebookなどのソーシャルメディアに代替されることが多いようである。

Ⅱ 自社メディアの実務

　自社メディアは企業・団体自らが編集権を持ち、ステークホルダーにダイレクトに声を伝えることができる点で、広報・PRにおいて特に重視すべきメディアである。

　一口にオウンドメディアといっても、その対象や目的、表現の形態によって、さまざまな種類に分類されるが、本書ではオウンドメディアを、印刷メディア、オンラインメディアやソーシャルメディア、そして空間メディアの3種類に分類し、それぞれについて活用方法を考えていく。

1．印刷メディアの企画と制作

　印刷物は最も基本的な自社メディアである。コンテンツをWebと連動させるなど、さまざまな活用方法がある。

(1) 印刷メディアの企画

　全ての自社メディア制作の際にまず検討すべきなのは、「何のためのメディアか」という発行目的である。自社メディアの制作は手段であって目的ではない。「入社案内を作りたい」「PR誌を作りたい」というのは目的にならない。「優秀な人材を採用したい」「企業のブランドストーリーを発信したい」などの目的があるはずだ。

　制作すべきメディアの選定にあたっては、下記のようなプロセスを経ること

が望ましい。

①自社メディアの制作によって解決すべき課題が何かを検討する

②上記の課題の解決のために、大まかに何を伝えるべきかを検討する

③ターゲットを検討する

　これらを検討することで、制作すべき自社メディアが決まる。企画の段階で方向を誤れば、その後どのように優れた作業を行おうとも、満足なアウトプットを得ることができない。自社メディア制作の成否は、担当者の日常的な情報収集と企画力にかかっている。

　また、企画の段階で、制作したメディアをどのように展開するかも検討しておきたい。印刷メディアは、生活者が手にとって読む機会が少ない。配布方法を含めて企画段階で決定できなければ、制作はしたものの、誰の目にも触れない、などということになりかねない。

(2) 印刷メディアの制作

　企画が固まれば、次は制作に入る。制作の過程で大量の情報を扱うため、ともすれば、当初の目的を離れ、不要な情報を盛り込んでしまったり、逆に必要な情報を省いてしまったり、といったことになりがちだ。企画の意図、目的を常に意識しながら情報を取捨選択し、制作作業を進める必要がある。

　制作における過程を大別すると、以下のような流れとなる。

①どのような情報をどういった方向でまとめるかを確認

②スケジュールの策定

③章立ての作成

④原稿の制作

⑤原稿の編集／レイアウトの作成

⑥印刷と配布

　この間、各過程において、異なる部署間での調整・打ち合わせ、進行スケジュール管理など、細かい作業が必要となる。デザイン・レイアウト、写真撮影、イラスト制作などは、外部の協力会社や専門家に依頼することになるため、これ

らの選定や交渉業務も発生する。

　印刷メディアは、会社案内であるにせよ、CSRレポートであるにせよ、最終的には紙でできた冊子の形になる。印刷メディアの制作過程においては、印刷・製本の専門用語が現場を飛び交うことになるので、広報・PR担当者として、印刷・製本に関する基本的な知識は身につけておきたい。

　例えば、冊子のサイズはA4サイズか、B5サイズか、それとも変型か。綴じ方は中綴じ（なかとじ）か、無線綴じ（むせんとじ）か、右綴じか、左綴じか、などである。タテ書きの場合は右綴じ、ヨコ書きの場合は左綴じにするのが基本だが、これが守られていなくて読みにくいPR誌を大量に創っている団体もまだ多い。中綴じの場合は冊子のページ数が4の倍数でなくてはならない、など、覚えておかないと印刷物にならないような常識は多い。

　印刷メディアの制作は、場合によっては1年以上のスケジュールを要する大プロジェクトになる。その間に人事異動などで担当者が変わったり、社会情勢の変化で内容の一部を変更せざるをえなくなったりすることもある。それゆえに完成した際の喜びもひとしおなのだが、自社メディアはあくまで伝達のためのツールである。印刷メディアを完成したことで満足していてはならない。適切に配布され、ターゲットに情報が伝わって、はじめて活動の目的が達成されるということを忘れてはならない。

(3) 印刷メディアの改訂

　印刷し、配布を終えれば、印刷メディアに関する作業はひとまず終了だ。しかし、完成時点では最新だった内容も、時間が経てば古くなってしまう。そのため、印刷メディアは定期的に内容の改訂を行わなければならない。改訂の頻度はメディアの種類によって違うが、会社案内や入社案内などは年に1度が目安となる。

　アニュアルレポートやCSRレポートは年次報告であるので、「改訂」という言葉ではなく、定期的に内容を刷新して新たに発行することになる。半期に一度、四半期に一度という頻度で簡略版のレポートを発行するケースもある。

会社案内などの改訂においては、基本的に、前回発行分のうち内容が変わらない部分は原稿の使い回しを行うが、実際に改訂作業を行ってみると、最新の情報を満載した印刷物ほど、翌年も流用可能な部分は案外少ないことに気づくだろう。改訂だからと作業量を少なく見積もるのではなく、最初から新たに制作するつもりで、余裕を持ったスケジュールを設定することが必要だ。

2. デジタルメディア

Web サイトなどのデジタルメディアは、印刷物よりも多くのステークホルダーに閲覧される可能性が高く、特に重要な自社メディアである。なお本来、「ホームページ」とは、Web ブラウザを起動した時に最初に表示される Web ページを意味する。正確を期するため、広報・PR 実務の現場ではなるべく「ホームページ」という用語を使用しないことが望ましい。本書においても「Web サイト」と記載していく。

(1) 自社デジタルメディアの企画と制作

前述のように、自社メディアの活用においては、特に企画が重要だ。自社（Owned）メディアはその名の通り、企業・団体が所有（own）でき、悪い言い方をすれば、好きなことを好きなだけ発信できるメディアである。そのため、企画の段階で、何を伝えるべきかを明確にしておかないと、どこに向かって何を発信しているのかが不明瞭で、焦点の絞りきれていない情報発信活動を展開してしまうことになる。

デジタルメディアは印刷メディアよりも多くの情報を盛り込むことができるメリットがあるが、内容が冗長になってしまう危険性もはらんでいるので、特に情報の取捨選択を厳密に行いたい。1 つの Web ページに、あらゆるターゲット向けのあらゆる情報を盛り込むことは、情報利用者の利便性を著しく損ねるだけでなく、Google などの検索エンジンからの評価を下げてしまい、Web 検索の際の表示の優先順位を下げてしまうことにも繋がる。

企画にあたっては、解決すべき課題が何かを検討する、大まかに何を伝える

べきかを検討する、ターゲットを検討する、というプロセスが重要であること
は前述の通りだ。特に自社メディアの場合は、印刷物とは比較にならないほど
頻繁な情報更新が求められる。そのため、最初の段階で情報を更新する体制に
ついても十分に検討しておかなければならない。

　また、印刷物と同様に、企画の段階で情報を届けるための配信方法を計画し
ておくべきだ。特にWebサイトの場合、Web上に公開することで、世界中の
誰もがアクセス可能な状態になるため、情報の伝達が完了したと錯覚してしま
いやすい。実際には、Webサイトへのアクセスは世界中のWeb利用者の意思
に任せられるため、公開するだけで多くのアクセスを集められるわけではない。
Webサイトにアクセスされるための仕組みが別途必要になる。

(2) Webサイトの制作

　自社でデジタルメディアを制作するに際して、何をつくるのかによってプロ
セスは大きく異なるが、ここではデジタル情報発信の基本となるWebサイト
の制作について述べる。Webサイトの制作を行う際に必要な作業は、カスタ
マージャーニーマップの作成、掲載する情報の洗い出し、サイトマップ制作、
スケジュール策定、Webサイトデザイン作成、サーバ確保／ドメイン取得、
原稿制作、HTMLコーディング、Webサイト公開、集客施策という流れになる。

　Webサイト制作では、どうしてもHTMLコーディングやサーバー設定など
の技術的な工程が発生するので、この工程では外部の専門技術者に頼らざるを
得ない。その際には、Web技術に関する独特の概念を前提とした、専門用語
によるコミュニケーションを行わなければならないことがある。

　広報・PR担当者として、基本的な概念や用語は身につけておきたいが、実
際問題として、広報・PR担当者がWeb技術の最新のトレンドを把握し、専
門技術者と技術に関するコミュニケーションをスムーズに行うことは難しい。
そのため、Web技術をある程度理解しつつ、広報・PRを理解しているプロジェ
クトマネジャーを起用することを検討したい。

　Webサイトと印刷物の大きな違いは、情報を公開し続ける限り、費用がか

かり続けるということである。印刷物は、印刷し、配布を行えば、そこでとりあえず作業は完了し、それ以上の費用も発生しない。しかし、Webサイトは、制作・公開の後にも継続的に、サーバのレンタル・保守費用、ドメイン費用がかかり続ける。

さらに、アクセス解析についても考えねばならない。企業・団体が運営するWebサイトは、公開され続ける限りアクセス解析を行うことが一般的だ。一口にアクセス解析と言っても、ある期間における閲覧数や訪問者数を知るだけのものから、一人ひとりの訪問者の足取りを追跡し、詳細に分析を行うものまで、力の入れ方は多様であり、それによってコストのかかり方も変わる。公開に先駆けて、どういったアクセス解析を行うのか、どのくらいのコストをかけるのかも十分に検討しておきたい。

また、Webサイトの情報は定期的に更新を行なわなければならない。新たに掲載すべき情報について、Webページを新たに追加したり、内容を書き換えたりといった作業を繰り返していくと、やがてコンテンツが増えすぎ、Webサイト内でのページ間の移動がしにくくなったり、デザインが見づらくなったりする時期が訪れる。また、Webサイト技術のトレンドが変わったり、新たなブラウザやデバイスに対応したりしなければならない時期もやってくる。

その際には、デザインも含めたフルリニューアルを行い、Webサイトを再構成することになる。企業Webサイトの場合、数年に一度はフルリニューアルを行う必要があるケースが多いだろう。

(3) メールマガジン・企業ブログなど

メールマガジンや企業ブログは、企業Webサイトに比べ、より高い更新頻度が求められる。そのため、これらの制作にあたっては、定期的かつある程度頻繁に更新を行うことができる体制づくりの方に力を入れなければならない。

これらの制作の過程は次のようになる。

①扱うテーマの選定

②配信・公開方法の検討

③更新体制の構築

④当面の配信・公開スケジュールと内容案の決定

⑤原稿制作

⑥原稿入力作業

⑦配信・公開

Webサイトの制作とはかなり異なっていることがわかるだろう。これは、企業・団体がメールマガジンやブログを活用する際に、すでに開発されている外部のシステムやプラットフォームを利用することが多いからである。

検索サイトなどで「企業メルマガ　配信」などと検索すれば、多くのサービスサプライヤーからさまざまなメールマガジン配信システムがリリースされていることがわかる。また、ブログを公開したい企業のためにさまざまなASP（アプリケーション・サービス・プロバイダー）のサービスや、手軽に利用できるCMS（コンテンツ・マネジメント・システム）もリリースされている。

これらのシステムやプラットフォームを用いず、自社で開発する場合には、前記②のプロセスに、その作業も含まれることになる。

体制づくりが重要な点や、既存のプラットフォームを使える点については、ソーシャルメディア活用とも似通う部分がある。

(4) 自社メディアの解析

Google Analytics（グーグルアナリティクス）は、無料で提供されるWebページのアクセス解析サービスである。運用には、登録と、Google Analytics用のタグを埋め込むことが必要となるが、汎用性は高く、自社サイトへのPV（Page View：ページが表示された回数）、UU（Unique User：サイトに訪問した固有のユーザー数）はもとより、ページごとに、訪問者の属性（アクセス地域、使用デバイス）、滞在時間、訪問頻度等の訪問者の動向を吸い上げることができるため、自社サイト内を改善する際の目安となる。

アクセス数、訪問頻度、滞在時間のいずれも多いページは、人気が高いといえる。人気がないページには、内容（見せ方）の工夫はもとより、階層（レイ

290 II　自社メディアの実務

ヤー）の位置、人気サイトからの動線を改善することで、アクセスを促すこともできる。

なお、1000万ページビューまでが無料のサービスとなり、データ保管は過去2年分となるので、アーカイブしておくなどのメンテナンスも必要となる。以下にWeb用語とその関係を示す（図表12-1）。

【図表12-1　Web用語とその関係】

セッション	サイトに訪問してから離脱するまでの数 「セッションが切れる」とは、次のことを指す 　①セッションの持続時間が切れた場合 　②日にちをまたいだ場合 　③参照元が変わった場合
ユーザー	サイトに訪問した固有のユーザー数
ページビュー数	ページが表示された回数 　　ページビュー≧セッション≧ユーザー
直帰率	サイト内の1ページだけ閲覧して離脱したセッション 　サイト全体の直帰率（％） 　　＝直帰した訪問数÷閲覧回数×100 　ページの直帰率（％） 　$= \dfrac{\text{そのページで直帰した訪問数}}{\text{そのページから閲覧を開始した訪問数}} \times 100$

3.　空間メディアの活用

印刷メディアやデジタルメディアだけでなく、空間にもメディア性がある。文字や画像を見るだけでなく、立体的で動く設備を見せることで、消費者から取引先まで、さまざまなステークホルダーにメッセージを伝えることができる。

(1)　工場見学

製造業の基本は工場にある。メディアの記者がある業界の担当になったとき、広報担当者がその記者を工場見学へ誘うことは多い。自社製品の工程や環境整備の度合いについて、これほど透明性の高い開示方法はないからだ。業務提携の前に取引先に工場を見せることもある。工場には企業の成長力が如実に表れているし、特に海外の顧客や投資家には、現場を見せることで一目瞭然に自社

の生産力を実感してもらえる。

　特定の記者や取引先だけでなく、小学生の社会科見学から一般客の対応まで、多くの企業が案内人を置いて工場見学コースを設けている。生産現場の様子を見せることで、製品がいかに精密に、正確に、大量に生産されているかが伝わるし、製品の原材料に対するこだわりや、製造工程における環境配慮を具体的に見せることができる。大型スクリーンで全体像を解説したり、ガラス張りの見学ルートやベルトコンベヤー上部の見学デッキを設けたり、タブレット端末を見学者全員に配布して、VRの画面と実際の機械を同時に見せながらタンクの中の発酵過程を説明したり、各企業はさまざまな「見せる工夫」している。

　工場内には、大型のタンクやプレス機の音、回転しながら高速で製品を詰め、パッケージを行う機械など、視覚・聴覚に訴えかける装置がたくさんある。それぞれの生産工程を見ながら製品に対する説明を聞くことで、知識は親しみに転換していくものだ。食品メーカーなどでは、実際に製品を作ってみる体験コースも用意していることがある。見学時のパンフレットも必須アイテムだ。

　近年は「大人の工場見学」がテレビ番組で紹介されたり、各地の「観光地」としてトリップアドバイザーなどの観光Webサイトで企業の工場見学が上位にランクインしたりする。企業や製品について、等身大の情報を伝える機会ととらえ、本社の広報部で各地の工場見学を統括して、現地の案内方法や展示物に関与している企業も増えてきている。

(2) 企業博物館

　「企業博物館」とは、企業が運営するPR施設である。博物館法に基づく「博物館」は公共性やコレクションの展示が重視されるが、本書は広報的な観点での空間メディアとして、一般に「企業博物館」と呼ばれる施設を紹介する。全国には数百の企業博物館があり、創業の精神や製品のコンセプトをステークホルダーに伝えている。施設のコンセプトや入館者のターゲットは各企業によって異なり、一般来館者がいつでも入れる施設もあれば、完全予約制の施設もあるし、入場する際の有料か無料か、休館日が平日か休日など、運営方法や展示

内容もさまざまである。1社で複数の企業博物館を運営している企業もあり、館によって展示内容を変えたり、同じ展示内容の館を関東と関西の両方で運営したりしている。広報の観点から大別すると、以下の4タイプがある。

① 消費者向けの娯楽施設

　日清食品のカップヌードルミュージアムや江崎グリコのグリコピアのように、若年層をターゲットとして、楽しみながら創業の精神や製品の特性を学び、麺づくりなどの体験もできる施設である。体験の種類によってリピートする来館者もいるし、観光スポットにもなっているので海外からの観光客も多い。

② 歴史的製品を展示した大規模施設

　トヨタ産業技術記念館、TOTOミュージアム、パナソニックミュージアム、NTT技術史料館などのように、広大な延床面積の「館」である。創業の精神や技術の発展を視覚的に見せたり、歴史的な自社製品を展示したりしている。新入社員の研修にも使われている。

③ 本社や工場に隣接した展示スペース

　まほうびん記念館、京セラファインセラミックス館、田辺三菱製薬史料館などで、本社に来た取引先が立ち寄りやすく、先進技術のアピールもできる。

④ 企業色を出さない博物館

　印刷博物館（凸版印刷）、紙の博物館（王子製紙）、竹中大工道具館（竹中工務店）などは、展示物に自社名を出さず、公共性を重視してコレクションの展示などを行っている。博物館法に基づいた博物館である。

(3) 企業美術館

　自社で蒐集した美術品や書画のコレクションを展示した美術館であり、財閥系企業やオーナー企業に多い。稀少な由緒ある蒐集品を保存・公開し、学芸員を置いて調査研究を行い、公共的な美術館として企画展示を行っている。広報的な観点から見ると、企業名を冠した美術館は地域のランドマークにもなっており、芸術文化支援（メセナ）や地域貢献、格調高い企業ブランドの形成などの利点がある。

第12章　自社メディアの活用　*293*

Ⅲ ソーシャルメディアの運営

TwitterやFacebookなどのソーシャルメディアは、強力な自社メディアである。ソーシャルメディアの特徴は、誰もが自由に利用できることだが、この「誰もが」の中には、一般生活者だけでなく、企業・団体も含まれるのだ。一般財団法人経済広報センターの調査報告（2018）によると、企業の65.3%がソーシャルメディアを活用している。

1．ソーシャルメディアの種類

ソーシャルメディアは他の自社メディアに比べて、次のような点で優れているといえる。

①企業・団体が発する情報と生活者との接点づくりが比較的容易である

②企業・団体が発する情報が生活者にどの程度受容されたかの分析が比較的容易である

③マスメディアと親和的でない生活者とのコミュニケーションが可能である

④企業・団体への親近感を醸成することが可能である

企業・団体が利用できるソーシャルメディアプラットフォームの種類は多いが、利用の仕方はそれぞれ異なる。大別すると、「アカウント」を運営するものと「ソーシャルページ」を運営するものに分けられる。

まず、TwitterやInstagramを広報・PRに活用する場合、「アカウント」の運営を行うことになる。個人のユーザーがソーシャルメディアを利用するとき、「アカウント」を取得し、個人ページを開設して利用することになるが、企業・団体が活用する場合も、個人ユーザーと同じ手順を踏んで「アカウント」を開設してから情報発信や交流を行っていくことになる。

このタイプのソーシャルメディアでは、企業・団体は個人ユーザーと同じ立場に置かれ、利用できる機能も個人ユーザーと全く同じであることが多い。

次に、Facebookやmixiの場合は「アカウント」ではなく、「ソーシャルページ」を開設し、運営することになる。

294 Ⅲ　ソーシャルメディアの運営

　これらのソーシャルメディアプラットフォームでも、個人のユーザーはもちろん「アカウント」を運営しているのだが、企業・団体が個人と同じように「アカウント」を運営することは通常は推奨されない。

　「ソーシャルページ」と「アカウント」では、利用できる機能が若干異なり、「ソーシャルページ」ではより企業・団体が利用しやすい、複数管理者で使用可能な管理機能やアクセス解析機能が備わっていることが多い。

2.　ソーシャルメディアの運営方法

　Twitter や Instagram の場合は、アカウント取得後、すぐに情報発信を始めることができるし、Facebook の場合はさらに、ログイン画面後に表示される「Facebook ページを作成」というボタンをクリックし、さらにいくつかの情報を入力するだけで公式アカウントから情報発信を開始できる。これらの操作にかかる時間は5～10分程度である。

　なお Facebook の場合は、なりすましアカウント防止のため、公式アカウントを開設する際は、認証バッチを申請することも重要である。認証バッチとは、アカウントプロフィール画像に表示されるマークで、そのアカウントが公式アカウントであると認めたことを示すことによって、訪問者にも信頼感を与えることにつながる。

　しかしながら、ソーシャルメディアを使って情報発信ができる状態になることと、ソーシャルメディアの運営ができることは全く異なる。

　企業・団体が広報・PR 活動の1つとしてソーシャルメディアを活用し、運営するためには、いくつかの準備が必要になる。ざっと挙げただけでも次のようなものがある。
①ソーシャルメディア運営の目的の確認
②ソーシャルメディアプラットフォームの選定
③情報発信テーマの策定
④公開する基本情報の決定
⑤利用規約・コミュニティガイドラインの策定

⑥情報発信体制の構築

⑦情報発信の手順の策定

⑧コメント対応方針の策定

⑨目標の設定

⑩効果測定の手順の策定

⑪集客方法の確認

　また、運営を開始した直後に、どういった内容を投稿していくかを記したカレンダーを作ることも必要だろう。ソーシャルメディアを通じたコミュニケーションでは、頻繁な情報発信が求められがちで、1つの内容を投稿してから次の投稿内容を考えるという感覚では、迅速なコミュニケーションができない。

3. ソーシャルメディアの課題

　製品の広報・PR活動において、公式のSNSを開設して若年層を中心とした消費者と積極的なコミュニケーションをとっている企業は増加している。しかし、企業情報の広報・PRにおけるソーシャルメディアの活用に関しては、試行錯誤の連続であるのが現状である。まだ新しいメディアであるため課題が多く、広報・PR部門としての最大の悩みは、コミュニケーションを行う際、誰が運営を担当すべきかという点である。企業の公式情報を発信するメディアであるから、広報・PRについて十分な知識と意識を持った人材が担当すべきであるが、これらを兼ね備え、なおかつソーシャルメディア利用のスキルに長けた担当者というのはなかなかいない。しかも、SNSへの書き込みは24時間できるが、常時対応する人材を張り付けるのは難しい。

　また、ソーシャルメディアでの情報発信の際には「承認プロセス」についても問題になる場合が多い。ソーシャルメディア上への投稿や、利用者からの呼びかけに対する返答には、問題があってはならず、万全のチェックを期すべきだが、その一方で、通常のニュースリリースなどと同様の承認プロセスを設定することは、ソーシャルメディアの魅力であるはずの「リアルタイム性」や「親近感の醸成」を損なってしまうおそれがある。

情報発信は誰が行うのか、発信する情報は何なのか、どのように見せるのか、担当者の裁量範囲はどこまでなのか、問題が起きた場合にどのように報告を行うのかなど、各企業のそれぞれの事情を踏まえつつ、ソーシャルメディア上で現実に行われているコミュニケーションと齟齬がないよう、バランスのとれたルールと体制作りが求められる。

また、対外的に公表するソーシャルメディアの利用規約やソーシャルメディアガイドラインの整備も広報・PR担当者の仕事である。企業・団体のソーシャルメディア活用について、全社的な理解を得るためのインターナル広報も重要である。経営層に対して、ソーシャルメディアによるコミュニケーションの重要性につき基本的な理解を取り付けることも必要となる。

4. ソーシャルメディアのリスク

ソーシャルメディア運営の際には、事前にリスクについて十分に検討することが必要である。重要度や頻度といった観点から、優先すべき事項を考慮する。

例えば、「炎上」リスクについての不安を挙げる担当者は多いが、少なくともソーシャルメディア運営を開始する際には、重点的に検討すべきリスクではない。直感的に、ソーシャルメディアを活用して情報を発信することは「炎上」リスクを高めるような気がしてしまうが、実際には、ソーシャルメディア運営によって炎上リスクはさほど高まらない。もちろん「炎上」リスクは、現代の企業・団体経営において、無視できない重要なリスクではあるが、これは企業・団体がコミュニケーションを行う以上は避けられない、恒常的なリスクである。ソーシャルメディア運営を開始したときに初めて発生するリスクではない。

ソーシャルメディア運営の際により重要なのは、むしろクライシス発生時の対応に関するリスクだ。ソーシャルメディア運営とは無関係にクライシスが発生してしまった場合、ソーシャルメディアでどのようなコミュニケーションを行うべきなのか、また、行うべきでないのかをしっかり検討すべきだろう。

また、ソーシャルメディア運営では生活者とのダイレクトなコミュニケーションを行わなければならないこともあり、クレームコメントの書き込みへの

対応など、従来の広報・PR の範疇外のリスクも想定される。コールセンターなどの生活者とのダイレクトなコミュニケーションのノウハウを持つ他部門との連携が必要だろう。

このような想定されるリスクの洗い出しと対応策の検討は、ソーシャルメディア運営開始前に行ったほうがよいだろう。いずれにしても、いくつかのリスクやデメリットを考慮しても、ソーシャルメディアによるコミュニケーションは手軽であり、コストもかからず、独特の効果をもち、メリットが多い。そのため、ソーシャルメディアに多くの効果を期待してしまいがちだが、ソーシャルメディアによるコミュニケーションも万能ではない。例えば、実施期間が短い事柄に関するコミュニケーションや、不特定多数に向けた告知、多くの人のアテンションの獲得などは、ソーシャルメディアでは達成しにくい。

ソーシャルメディアによるコミュニケーションによる効果は、パブリシティや広告に期待される効果とは全く異なる。パブリシティだけ、ソーシャルメディアだけ、というのではなく、ソーシャルメディア運営を続けながら、パブリシティや広告を複合的に活用していく態度が望ましいといえよう。

5. 実際の運営手順

数多くの準備を終え、ソーシャルメディア運営は開始される。情報発信の手順は、企業・団体の事情によって異なるが、次のようなものである。

①投稿カレンダーの作成
②カレンダーに従った投稿内容の作成
③上位管理者（部門の長や担当役員など）による投稿内容の承認
④投稿作業

実際の運営において力を入れるべきは、投稿に関する作業そのものではない。効果測定も兼ねたアクセス分析と、それを通した運営の改善こそがソーシャルメディア運営の鍵である。

「Twitter アナリティクス」や、「Facebook インサイト」など、ソーシャルメディアに最初から搭載されている分析ツールや、外部のサービスサプライ

ヤーからリリースされている分析ツールを用いることで、ユーザーが自社の
ソーシャルメディアにどのようにアクセスしているのか、どのような投稿内容
を好み、どのようなコミュニケーションを期待しているのかを知ることが可能
である。これをもとに、投稿内容や投稿手順の改善を行っていくことが重要だ。

　Facebook での分析には Facebook インサイトを使用する。使用には、管理
者であることが必要となる。Facebook インサイトは、ページが得た「いいね！」
の推移の把握、投稿された記事への反応、ユーザーの年代を含む属性等が確認
でき、投稿を見た人数の動向を把握するなど運用に活用できる。

　Facebook では、投稿した内容を見た人数を「リーチ数」と呼び、Facebook
ページでは、リーチ数を「オーガニックリーチ」「有料リーチ」「クチコミリー
チ」の３つに分類し、リーチ数の増減や、投稿のエンゲージメントを把握する。
なお、Facebook インサイトの使用には、そのページに対する「いいね」が 30
以上必要となるので、注意が必要である。

【図表 12-2　Facebook のリーチ数】

オーガニックリーチ	投稿を見た Facebook ページのファンや、Facebook ページを訪問して投稿を見た人の数。
有料リーチ	Facebook 広告を見た人の数。
口コミリーチ	直接ではなく、シェアや「いいね！」した人の友達が、シェアや「いいね！」を通して投稿を見た数。

6. インフルエンサー

　「インフルエンサー」とは、影響を与える人という意味であり、広報・PR
においては、長らくオピニオンリーダーやセレブリティと同じような意味で使
われてきた。しかし近年この言葉は、主にソーシャルメディアのつながりの中
で、他者に影響を与える言動を行う人という意味も持ちつつある。

　また、Twitter などのソーシャルメディア上では、新聞やニュースサイトな
どのメディアも、一般の利用者と同じように人＝アカウントとして扱われるこ
ともあり、これらも広義のインフルエンサーとする考えも登場してきている。

　この考え方のもとでは、旧来のメディアリレーションズと、ソーシャルメディ

ア上で影響力を持つ人との関係構築活動をまとめて「インフルエンサーリレーションズ」とすることができる。

　ソーシャルメディアが十分に普及した現代では、いわゆるマスメディアよりも影響力を持つ個人がソーシャルメディアを利用し、自らの意志で不特定多数に情報を発信することもできるようになったため、こういった個人との関係構築を含めたインフルエンサーリレーションズは、メディアリレーションズに代わり、広報・PRの重要な分野になりつつある。インフルエンサーリレーションズの際には、先に述べた情報の流通構造の設計という考え方が特に重要になる。マスメディアやニュースサイトを含めた各インフルエンサーが、どこでどのように情報を発信・再発信し、各々にどのように影響を与えながら、情報と生活者との接点を作っていくかを考えなければならないのだ。

　例えば、ある食品メーカーAがBという新商品を市場で発売するにあたり、ニュースリリースを発信したとする。ニュースリリースは、ポータルサイトに掲載され、そこで生活者との接点を作るとともに、あるニュースコンテンツプロバイダーの目に止まり、紹介記事が書かれた。その紹介記事を、50万人のフォロワーを持つ文化人がTwitter上で取り上げると、多くの一般のTwitterユーザーにリツイートされた。それらのツイートがまとめサイトに転載され、それを見たテレビ制作者が、「ネットで話題の商品」として、Bをテレビ番組で紹介した、というような流れである。情報の要所にいるのがインフルエンサーであり、これらインフルエンサーとの共感を形成し、言動を促す活動がインフルエンサーリレーションズなのである。

　ただし、ここで注意しなければならないのは、インフルエンサーリレーションズとは、個人のインフルエンサーに直接アプローチし、「この情報をツイートしてください、まとめを作ってください」と頼むことではない、ということだ。ほとんどのケースでは、マスメディアには従来のメディアリレーションズの手法をとり、個人のインフルエンサーに対しては、そのインフルエンサーが自発的に行動を起こしやすいコンテンツや環境を作っていくことになる。

第13章 広報・PR戦略立案の実務知識

　本章では、企業における広報・PR戦略立案に関する基本を説明する。日本パブリックリレーションズ協会のPRプランナー資格認定制度2次試験の科目C「広報・PR戦略の立案の実務」(「広報・PR関連調査」を含む)及び同3次試験課題B「広報・PR計画の立案と作成」の出題範囲である。

I 広報・PR戦略の立案

　広報・PR戦略とは、企業が経営理念（企業ビジョン・社是とも言う）を基盤とする経営方針とそれを具現化するための経営戦略を推進していく上で必要とされる、さまざまなステークホルダーとのコミュニケーション活動の「指針・内容・方法」に関する基本的考え方を示すものである。その立案に関する考え方をまとめておこう。

1. 広報・PR戦略立案の前提

　広報・PR戦略の基本となる経営理念とは、自社が社会に対して、どのような考え方と事業内容によって貢献していくか、どのような企業になりたいのか、という意志を明確に表すものであり、その意味から、"企業の憲法"とも称される。コーポレートスローガンは、その意思を端的に表現するものである。
　1990年代に経済団体連合会（現：日本経団連）の第7代会長を務めた平岩外四氏の「企業の存在感が出てくるにつれ、広報は経営そのものだとわかってくる」との言葉は、広報・PR活動が経営理念とそれを具現化しようとする経

営トップの意志と直結した活動であることを説いたものである。

　企業は自社の経営理念から発する独自の事業領域（ドメイン）を持ち、そこから生じる製品・サービス等を供給することを基軸として社会に貢献していくが、その活動を社会に好意的に受け入れてもらうためには、ステークホルダーとの間で双方向のコミュニケーション活動を有効に機能させて双方の利益につながる信頼関係を築いていく必要がある。

　企業の広報・PR戦略は、ステークホルダーとのコミュニケーション活動を行う過程で生じる、さまざまな評価や要望を受け入れつつ、自社の企業行動をより良いものに修正していくことであり、その継続的な活動によって企業価値を高めていく活動である、と言うこともできる。

2.　企業環境の認識と課題の発見

　企業の経営理念に基づく経営戦略を広報・PR活動を通じて実現していくためには、広報・PR戦略の立案とその具体的な展開（戦術）が必要となるが、それ以前の取り組みとして不可欠なことは、自社をめぐる国内外の環境とそれに対する自社の状況（実態）の把握である。自社の状況と自社をめぐる諸環境とのギャップを認識することにより、経営戦略として何をなすべきか、さらに経営戦略と連動する広報・PR戦略立案に何を盛り込むべきかという課題が明らかになる。

　企業の経営戦略は必ずしも不動のものではなく、企業を取り巻く諸環境の変化に対応し、継続的に練り直されていくものである。外部環境を分析することにより自社の経営戦略のレベルアップのための課題を発見することは、マネジメントの最重要課題の1つであり、同時にこれが広報・PR戦略立案の出発点ともなる。

3.　広報・PR戦略立案領域

　広報・PR戦略の立案は、こうした外的環境において経営理念を掲げながら企業経営の全領域をカバーしなければならない。

302　Ⅰ　広報・PR戦略の立案

　そこで3次試験では、「コーポレート領域」と「マーケティング領域」という企業活動の両輪をなす2つの分野の企画立案が出題される。2つの企画内容は、実現目標、対象ステークホルダー、コミュニケーション方法などについて多少の相違はあるが、共に大前提である経営戦略に沿って展開されるものである。そのため近年では、コーポレート領域とマーケティング領域のコミュニケーションを融合・連動させた統合的な計画を実行する戦略が立案されるようになっている。

「コーポレート領域」

　企業経営全般のうちマーケティング活動以外のテーマを扱う「コーポレート・コミュニケーション」「企業広報」と呼ばれる領域で、以下に挙げるような経営や各部門の課題に即して広報・PR計画の立案が求められる。

　まず、経営の重点課題に関連する情報である。長期・短期の経営戦略や、海外展開などのグループ戦略、新規分野への投資、M&A（合併・買収）、提携（アライアンス）、事業や生産設備の統合・廃止、社長交代などのトップ人事など、会社全体に関わる大きな課題をどのように広報・PRするかを考えることが求められる。そのほか、インターナル・コミュニケーションに関わるような、組織の改編、ダイバーシティの推進、女性の活躍促進、異文化共生、社内の活性化策なども、重要な経営課題である。そのほか、新事業・新技術・新サービスの開発や、リスクマネジメント、クライシス・コミュニケーション、リクルート施策等、経営に関連した情報をどうやってステークホルダーに伝えていくのかについて、メディアリレーションズを含めた企画立案が求められている。

　次に、財務・IR領域での情報開示も重要で、これは担当部門との連携が求められる。株主・機関投資家・個人投資家・アナリストなどを対象に、業績や決算に関わる数値情報だけでなく、業績数値や将来見通しの背景にある事実や情報を伝えることで、効果的なIR施策が実施できる。

　さらに、社会的責任領域での情報であり、これも担当部門との連携が求められる。SDGs、CSRなどのほか、コンプライアンス、環境問題、行動規範、社

会貢献、地域との共生、NPO・NGO との連携など、さまざまな取り組みが広がっているが、それを実施するだけでなく、適切な方法でステークホルダーに伝達できるような施策を考えることが、広報・PR の役割である。

「マーケティング領域」

「マーケティング広報」や「マーケティング・コミュニケーション」と称される幅広い領域で、マーケティング活動全般を支援するために計画・実行される。

マーケティングは、企業やその他の組織（教育・医療・行政・NPO など）が事業を継続・成長させていく上で欠かせない市場創造を目的に計画・実行される活動であり、「マーケティング・コミュニケーション」は、マーケティングの目的である市場創造において重要な役割を担う。マーケティング・マネジメントは、広義では、組織全体、事業ごと、製品ごとの計画と関わるマーケティングの全てを指し、狭義では製品ごとの計画と関わる活動のみを指す。またブランディング活動は組織全体、事業ごと、製品ごとの階層別に計画・実行される活動であり、広報・PR はブランディング活動の支援においてもさまざまな役割や機能を果たしている。組織全体のブランディングにおいては、前述の通りコーポレート・コミュニケーションとマーケティング・コミュニケーションを分けて考えるのではなく、一貫性のある計画・実行が求められる。

そこで、マーケティング部門が中心となって経営戦略に基づいて、マーケティング戦略やブランディング戦略等を企画することになり、計画・実施の過程で、研究開発、生産、営業、販売、流通、宣伝広告、広報・PR 部門などと連動する。広報・PR 部門は、市場の創造・維持・活性化などに関するプロモーション業務の一環としてサポートを行う。

主要テーマは、次の 2 つである。まず、「市場の創造・維持・活性化」と「顧客の獲得・維持・育成」に関連するマーケティング・マネジメント戦略、マーケティングミックス（4P＝製品、価格、流通、販売促進）戦略に基づいて、マーケティング・コミュニケーションの戦略を立案企画し、実行計画を策定する。

304 Ⅱ　広報・PR 戦略作成の実務

次に、企業や事業、製品のブランド戦略、ブランドマネジメント戦略に基づく、ブランドコミュニケーション戦略（ブランドの創造、ブランドの活性化等）の一環としてのマーケティング・コミュニケーションの戦略を企画立案し、実行計画を策定することが必要である。

Ⅱ　広報・PR 戦略作成の実務

次に経営戦略を具現化していくコミュニケーション活動である広報・PR 計画の立案の方法について考察していく。

1.　広報・PR 計画立案の手順（ステップ）

計画を立案する際の手順は以下の通りである。

①経営理念から発する経営戦略に基づき、広報・PR 戦略の目的（到達目標）を明確に設定する

②自社をめぐる外部環境（社外）並びに内部環境（社内）を各種の調査により把握・分析し、到達目標に至る道筋と自社の現況（実態）とのギャップを分析し、目標達成のために必要な課題を明確にする

③広報・PR 活動の対象となるステークホルダーの優先順位を明確にする

④課題達成のための手がかりとなる広報資源（経営トップを始めとする人的資産、製品・サービス等の物的資産、ブランドなどの無形資産）及び広報体制、広報予算等の実施条件を明確にする

⑤ステークホルダーに対するコミュニケーション方法（メディア戦略など）、コミュニケーション・ツール、実施スケジュール（実施期間、管理、評価システム）を明確にする

⑥上記を盛り込んだ個別計画（具体案）を立案する

⑦上記①～⑥をまとめた総合計画（長期目標、短期目標）を作成する

2. 広報・PR 計画推進の条件

当然のことだが、実務において、広報・PR 計画を立案すれば実現するとは限らない。そのためには実施過程で挫折しないような仕組みが不可欠である。

第一の仕組みは、広報・PR 部門が経営トップを始めとする社内各部門の責任者の継続的な支持を得るような体制を確立することである。とりわけ経営トップの理解と強い支持が広報・PR 活動の最大の原動力となる。広報・PR 部門責任者は経営トップへ広報・PR というコミュニケーション戦略が経営戦略を推進するために不可欠な機能であることを積極的に進言し、理解を得る努力を続けなければならない。広報・PR 部門が全社的な協力を得るためにも、まずは経営トップの理解と支持が不可欠なのである。

第二の仕組みは、広報・PR 戦略に基づき、実務がスタートした時点から、目標達成地点（ゴール）にいたるまでの全工程におけるマネジメントを PDCA サイクル手法＜Plan（計画）―Do（実践）―Check（評価）―Action（改善）＞により有効に機能させることである。PDCA サイクルを意識的に稼働させることで、計画の進行状況の管理、修正点の発見、新たな課題の設定というフローが成立する。またそのフローの状況を経営トップおよび全社へフィードバックして同意を得ることにより、全社的な継続的な支持を得ることが不可欠である。

Ⅲ 広報・PR 関連調査の実務

広報・PR 戦略立案にあたっては、まず自社をめぐる諸環境を把握するための調査活動が不可欠な前提であることは前述の通りである。次に、そうした諸環境を把握するための代表的な調査について概略を説明していく。

1. 環境分析調査

環境分析調査は、社内状況を把握するミクロ的調査と、社外状況を把握するマクロ的調査がある。経営戦略および広報・PR 戦略の立案に際しては、社内の状況だけに捉われず、社内社外両面の状況を合わせて総合的な視点から検討

306　Ⅲ　広報・PR 関連調査の実務

することが重要である。

(1) 内部環境の把握

　自社内の環境（状況）を把握し、社外環境との相関性を分析し、広報・PR
戦略の立案に役立つ問題点を見出すことを目的とする調査である。自社の状況
（実態）の分析は、次のような材料（データ）を整理・分析することから始まる。

①**企業理念・歴史に関わるもの**：社史、伝記、記念館、博物館など

②**経営活動全般に関わるもの**：経営戦略、財務、IR、人事、事業、研究・開発、
生産・製品・サービス、販売、流通、工場（地域）、CSR などに関する議事録、
企画書、提案書、報告書、映像など

③**従業員に関わるもの**：社員満足度調査、社内報の記事、社内行事、イベント、
社員持ち株会、改善提案箱など

(2) 外部環境の把握

　社外の諸環境は企業活動にさまざまな影響を及ぼす。この意味で情報収集の
範囲は次のようなものである。

① 国内外の政治や行政の動向

　政治や行政の関連では、企業経営に関連する法律や条例の制定・変更や、雇
用や労働などに関する行政指導の方針は、外部環境として重要である。

② 経済・社会環境や産業技術の動向

　国内外の経済成長率、株価、為替、景気など、マクロ経済的な動向のほか、
産業技術の動向も重要である。例えば、家電メーカーの技術が自動車産業に応
用されるなど、新しい時代の変化はニュース性があるのでメディアの関心も高
い。

③ 業界全体や競合他社の動向

　現在の市場・顧客のシェア、他社の新製品・新サービスや M&A・トップ人
事のほか、不祥事や株価動向なども、広報・PR 担当者としては把握しておき
たい情報である。

④ 消費者など主要なステークホルダーの動向

　消費トレンドや流行などを把握しておくことで、自社情報を発信する際に、

第13章　広報・PR戦略立案の実務知識　*307*

的確なメディアを選択し、PRストーリーを強調することができる。

こうした情報収集を行う際の留意点としては以下が挙げられる。

まず、マクロ環境の情報の収集は、国内外の新聞、雑誌、テレビ、ラジオなどマスメディアや官公庁や業界団体が公表している統計資料、報告書などを閲覧する。これらについてはクリッピング、モニター、文献検索などによって調べることができる。一方、民間のシンクタンク、調査機関、研究機関などが発刊している資料などがある。さらに貴重なルートは、ある分野における人的ネットワークであるといわれている。

次に、数多い情報の中から価値ある情報を発見していくスキルが必要とされる。特に国際的情報に関しては、グローバルな動向が企業経営に大きな影響を及ぼすため、情報の質を的確に判断できる専門家やジャーナリストなど信頼できる人的資産の構築が必要とされる。

また、情報の分析に当たっては、自社・業界内の常識や慣例に捉われず、客観的な価値判断をしていく視点が必要とされる。

さらに、収集した情報を経営戦略や広報・PR戦略の立案に関連づけて分析し、新たな価値を生み出していく姿勢が重要となる。

なお、分析調査の流れとしては、①調査計画の立案、②調査の実施、③結果の分析、④分析レポートの作成、⑤現状の把握、⑥課題の抽出、⑦広報・PR戦略への反映、という順序となる。

2.　報道状況分析

報道状況分析は、自社がマスメディアなどにより、「どれくらい、どのように」報道されたかを定量的に把握するものであるが、同業他社との比較を行うベンチマーク調査を合わせて行うことが広報・PR戦略を立案する際に有効である。対象となるマスメディアと調査は次の通りである。

①　新聞

全国紙・経済紙・特に重視する地方紙などが対象となる。これらのメディアの報道状況についてクリッピングを行い、一定期間（月間、半年間）内におけ

る実態を分析していくことで問題点が明らかになる。

　チェック項目は、媒体名、記事掲載数、報道内容（テーマ）と紙面の掲載（トップインタビューか一般記事か／自社単独記事か他社または業界共通の傾向記事か）、掲載面（一面、経済面等、朝刊か夕刊か）、スペース（見出しの段数、全体行数）、写真・図表の有無などである。これらのうち、とくに注目したい項目は、自社のどのようなファクトがニュースとして取り上げられたのかという報道内容である。平常時の場合は、企業戦略、技術力などの経営関連情報、新製品発売などマーケティング情報、地域貢献、CSR 情報などが考えられるが、報道内容を分析していくことにより、今後の広報・PR 戦略立案に関するヒントが得られる。

② 雑誌

　調査項目は、新聞と同様である。媒体名、記事掲載数、報道内容（テーマ）、掲載ページ数、取扱われ方（トップインタビューなどの特集か一般記事か／自社単独の記事か他社・業界と並ぶ傾向記事か）、写真・図表の有無などである。

　上記のクリッピング作業は、自社で行うことも可能だが、専門のクリッピング会社に委託することが一般的である。

③ テレビ（ラジオ）

　テレビ（ラジオ）は、NHK、民放キー局、重視するローカル局などが対象となる。放送局名、放送番組名（定例ニュース、特集番組、取材協力など）、放送曜日と放送時間（秒数）、報道内容と取扱われ方（インタビューの有無など）をモニターしていくが、モニターを自社で行うことは非効率なので、専門のモニター会社に委託することが一般的である。

④ 好意度評価

　記事や放送内容が自社に対して好意的か批判的かを判断する好意度評価も必要である。一般的には、ある報道に関しての伝え方を「好意的」「やや好意的」「中立的」「やや批判的」「批判的」という 5 段階で評価されている。この評価は、印象が分かれそうな特定のテーマについての報道を分析する際には欠かせない作業であるが、シリアスではないテーマについても好意度の高低は、レピュテー

ションに影響をおよぼす指標となる。

⑤　ベンチマーク調査

　ベンチマーク調査は、自社と比較する必要がある同一事業領域の企業についても、報道状況調査を行い、広報・PR戦略立案の参考とするものである。この調査では、報道件数等の量的把握だけでなく、どのような情報がどのように取り扱われたかという報道内容に注目したい。この分析は、競争戦略を立てる際の重要なヒントとなる。

3.　論調分析

　論調分析は、新聞・雑誌・テレビなどで報道された記事や映像を定性的に分析して、各メディアの報道に対する価値観を洞察していくものである。

　日本のメディアの報道姿勢は、事象（5W1H）のみを報道し、メディア側の主観を反映させない“客観報道”が原則である。しかし実際には、取材した記者の見方、紙面の構成を判断していく社内会議での見方、整理部の見方が入ることで、客観性が微妙に変化していく可能性がある。見出しの表現やスペースの大小という価値づけは、その代表的な例である。

　そのようなことを含めて論調分析は、企業とマスメディアとのギャップ、それによる読者への影響について考察するために有効である。

4.　メディア・オーディット

　この調査は、有力メディアの記者や編集者、またこれらのメディアにも登場する各分野のオピニオンリーダーなどの専門家を対象として、一人ひとりから自社や自社の属する業界に関しての印象・見解・意見などを十分な時間をかけてインタビュー形式により聞き取っていく定性調査の1つで、メディアヒアリング調査と呼ばれることもある。

　この調査で重要となるのは、対象者の人選である。自社や自社の属する業界の状況に精通し、企業経営や社会全般に関する幅広い見識を持ち、さらには広報・PRのあり方にも見識を持つ人物が望ましい。識者ならではの視点から、

自社への忌憚のない批評、問題点の指摘、ベンチマーク企業との比較など、客観的見地からの助言を聴取するためには、先入感に捉われず人選を行う必要がある。こうした適正と思われる識者に対して謙虚な気持ち臨み、広報・PR戦略立案の参考としていくことが肝要となる。

　また、いかにして有益な情報を引き出せるか、さらにそれを質の高い報告書にまとめられるかどうかがポイントとなるため、ヒアリングのインタビュアーは、このような調査に経験が深い専門家を起用することが望ましい。ヒアリングを成功に導くためには質問項目について、事前に十分に吟味することが不可欠である。

5. 企業イメージの調査

　企業イメージの調査は、企業に対して消費者などのステークホルダーが、どのような評価やイメージを抱いているかをアンケート調査により定量的に把握するもので、企業社会における定番的な外部調査として利用されている。

　ステークホルダーは、顧客、消費者、取引先、株主・投資家、地域住民、学生、社内（従業員）など多岐にわたるが、ステークホルダー別に調査するのは予算的、時間的制約などから実現は難しい。これをカバーする調査として、専門の調査会社が行う企業イメージ調査と、有力経済誌などマスメディアが行う各種のランキング調査などが知られている。企業イメージ調査は、一般生活者が企業に対して持っている印象度、好意度などを総合的、定期的（時系列的）に把握するものであり、おおよその傾向を掴むことが可能である。

　外部の調査の中に自社が含まれていない場合は、専門の調査会社に委託するか、自社内で処理できる範囲で行うことになる。どちらにしても、何を知りたいのかというニーズを自社内でしっかりと整理することが前提となる。認知度、好感度などの一般的な評価はもちろん、特に把握したい項目の洗い出しが必要である。例えば経営トップの信頼性、環境対策などCSRへの理解、サービスへの満足度などである。それらを整理した上で、調査項目、調査対象、調査方法、調査期間、調査エリア、サンプル数、調査期間（スケジュール）、予算な

どについて、調査会社と綿密な打ち合わせを行う必要がある。特に知りたい項目が製品や市場に関わる場合は、マーケティング調査の専門会社が委託先となる。近年ではインターネット調査も行われているが、この場合はネット調査専門の会社に委託するケースが増えている。

　また、自社のみの力で行う方法として、株主総会や株主懇談会、イベント会場、店頭などでのアンケート調査や少人数を対象とした直接的なヒアリング調査があり、インターネット調査を自社で行うこともある。

6. 広報活動調査（社内調査）

　広報・PR活動調査は、広報・PR活動で使用する自社のコミュニケーション・ツールの内容や活用状況、並びに広報・PR活動の実施状況などを整理・分析し有効性を検証する調査であり、以下のようなものが調査対象となる。

① 対外的ツール

　ニュースリリース、ニュースレター、記者会見資料（プレスキット他）ファクトブック、IRツール（株主通信、決算短信、統合報告書など）、調査資料（CSRレポート他）、PR誌、会社案内（総合版、リクルート版他）、Webツール（ホームページ、SNS）、PR映像、企業出版、イベント、広告、販促ツール、企業博物館、ショールーム、接客ロビー、海外向けコミュニケーションツール。

② 対外的活動（記録）

　記者会見、記者懇談会、取材対応（経営トップ、広報部、社内各部門）、プレスコンタクト、各種発表（決算発表ほか）、株主総会、株主懇談会、顧客向けイベント、販促キャンペーン、企業イメージ調査、コミュニティリレーションズ（工場見学、地域支援、懇談会）、リクルート活動支援など

③ 対内的ツール

　社内報（印刷社内報、イントラネット）、社内イベント、自社に関する調査報告書、掲載記事・放送（映像）の記録、メディアに関するデータ、人的ネットワーク、広報部内の会議録、社員意識調査など

312　Ⅳ　調査実施に関する実務

　上記の活動内容に対するコミュニケーションツールの的確性、正確性、ビジュアルほかの表現性、活用方法やタイミング、コストなどを検証し、改善に結びつける。検証に当たっては、社内の関係者の評価だけでなく、経営トップなど幅広く意見を聴くことが改善のヒントにつながる。広報・PR活動全体については、PR会社など専門家の協力を得ることも有益で、自社のみでは気が付かない問題点が発見できることもある。

Ⅳ　調査実施に関する実務

　これまでは調査を目的別に紹介してきたが、以下では調査方法の面から説明する。調査方法は、アンケート調査のように問題点を量的に把握する「定量調査」と、グループインタビュー、デプスインタビューなど問題点を質的に把握する「定性調査」に大別される。以下に「定量調査」と「定性調査」の実施方法等に関する概要を紹介する。

1.　定量調査
①　アンケート調査の種類

　代表的な手法であるアンケート調査には、「訪問面接調査」、「訪問留置調査」、「郵送調査」、「ファクス調査」「電話調査」「集合調査」「インターネット調査」などがある。それぞれプラスとマイナスの両面があるが、どの調査を選択するかは、対象者の代表性（母集団を代表しているか）、抽出方法（サンプリング数など）、回収率、回答の精度、コスト、調査に要する日数、実施上の制約などで判断する。

　プラス・マイナスの例をあげると、インターネット調査は、「他の調査と比べて格段に安いコストで短期間に大量のサンプルを得られる」「Web上で簡単に集計分析ができる」「動画・写真・音声を使った質問ができる」ことがプラス面となるが、反面、インターネット調査の対象者はネット調査専門会社に登録しているモニター会員が主流であり、代表性に問題があるというマイナス面

が指摘されている。

　一方、訪問面接調査のプラス面は、回答精度が高いことや代表性が高いことだが、コストが高い、訪問で面接できない場合もあるため回収率が低いというマイナス面が指摘されている。

② アンケート調査の企画

　アンケート調査の流れとしては、①調査課題（仮説）の設定、②調査計画の決定（調査対象者・調査規模・調査地域・調査方法・調査項目・分析方法・調査期間・予算など）、③調査の実施、④データの集計・分析、⑤調査結果の分析・考察、⑥報告書の作成、という順序になる。

　なお調査に当たっては、「なぜ調査が必要なのか」という目的と、「なにを明らかにしたいのか」という仮説の設定が不可欠である。目的と仮説が明確でないと調査計画は成立しない。

③ 調査票の作成

　調査票の作成に関しては、質問文の作り方が肝要である。留意点は、次の通りである。①質問項目が適切であること、②選択肢に当てはまる回答が含まれていること、③表現に瑕疵がなく誰でも理解できる文章であること、④1つの質問で2つのことを聞かないこと、⑤専門用語や一般的でない言葉は使わないこと、⑥質問数が適度（全体で20問〜30問程度）であること、⑦後の質問に影響（バイアス）を与える誘導的な質問をしないこと、⑧回数などを聞く場合は期間を限定すること、⑨質問は一般的なことから個別なことを聞くこと、などである。

　質問票の後半は集中力が低下することもあるので、質問の順序には配慮した方がよい。また、自由回答は補助的位置付けに留める。自由回答で貴重な意見を得られる場合もあるが、アンケート調査では定量分析がメインであるので、自由回答の量が増えると分析が複雑になる。

④ 集計〜分析

　集計から分析については、次のような点に留意すべきである。サンプル数は、誤差の許容範囲、クロス集計分析の実施、コストなどを考慮して決めるが、一

般的には1地域（エリア）につき500サンプルは必要とされる。集計・分析の手段としては、まず単純集計で全体傾向を把握し、次に年齢・性別・エリア・職業といったフェイスシートの項目を使ったクロス集計や、回帰分析や因子分析などの多変量解析を駆使して分析する。

　報告書の構成は、①表紙（タイトル・日付・調査機関名）、②目次、③調査概要（テーマ・背景・目的・調査課題・調査方法・対象者・回収率・調査期間）、④調査結果の概要、⑤総括・提言、⑥調査結果の解説（調査項目ごとのグラフ、図表化したデータ、コメントで構成）、添付資料（調査票・調査依頼書・参考資料）、という順序になる。分析報告書には、分析結果は、グラフや表に加工して、わかりやすく示す。棒グラフは数値の多少を比較するのに適しており、構成比は円グラフが適している。また調査のコメントを書く場合は、ファクトと分析者の解釈を明示的に区別して書く。

2. 「定性調査」

　定性調査の特徴は、定量調査とは異なり、少人数の調査対象者から時間をかけて、さまざまに意見を述べてもらい、分析者がそれを深く洞察していくことにより、企業側が気づいていない問題点や新しい発想を得られることである。企業イメージや特定の問題に関する調査の場合は、専門家やオピニオンリーダーが対象者となる。製品やサービスに関する調査であれば、ターゲット層から選んだ人が対象者となる。

　調査方法としては、「グループインタビュー」、「デプスインタビュー」が一般的に行われている。

① グループインタビュー

　グループインタビューは、調査会社の専用会場に5〜8人の調査対象者を集め、あるテーマについて司会者（モデレーター）のリードにより、出席者が自由に発言する座談会形式で行われる内容を分析する方法である。専用会場に隣接してマジックミラーで仕切られた部屋があり、分析に当たる調査関係者が座談会の様子を観察する。座談会の実施時間は通常は2時間程度である。

第13章　広報・PR戦略立案の実務知識　*315*

② デプスインタビュー

　デプスインタビューは、インタビュアーが調査対象者と一対一で質問し、じっくりと意見を聞き出す方法である。企業イメージや広報・PRのあり方をステークホルダー別に把握するために行われることが多い。「調査の種類」で説明したメディアの人やオピニオンリーダーを調査対象としたメディア・オーディット調査はその1つである。

③ 調査実施上の要件

　グループインタビュー、デプスインタビューには共通する要件がある。いずれの調査でも事前に質問項目を用意するが、実際にはインタビューの対象者の回答次第で質問の順序や内容が変化し、話の流れが予期しない方向に向い思わぬ発言が出てくるようなこともある。このため定性調査の質を確保する意味で、調査対象者の人選が重要となる。依頼段階での主旨説明、用意した質問項目の説明などを含めて直接的な接触による承諾が必要となる。同時に、話の流れを的確に把握し限られた時間内で、話の質的レベルを維持していくためには、座談会のモデレーターやインタビュアーに高度なスキルが求められる。最終的には、こうした流れから有益なファクトを発見していくことが重要だ。なお依頼の際、主旨説明と同時に録音・録画についての許可を得ることが不可欠である。特にグループインタビューの場合は、録音・録画は、分析の際の重要な手がかりとなる。文章による記録（速記やメモ）だけでなく、発言の際の表情やしぐさ、発言の間合い、発言が前後のどのような発言を受けたものか、を考察することは発言者の真意や潜在意識を探ることに役立つとされている。

Ⓥ 広報効果測定のための調査

　最後に広報・PRの効果測定のための調査について説明しておこう。広報・PR活動の効果測定は、信頼できる絶対的な測定方法が見出せないため、きわめて困難な課題である。

316 　V　広報効果測定のための調査

1. 測定の現況

　経済広報センターの「第13回企業の広報活動に関する意識調査」［2018］によれば、「広報部門としての日頃の悩み」（複数回答）としては、「広報・PR効果の測定が難しい」が71.4％に達している。また、広報効果についての数値目標を設定している企業は30.5％に止まっていて、効果測定が難題となっていることが分かる。

　このため多くの企業が1つの測定法によらず、前述のいくつかの外部調査の数値を組み合わせることで判断材料としていると推測できる。

　また、経済広報センターの調査では「広報効果を測定する指標」（複数回答）について「新聞などで報道された頻度・文字数・行数」が51.2％と半数を占めている。以下、「記事をプラス・マイナス・中立」等に分類し測定」（22.1％）、「マスコミ各社が行う企業ランキング調査」（22.5％）、「自社が定期的に行っている企業イメージ調査」（24.9％）などが続くが、「特に指標がない」が18.8％を占めていることは、この課題の難しさを示している（**図表13-1**）。

2. 目標設定と評価設定

　広報・PR戦略の効果に関しては、立案の際から意識し設定しなければならない。具体的には、①一定の目標を設定し、②一定期間に行う広報・PR業務を策定し、③その業務に対する評価方法を設定しておくことが必要である（**図表13-2**）。

　広報・PR業務の内容は、①インプット（内部での資源投入）、②アウトプット（外部への資源投入）、③アウトカム（成果：外部への影響）として把握する。

　例えば「インプット」は、一定の広報・PR体制（人員・予算・業務量等）においてメディアへ発信するニュースリリースの数量、「アウトプット」は、リリース等によりメディアが報道した報道件数、「アウトカム」は、報道がステークホルダーに与えた影響（態度の変化）という図式になる。

　このフローから効果を測定していく場合は、「インプット指標」（発表件数、取材対応件数）に対し「アウトプット指標」（記事掲載数・放送件数)」を設定

【図表13-1　広報活動の成果を測定する指標】

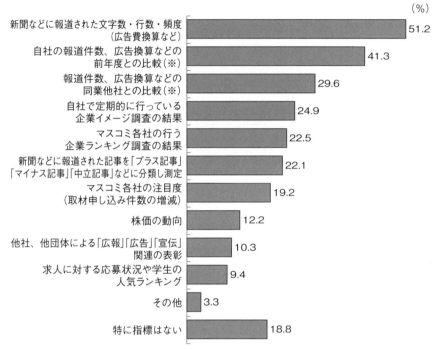

出典：経済広報センター「第13回企業の広報・PR活動に関する意識実態調査」

し、その実施状況を把握し評価を行う。例えば、ある新製品を発売する場合、ニュースリリースを発信する件数「インプット目標」と記事掲載数である「アウトプット目標」を設定し、その達成度合いを自社の前月や前年度実績やベンチマーク企業のそれと比較するなどして評価することが当面の目標となる。しかし広報・PR活動全体の効果測定を行うためには、さらに読者への影響を把握する「アウトカム目標」を設定して、予め想定したステークホルダーを対象とした定量調査や定性調査を調査会社に委託するか、あるいは自社で処理可能な範囲での調査で把握する必要がある。

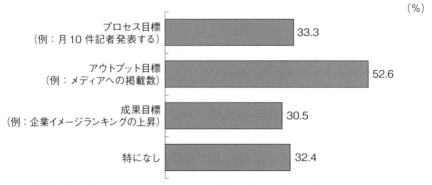

出典：経済広報センター「第 13 回企業の広報・PR 活動に関する意識実態調査」

3. 効果の測定の指標

　広報・PR 活動全体の効果測定を行うためには、インプット指標、アウトプット指標だけでなく、報道のステークホルダーへの影響を把握する「アウトカム指標」の達成度合いを検証しない限り効果測定は完全なものとはならない。

　したがって効果測定に関しては、インプット、アウトプットの状況を把握しつつ「調査の種類」で説明した各種の外部調査を併用して評価していくことが現実的と言えるだろう。

　例えば、「インプット指標」では、広報・PR 部門で、リリース発信活動などがどれだけ活発に行われたか、「アウトプット指標」では、それが記事などの形でどれだけメディアに受け入れたか、という量的把握が指標となる（**図表 13-3**）。特にインプットのコストは、広報・PR 部門内の人件費のほか外部への業務委託費なども含めて計算しやすい。

第13章　広報・PR戦略立案の実務知識　*319*

【図表 13-3　広報・PR 業務を測定する指標例】

インプット（投入）	コミュニケーション活動に従事した際に投入された資源量に着目した場合 ・コスト指標　人件費（平均賃金×業務時間など） 　　　　　　　広報・PR 活動予算（直接費） 　　　　　　　業務委託経費 ・活動指標　　発表件数 　　　　　　　報道対応件数（取材・問合せ対応） ・定性指標　　開示/発表情報の妥当性 　　　　　　　メッセージ/コンテンツの適切性 　　　　　　　プレゼンテーションの品質
アウトプット（産出）	コミュニケーション活動の直接的な結果（記事など）に着目した場合 ・定量指標　　記事件数 　　　　　　　記事量（記事分量、記事段数） 　　　　　　　発行部数（掲載紙面、回読数） 　　　　　　　広告費換算指数（スペース料金など） ・定性指標　　テーマ／領域 　　　　　　　プレイスメント（写真添付、囲み記事など扱い方） 　　　　　　　論調分析（論調とメッセージとの相関など） 　　　　　　　インパクト分析（印象度合いなど）
アウトカム（成果）	報道などによるステークホルダーの態度・行動変容に着目した場合 ・顧客影響度調査（印象、認知度、行動変容など） ・従業員モニタリング調査（印象・反応数など） ・ステークホルダー行動調査（個別的）

出典：清水正道［2008］

３次試験対応

第14章 3次試験「課題A」「課題B」の対応策と参考解答例

　3次試験は2021年より従来の集合型の試験方式を改め、1次・2次試験と同様に、全国のCBTテストセンターで3日間に分けて実施する分散型の試験方式に変更となった。それに伴い、従来のWord、Excel、PowerPointで解答ファイルを作成する方式から、試験専用アプリで各問に記述して解答する方式（テキスト記述式）に変更になり、試験時間は120分となった。解答方式・試験時間は変更となったが、PRプランナーとして求められるスキルや合格水準を変更するものではないものとなっている。

　本章では、限られた試験時間の中で、3次試験の課題A「ニュースリリースの作成」と課題B「広報・PR計画の立案作成」の試験問題から導き出される重要な情報と考え方、および回答について要点を整理する。なお、課題A「ニュースリリースの作成」については、第11章も参照してほしい。

I 課題A「ニュースリリースの作成」の評価基準

1. 課題Aの採点項目とそれぞれの評価基準

　課題A「ニュースリリースの作成」の出題と配点は、「問1　見出し：配点8点」「問2　リード（書き出し）：配点8点」「問3　本文：配点10点」の3問25点満点となり、①見出し、②全体構成、③必要事項、④簡潔性、⑤適切性の5項目が評価項目となる。

　課題Aの出題では、新製品発表、新サービス開始、新施設の開業、企業の新たな取り組みなどが出題される。2時間の試験時間で課題Aに費やす時間

第14章　3次試験「課題A」「課題B」の対応策と参考解答例　*323*

を30～45分とし、残りの時間を課題Bに残すため、試験問題を読むと同時に、「ニュースとなる情報かどうか」の優先順位をつけることが重要である。

2. 課題A「ニュースリリースの作成」で求められる回答

　課題Aでは、一般紙の経済部向けを対象にしたニュースリリースを問1～3の回答によって作成することなる。

① 問1　見出し

　ここでは主に、①見出し、④簡潔性、⑤適切性で評価される。

　試験問題に書かれている内容は、当該事業部からのヒアリングメモと、製品・サービスの特長、製品・サービス概要等で記述されている。その中から、経済部向けに何が重要なニュースとなるのかを出題内容から的確に捉え、見出しとして要素を盛り込むことが求められる。

　問1は、「見出しとしての魅力度」はもちろんのこと、「ニュースの価値が端的に表現されている」こと、「5W1Hの重要な要素」、「見出しとして適切な文字量」の全てが満たされ、初めて合格基準（60％）に達することとなる。見出しではメイン見出しだけでなく、サブ見出しも有効に活用できるかがポイントと言える。また、不要な要素や奇をてらった見出し、誤字脱字等は減点となる。

　見出しで訴求しなければならないニュースとなる内容を間違えてしまうと、リードと本文が誤った回答、もしくは見出しとリード、本文がバラバラな内容となってしまうため、出題文を注意深く読み解き、情報の取捨選択を正しく行うことが必要となる。

② 問2　リード（書き出し）

　ここでは主に、③必要事項、④簡潔性、適切性で評価される。

　リードの内容は、見出しを受けた内容と、製品・サービス概要、製品・サービス時期、および自社名や代表者名等を含めた5W1Hの全てが記述されていることで、初めてリードとして成立することになる。

　ニュースリリースは逆三角形が基本となるので、全ての内容をリードに盛り込むのではなく、ここでも情報の取捨選択を正しく行い、整理して回答するこ

とが必要となる。

③ 問3 本文

ここでは主に、②全体構成、④簡潔性、⑤適切性で評価される。

本文の構成としては、見出し、リードを受けた内容で、背景（製品開発・サービス開設、特長（製品・サービス、概要（製品・サービ）の3つの主な内容が、本文をそのまま引用するのではなく、ニュースリリース用に編集され、簡潔にまとめられているかが重要となる。添付資料に記述するような本文に不必要な内容が入っていた場合は採点対象となる。

本文を回答する際は、「文章は短く」「専門用語、カタカナは多用せず一般用語を使用」「文章の魅力度と論理性、分かりやすさ」等にも、気を付けたい。

各問ともに、社名、施設名、製品名、サービス名などの固有名詞や、発売日、開業日などの日付、および価格に関する誤りがあった場合は、誤記1つにつき1点減点となるほか、自社を「大手」と表現することや、価格においても総額表示ではなく本体価格のみで表記をすると、評価を下げることになる。

第14章　3次試験「課題A」「課題B」の対応策と参考解答例　*325*

Ⅱ 過去問題（課題 A）：ニュースリリースの作成と参考解答例

1. 参考問題

＜新製品発売　2021 年 11 月 20 日実施＞

キッチン家電、キッチン用品の専門メーカー、スティル・ライフ株式会社（本社：東京都渋谷区、解答では「SL 社」と略して記述してもよい）では、自社製品の主力ブランドである、コンパクト調理家電ブランド「カリテ」シリーズの新製品「低温コンベクションオーブン　カリテ」を、2022 年 1 月 20 日（木）に発売することとなった。

SL 社広報部では、当該製品の開発部門と事業部門にヒアリングをして得た下記の情報に基づき、2021 年 11 月 25 日（木）に一般紙の経済部向けのニュースリリースを配信する。ニュースリリースのフォーマットは設問の最後に示すとおりとする。以下の各問に答え、ニュースリリースに必要な要素を完成させなさい。

問 1　ニュースリリースの見出しを記しなさい。（配点：8 点）

問 2　ニュースリリースのリード（書き出し）を記しなさい。（配点：7 点）

問 3　ニュースリリースの本文を記しなさい（箇条書きでも可とする）。（配点：10 点）

※各問ともに、社名、施設名、製品名、サービス名などの固有名詞や、発売日、開業日などの日付、および価格に関する誤りがあった場合は、誤記 1 つにつき 1 点減点とする。

【当該製品の開発部門と事業部門からのヒアリングメモ】
・低温調理は通常の加熱調理と異なり、真空にした状態の食材を一定の温度（湯煎する場合は 40 〜 60℃程度のお湯）で長時間加熱する調理法である。
・低温調理された肉や魚介などは、ジューシーで柔らかく仕上がる。しかし、100 度以下の低温の管理は難しく、正しい知識なしで適当にやってしまうと、食中毒の危険性を高めてしまうため、従来はスチームコンベクションなど大型の設備や真空用の専用フィルムが必要であった。
・共働き世帯の増加に伴う家事の時短ニーズの高まりや、IoT を活用した自

動調理により調理の手間をできるだけ省いて家族のコミュニケーションの時間に充てたいとするニーズの高まりを受け、自社ですでに商品化しているデザイン性に優れたオーブントースターを改良した。従来の湯煎して加熱する調理方式ではなく、オーブンで加熱する調理方式を取り入れた低温調理器具の開発は、コロナ禍以前から始めていた。

・事業部では、新型コロナウイルス感染症の拡大により、増大した「おうち時間」の充実が求められている中、自宅でもレストランと遜色のないおいしい料理を望む本物志向の高まりと、キッチンをおしゃれで楽しい空間に整えて、豊かなキッチンライフを志向する生活者の増加に着目している。

・買い替え需要も狙った今回のオーブンの新製品は、自社では初の低温調理機能を搭載した調理機器となる。

・カリテ（qualité）とは、フランス語で「品質」や「本質」という意味合いを持っており、今回の製品もカリテシリーズとして、相応しい1台になった。

【製品の特長】

・栄養バランスの取れた食事を望む、ヘルシー志向の人が求める「余計な油分の摂取を抑えたローカロリーな調理」が可能。

・低温調理は、とんかつやローストビーフ、ステーキの下ごしらえや、サラダチキンなど、塊肉のうま味を活かす料理に向いている。

・温度調整が難しい肉の低温調理から、高温のグリル調理まで1台で楽しめる。

・1台で低温調理器、トースター、オーブン、ノンフライヤー、発酵食品メーカー、フードドライヤーの6種の調理機能を搭載した、次世代型の万能コンパクトオーブンである。

・運転モードは、「①低温」「②低温＋ファン」「③高温」「④高温＋ファン」「⑤トースト」の5モードを用意。

・「低温＋ファン」モードでは、ドライフルーツやジャーキーなど乾燥調理が楽しめ、「高温＋ファン」モードではノンフライ調理ができる。

・ユーザーごとの調理の嗜好や調理履歴を学習し、調理方法が進化する「献立サポート機能」がついており、本体操作だけでなく、スマートスピーカーからも献立の相談が可能である。鶏もも肉を使ったメニューの利用が多ければ、鶏もも肉のメニューを優先的に提案したり、肉料理ばかりが続き、使用する食材に偏りがある場合は食材のバランスを考え、魚料理や野菜中心のメニューを提案してくれる。

【製品概要】

商 品 名：低温コンベクションオーブン　カリテ

カ ラ ー：レッド、ホワイト

価　　格：14,000 円（消費税別）

消費電力：1,200W（最大）

機　　能：

・加熱方式：石英管ヒーター（上下各 2 本）

・石英管ヒーターとファンを組み合わせ、低温から高温まで 5 モードの調理設定が可能

・調理方法に準じ、デジタル式のタイマーとディスプレイでさまざまな設定が可能

・ユーザーの調理の嗜好や調理履歴を学習し進化する献立サポート機能を搭載

・Wi-Fi に対応

その他：届いたその日から使えるように、30 種類のレシピブックを同梱

【製品の販売チャネル】

全国の家電量販店、TSUTAYA 家電、LOFT のそれぞれにおいて、店頭および通販サイトで販売

【スティル・ライフ社　会社概要】

社　　名：スティル・ライフ株式会社（非上場）

本　　社：東京都渋谷区 XX

工　　場：長野県諏訪市 XX

資 本 金：1 億円（2021 年 3 月末現在）

売 上 高：215 億円（2021 年 3 月期）

設　　立：1998 年 10 月 1 日

代 表 者：XX（代表取締役社長）

328 Ⅱ　過去問題（課題 A）：ニュースリリースの作成と参考解答例

【ニュースリリースのフォーマット】

ニュースリリース　　　　　　　　　　　2021 年 11 月 25 日
報道関係者各位　　　　　　　　　スティル・ライフ株式会社

見出し（問 1）
（配点：8 点）

リード（書き出し）（問 2）
（配点：7 点）

本文（問 3）
（配点：10 点）

会社概要、問合わせ先、添付資料

※上記の社名、人名等は、すべて架空のものである。

第 14 章　3 次試験「課題 A」「課題 B」の対応策と参考解答例　*329*

2．参考解答例
問 1　ニュースリリースの見出しを記しなさい。（配点：8 点）

> 低温調理機能から高温グリルまで、6 種の調理機能が 1 台で
> 家庭用オーブン「低温コンベクションオーブン　カリテ」を新発売
> ～ 2022 年 1 月 20 日から全国の家電量販店・通販サイトほかにて販売開始～

問 2　ニュースリリースのリード（書き出し）を記しなさい。（配点：7 点）

> スティル・ライフ株式会社（所在地：東京都渋谷区、代表取締役社長：
> XX、以下 SL）では、家庭用オーブン「低温コンベクションオーブン　カ
> リテ」を 2022 年 1 月 20 日（木）から発売します。本製品は自社初の低温
> 調理機能をはじめ、トースター、オーブン、ノンフライヤー、発酵食品メー
> カー、フードドライヤーの 6 種の調理機能を搭載した次世代型の万能コン
> パクトオーブンです。全国の家電量販店、TSUTAYA 家電、LOFT のそれ
> ぞれにおいて、店頭および通販サイトで販売し、価格は 15,400 円（消費税込）
> となります。

問 3　ニュースリリースの本文を記しなさい（箇条書きでも可とする）。（配点：10 点）

> 1．低温コンベクションオーブン　カリテ開発背景
> 低温調理では、通常の加熱調理とは異なり、真空にした状態の食材を一定
> の温度（湯煎する場合は 40 ～ 60℃程度のお湯）で長時間加熱する調理法に
> よって、肉や魚介などがジューシーで柔らかく仕上がるメリットがありま
> す。しかし温度管理が難しく、知識ないまま調理すると、食中毒の危険性
> を高めてしまうため、従来はスチームコンベンションなどの大型の設備が
> 必要でした。一方で、共働き世帯の増加に伴う時短家電のニーズの高まりや、
> IoT を活用した自動調理により調理の時間を省き家族のコミュニケーショ
> ンに充てたいとするニーズの高まりを受け、自社のオーブントースターを
> 改良し、オーブンで加熱する調理方式を取り入れた低温調理器具の開発に
> 取り組んでまいりました。コロナ禍によって家庭で食事をする機会が増え、
> 「おうち時間」の充実へのニーズ、自宅でもレストランと遜色ないおいしい
> 料理を望む本物志向や、キッチンをおしゃれで楽しい空間に整えて豊かな
> キッチンライフを志向する生活者の増加を受け、今回発売を決定いたしま

した。

2. 低温コンベクションオーブン　カリテ製品特長
①自社初の低温調理機能搭載
肉や魚介などが、ジューシーで柔らかく仕上がる低温調理搭載により、ご家庭でプロのような絶妙な火入れの料理を簡単に楽しめます。
②6種の調理機能を搭載
低温調理器、トースター、オーブン、ノンフライヤー、発酵食品メーカー、フードドライヤーの6種の調理機能を搭載した次世代型の万能コンパクトオーブンです。ノンフライヤー調理により「余計な油分の摂取を抑えたローカロリーな調理」をする機能も備えています。
③5つの調理モードを用意
「①低温」「②低温＋ファン」「③高温」「④高温＋ファン」「⑤トースト」の5モードを用意しています。「低温＋ファン」モードでは、ドライフルーツやジャーキーなど乾燥調理が楽しめ、「高温＋ファン」モードではノンフライ調理をすることが可能です。
④IoTを活用した献立サポート機能
ユーザーの調理の嗜好や調理履歴を学習し進化する献立サポート機能を搭載していますので、食材のバランスを考えた調理メニューを提案してくれます。

3. 低温コンベクションオーブン　カリテ製品概要
①製品名：低温コンベクションオーブン　カリテ
②価格：15,400円（消費税込）
③販売チャネル：全国の家電量販店、TSUTAYA家電、LOFTの店頭販売及び通販サイト
④製品スペック（色、消費電力、加熱方式等）
⑤発売日：2022年1月20日（木）

※解答例は、模範解答ではなく、広報・PR計画の立案と合わせて2時間という試験時間の制約の中で必要な要素を盛り込んでほしい、というレベルを示したもので、参考解答例として掲載している。

3. 解説

　今日、ノンフライ調理やフードドライヤー、高温グリルをはじめ、多機能で魅力的な調理器が数多く市場に流通している。しかし、家庭でそれらすべての

調理器を揃えるには費用もかかり、キッチンスペースにも限りがあるので、どの調理器を購入すればよいかは迷うところである。

今回の製品「低温コンベクションオーブン　カリテ」の一番のポイントは、自社初ではあるが「低温調理機能」といえる。オーブントースターは多くの人が認知できるコンパクトな大きさであるが、本製品では、そこに多くの調理機能を盛り込み、さらにこれまで一般家庭では調理が難しかった低温調理までを盛り込んだハイスペック家電となる。

見出しでは、①家庭用オーブンの新製品発売、②製品名「低温コンベクションオーブ　カリテ」、③製品特徴の訴求として「低温調理から高温のグリルまで」「6種の調理機能を搭載した次世代型の万能コンパクトオーブン」「学習し進化する献立サポート機能」のうちのいずれか、④5W1Hのいずれかの要素、の4つが見出しに入っていることで、出題内容を的確に捉えているかが問われる。

回答としては「低温コンベクションオーブン　カリテ」の発売だけでなく、多くの調理機能を本製品では有していることをサブで表現し、5W1Hの要素を入れ込むことが望ましい。

リード、および本文では、見出しを受けた内容について、5W1Hの要素を補足し、開発背景、製品特長、製品概要等を逆三角形で記述していけば本製品に関するニュースリリースの趣旨が明確になる。

なお、出題文の製品概要には細かい製品スペックが明記されているが、解答ではすべてを記述するのではなく、情報の取捨選択をしたのちに、大まかな内容にまとめられていても良い。気を付けなければならないことは、価格は消費税込みの総額表示で記述することや、添付資料に記述する要素記述すると減点対象になるので注意が必要となる。

Ⅲ 課題B「広報・PR計画の立案と作成」の評価基準

課題B「広報・PR計画の立案と作成」の出題と配点は、コーポレート課題が問1〜4までの4問、マーケティング課題が問1〜5までの5問で、50点満点となり、どちらも①的確性、②戦略性、③実現性、④独自性・適切性、⑤論理性・構成力の5項目が評価項目となる。

1. 課題B「コーポレート課題」の採点項目とそれぞれの評価基準

コーポレート課題の採点項目とその評価基準について詳しく解説する。

コーポレート課題では、経営戦略と直結した領域（マーケティング課題を除く）から幅広く出題されるが、平時のコーポレート・コミュニケーションと、非常時のクライシス・コミュニケーションに大別される。平時の課題は中長期計画としての立案、非常時の課題は即時対応を中心とした立案が求められている。ただし、平時のプロジェクトに分類されているM&A戦略なども局面設定によっては緊急性を要する場合もあり、ケース・バイ・ケースである。このような試験問題に対処するためには、日頃から企業の経営動向を新聞などで勉強しておくことが有効である。いずれの課題であっても、問いで求められる回答内容は共通するものとなっている。

配点と評価基準は、問1（配点：5点）が①的確性、問2（配点：12点）が②戦略性、⑤論理性・構成力、問3（配点：28点）が③実現性、④独自性・適切性、⑤論理性・構成力、問4（配点：5点）が④独自性・適切性となっている。

2. 課題B「コーポレート課題」で求められる回答

① 問1 的確性が問われる出題

出題内容は、平時の課題では「これまでの市場や業界の動向をふまえた自社に関する現状分析と、目指すべき自社ブランド、企業イメージに関する目標と課題について、整理して記しなさい。」、非常時の課題では、「これまでの経緯をふまえた現状分析と、自社ブランド（企業イメージ）に与えるリスク要因に

ついて整理して記しなさい。」となっている。

試験では、計画立案の前提となる当該企業（組織体）が現在置かれている状況や、早急に解決を迫られている経営課題、関連する市場、ステークホルダーの動向などのマクロ的環境分析と自社内の経営戦略の検討課題などのミクロ的環境分析が提示される。自社の課題と目標を定める上でも、まずこれらのポイントを正確に理解しているかが重要である。

問1では、単に問題文のコピーではなく、試験問題で提示されるさまざまな情報を、簡潔・的確に整理した上で「何が最大の課題であり、何をしなければならないのか？」という核心を把握した回答が求められ、回答文から読み取れる理解度に応じて配点が与えられることとなる。

② 問2　戦略性、論理性・構成力が問われる出題

出題内容は、平時の課題では「問1で整理した目標と課題に基づき、最も望ましいと思われる中期視点での広報・PR計画案の基本方針を提案しなさい。」、非常時の課題では、「問1で整理したリスク要因に基づき、最も望ましいと思われる対応の基本方針を提案しなさい。」となっている。

共通しているのは、問1で抽出された課題を解決していくための基本方針を示すことである。基本方針には、方向性を端的に表現するキーメッセージを提示することが必要となる。キーメッセージは、全ステークホルダーへの共通メッセージとなり、その他にステークホルダー別に配慮されたメッセージも必要となる。キーメッセージを明確に表現することができれば、それをコミュニケーション戦略に落とし込むことで戦術的な広報計画案の概要が提示できる。問2では、これらの基本方針、メッセージ、広報計画案の概要の3つが戦略的に結びついていて、初めて合格基準（60%）に達することとなる。

平時のコミュニケーションにおける戦略上の課題は、自社の取り組みをステークホルダーへ浸透させ、自社のブランド価値を高めることであり、クライシスにおける戦略上の課題は、ダメージを最小限にとどめ、信頼を回復しビジネスを回復させることである。

3次試験では、個別施策以前の方向性を示す戦略的思考の有無も評価基準と

なる。このプロセスをとばして個別施策の立案に入ることは論理性を欠くことになるためマイナス評価となる。

③ 問3　実現性、独自性・適切性、論理性・構成力が問われる出題

出題内容は、平時と非常時は共通となり「問2で提案した基本方針に基づき、必要となるコミュニケーション施策（アクションプランを含む）について、メディアを含むステークホルダー別に記しなさい。」となっている。

マスメディア対応、WebやSNS展開などの具体的コミュニケーション施策が上記の戦略を反映し、戦略展開に欠かせない項目が示されているかどうか、必然性・連続性があるか、それらを含めての施策に実現性・妥当性があるかどうかが問われる。

回答内容は、「一つ一つの計画案が実行可能で適切なプランか」、「計画案がステークホルダーの優先順位に沿って組み立てられ、ステークホルダーに適切に配慮がされているか」、「著しく社会性、遵法性を欠いていないか」、「計画案が、目標に対して適切に機能するか」、「戦略と計画案に一貫性があるか」、「実施企画全体でタイミングとリスク評価が現実的か」を満たしていなくてはならない。

例えば「広報・PRの施策」が中心ではなく、プロモーション中心になっている場合は評価されない。

④ 問4　独自性・適切性が問われる出題

出題内容は、平時と非常時は共通となり「上記以外に検討すべき要素があれば記しなさい。」となっている。

ここで求められるものは、記者会見の内容等の実際の実務に関連した内容や、基本方針を支援するための全社的な新たな取り組みの提案、広報・PR計画に対してのKPIに関する考え方等となる。

広報・PR計画では、コンペティターとは一線を画する独自性が求められる。一般的なセオリーを踏まえた適切性を含みながら、基本戦略を実現する施策が提示されれば、高く評価される。

第14章　3次試験「課題A」「課題B」の対応策と参考解答例　*335*

3. 課題B「コーポレート課題」での立案事例

　次に、企業社会でよく見られる事例について、立案の前提となる状況と立案のポイントを考察してみよう。3次試験合格に向け、出題に応じてこれらを組み合わせ、適切な回答を導き出してもらいたい。

① M&A（合併・買収）や事業提携（アライアンス）

　近年は、企業の合併・買収・提携が増加している。企業にとっては、さらに発展を続けるための重要な決断であるが、記者にとっては、大型M&Aはセンセーショナルな経営情報である。それだけに企業側にとっては、M&Aの意図や効果をメディアに好意的に報道してもらえるかどうかが企業の今後に大きく影響する。この局面での広報・PR計画の立案は、ステークホルダーの状況の把握、情報管理、発表のタイミングや演出の仕方などに周到な配慮を要する。

　M&Aは、双方の合意による合併・吸収のケースもあるが、TOBを含む買収時には激しい攻防戦になることもあり、報道によるマイナス面も考慮しなければならない。敵対的な買収をめぐっては社会問題化した事例も多い。M&Aを予定している企業、M&Aを行うと想定されている企業は、執拗な取材攻勢に対して、情報管理には万全を期さなければならない。また情報が一部のメディアに事前に漏れた場合の対策も用意しておかなくてはいけない。

　事業提携の場合は、その提携がいかにシナジー効果を発揮できるかというアピールポイントを開示していくなど用意周到な計画が必要になる。マクロ情報、業界情報、ライバル企業との比較情報、マーケティング情報、技術・生産情報・マンパワー情報など、細部にわたる資料と発表の場での説明力が良い報道につながるポイントとなる。

② 経営トップの交代

　社長の交代、特に有名企業・注目企業の場合は、ニュースバリューが高く、しばしばスクープの対象となる。M&A関連でのトップ人事は、公式発表前に記事が出て合併に支障を与えるケースもあるので情報管理には厳重な注意が必要である。

　広報・PR計画の立案に関して特に重要なことは、新社長の就任時の記者会

見の内容である。この場でどのような魅力あるメッセージを打ち出すことができるかが今後のレピュテーションに大きな影響を及ぼす。M&Aや事業提携やアライアンスの場合と同様、事業見通しに止まらず、経営トップとしての信条やビジョンなど個人的魅力をいかに表現できるか、キーワードの打ち出し方や演出力を含めたサポートが問われることになる。

③ 新事業・新技術・新資源発見

新事業・新技術・新資源というテーマは、経済系・証券系を始めとする国内メディアだけでなく海外メディアの関心も高い。そのため内容によっては長期的な対応を迫られることもあるので、発表時だけでなく、発表後も効果的に演出していく必要がある。一方、マイナス評価が生じる懸念があるので、その対応も含めた戦略的な広報・PR計画の立案が求められる。

なお、この案件は、証券取引所の適時開示規則に定められている、将来の業績に大きな影響を与える「重要事実」に該当するもので、インサイダー取引につながる恐れがある。インサイダー取引については、規制が改正されてより厳しくなっている。企業は違反リスクを避けるために速やかな発表を行う必要がある。

④ IR関連の発表

広報・PR部門が窓口となって、IRに関連するプロジェクト情報を発表する際には、IR部門との緊密な連携が必要である。

「重要事実」に該当する情報は「決定事実」「発生事実」「決算情報」「その他の投資判断に著しい影響をおよぼすもの」などがあり、プロジェクトによっては「重要事実」とみなされることもあるので注意が必要である。「重要事実」情報の扱いは、コンプライアンスやコーポレートガバナンスの対象として広報、IR部門が厳重な管理を要求される。

⑤ 不祥事の対応

企業の不祥事は、さまざまである。クライシス・コミュニケーションの場合、広報・PR部門は、まずは「誠意をもって迅速に対応する」ことを鉄則として、緊急記者会見を開催し、以下の原則に沿った説明を行うことが基本となる。不

祥事の際の謝罪会見の原則は、①真摯な謝罪、②事実の経緯説明、③原因の説明または究明、④再発防止策である。

⑥ ESG・SDGs に配慮した取り組み

近年、ESG や SDGs 課題を経営に取り込む企業が増えている。ESG や SDGs を取り込んだ経営を実現するためには、自社が目指す ESG や SDGs の目標を定め、地球環境や社会のネガティブな影響を客観的に把握し、自社事業の活動でいかに取り組んでいるかを整理・評価し、発信することが必要となる。

ESG や SDGs に関する自社の取り組みは、従来のメディアリレーションズだけでなく、株主や投資家、あるいは取引先などのステークホルダーに対して、財務情報と非財務情報を記載した統合報告書や Web サイト、SNS 等のさまざまなツールを併用し、定期的に報告することが求められる。

4. 課題 B「マーケティング課題」の採点項目とそれぞれの評価基準

マーケティング課題の採点項目とその評価基準について詳しく解説する。

マーケティングの出題傾向としては、新製品・新サービスの市場導入に関する出題が多い。また BtoC の製品・サービスの出題が多いが、BtoB の製品・サービスの出題された例もある。BtoC と BtoB では市場の構造、ターゲット顧客、競合製品との差別化戦略が異なるため、マーケティング・コミュニケーションの戦略立案、実行計画の策定に際しても、上位のマーケティング戦略との整合性を重視する必要がある。

配点と評価基準は、問 1（配点：5 点）が①的確性、⑤論理性・構成力、問 2（配点：12 点）が②戦略性、問 3（配点：25 点）が③実現性、④独自性・適切性、⑤論理性・構成力、問 4（配点：5 点）が①的確性、④独自性・適切性、問 5（配点：3 点）が④独自性・適切性となっている。

5. 課題 B「マーケティング課題」で求められる回答

① 問 1　的確性、論理性・構成力が問われる出題

出題内容は、「今回提案する広報・PR 計画の骨子を簡潔に記しなさい。」となっ

ている。

　試験では、当該企業が発表する新製品や新サービスの特長と、関連する市場や業界動向、社会環境等が提示される。問1の出題は、問題で提示されている内容から、くみ取って欲しいポイントをまとめることが必要となり、広報・PR戦略の骨子として、①問題から導き出された課題、②（課題を解決するための）戦略コンセプト、③ターゲット、④全体スケジュール、⑤その他（期間、予算、条件等）が、的確に盛り込まれ整理した回答が求められる。

② 問2　戦略性が問われる出題

　出題内容は、「問1の広報・PR計画におけるコミュニケーション・ターゲットと各ターゲットへの基本戦略を記しなさい。」となっている。

　ここでの回答ではターゲットの羅列のみでは不十分となり、「なぜそのターゲットでなければならないのか」「ターゲット本人だけでなく、市場形成や個人への運動をうながす影響力を及ぼすステークホルダーにも言及しているか」「戦略上のターゲットの優先順位を明確に決めた上で戦略を立てているか」というターゲット戦略が必要となる。また、広報・PRの基本戦略では、ターゲットのニーズと社会背景を把握した上で、ニュース性を付加し回答しなければならない。

　マーケティング・コミュニケーションの戦略構築とは、「伝えたい情報を、メディアを通じてどのように伝えていくのか」というシナリオを組み立てることである。ここでいう「情報」とは、消費者が行動の意思決定を下すために有用なデータや知識のみならず、映像、デザインなどあらゆるコンテンツを含む。

　何よりも大事なのは、マーケティング・コミュニケーションが担うべき役割をできるだけ具体的に設定して、伝えるべき情報を明確にしていくことである。低価格、斬新なデザイン、軽量、省エネ、使い勝手の良さなど、消費者が関心を持ちそうな新製品の特徴を網羅して伝えようとするプランをよく見かけるが、たくさんの矢を投げれば1つくらいは的に当たるだろうという考えでは、メディアも、その先の消費者も動かせない。メッセージが明確になっていないプランでは、消費者の心に何も残らない。

マーケティング・コミュニケーションが担うべき役割によって伝えていくべき情報は変わってくる。例えば、マーケティング・コミュニケーションの目的が「製品カテゴリーに対する関心の喚起」にあるのなら、マーケティング・コミュニケーションで新製品の発売や製品特徴を伝えることにこだわる必要はない。製品特性の周知は、広告や自社のWebサイト、店頭など、他のコミュニケーション手段に任せればよい。マーケティング・コミュニケーションでは、製品カテゴリーに消費者の関心を引き付けるために、どのような情報を伝えるべきかに焦点を当ててプランを組み立てるべきである。

一方、新しいブランドの市場導入にあたり、ブランド名やブランドの特徴を周知浸透させていくことがマーケティング・コミュニケーションの役割となった場合には、新しいブランドが市場に導入されるというニュース性を際立たせて、市場導入時にメディアに集中的に製品を取り上げてもらうことが戦略の骨格になる。その際には、何がニュースになるかを見極めて、ニュースを生み出す情報作りに集中していくことが大事だ。

メディア露出のためにも戦略は必要である。記者発表会を実施したり、ニュースリリースを配信するのと並行して、メディアが取り上げたくなるような必然性を作っていくことだ。どうすればメディアに取り上げられ、それがさらに広いメディアに波及して、新しい報道の流れが起こせるのか、を考えることが重要だ。そこから新しいトレンドが生まれたり、ブームにつながるのか、という先読みをしながら、メディアが取り上げざるをえない状況を作っていくことこそ、マーケティング・コミュニケーションの戦略立案の醍醐味といえる。

③ 問3　実現性、独自性・適切性、論理性・構成力が問われる出題

出題内容は、「上記広報・PR計画のコンセプトと具体的な施策案を記しなさい。」となっている。ここでの回答は、個別の具体的施策として下記の要素を踏まえ立案することが求められる。

○ターゲットへの訴求力があるか？
・設定したターゲットのインサイトに刺さる訴求力のあるコンセプトが立案されているか？
・設定したターゲットに対して、ターゲットのインサイト、ライフスタイル、新製品・新サービスへのニーズを仮説として提示し、顧客視点でくみ上げた広報・PR戦略になっているか？
○マーケティング目的が達成可能なものとなっているか？
・新製品や新サービスのユーザー獲得
・新製品や新サービスのトレンド化
・新製品や新サービスへの誘客
○戦略から計画への落とし込みは的確か？
・導入前、導入期等のタイミングを生かした計画となっているか？
・単発ではなく、継続性のあるプランが示されているか？
○新製品や新サービスの魅力を訴求する施策が組み込まれているか？
・定期的な誘客イベント　等
○マスメディア、SNSのプランがあるか？
・インスタグラム、ツイッターなどSNSを誘発するプランがあるか？
・TV（全国ネット）へのアプローチがあるか？
○メッセージないしはストーリーの工夫があるか？
・ニュース性、話題性のある内容になっているか？
・インパクトのある内容になっているか？
・PRに有効か？

　マーケティング・コミュニケーションの具体的活動プログラムをまとめるための基本的な手順を説明しよう。

(1) 活動プログラムのフレームを作る

　記者発表会の開催など個別にマーケティング・コミュニケーションの活動プログラムを作成する場合もあるが、ここでは新製品の発売や新施設開業に伴う場合を想定してフレームを作ることにする。

　まず全体の活動期間を設定し、事前の準備から発売（開業）後の継続展開までを含めると、1年間の活動期間を設定するのがよい。中長期のブランド構築に則ったマーケティング・コミュニケーションの活動であれば、2年〜3年の期間設定をして、大まかでもよいので計画の骨格を組み立てておきたい。

　全体の活動期間が1年の場合、次にいくつかのフェーズ（局面）に分けてみよう。図表14-1にマーケティング・コミュニケーションにおける計画の活動

フェーズと目的の例を示す。そして、広報・PR 活動計画にかかわりを持つ他のマーティング施策のトピックスを各フェーズにプロットしてみる。製品開発（施設開発）スケジュール、流通業者へのプレゼン時期、SNS 展開、広告など他のプロモーション施策などを計画に落とし込んでおくとよい。

このように計画のフレームを作ることによって、計画全体を俯瞰して捉え、全体との整合性を取りながら具体的な活動を組み立てることができる。

【図表 14-1　マーケティング PR における活動のフェーズと目的】

	フェーズ（局面）	目　　的
第 1 フェーズ	製品発売（施設開業）に向けた事前の準備期	情報の整備、新発売（施設開業）のための良好な情報環境醸成
第 2 フェーズ	発売時（開業時）	新発売（施設開業）の認知促進
第 3 フェーズ	発売後（開業後）の継続展開期	製品（施設）の評価形成、理解促進（ブランディング）

(2)　活動全体を貫く施策を組み立てる

次に、全体計画の中軸となるプログラムを企画立案する。マーケティング・コミュニケーションでは、メッセージを一貫して伝えていくことが重要なため、活動全体の施策を組み立てることが求められる。具体的な施策を構築するポイントは、キーメッセージにストーリー要素を付与していくことである。成否のカギを握るのがこのストーリー作りだ。

PR ストーリーを構成するのは、5W1H の 6 つの要素である。「Who（語り手）＝オピニオン・コメンテーター）」「What（活動）＝プロジェクト、イベントなど）」「When（タイミング）＝歳時記、旬」「Where（舞台設定）＝取材の場作り」「Why（根拠）＝事象・現象、データ」「How（どのように）＝取材の画作り、ユニークなシーン」など、メディアに取り上げてもらうためのコンテンツのアイデアが、プランに落とし込まれていなければならない。

(3)　基本的なマーケティング・コミュニケーション活動のプログラムを構築する

計画の中軸が固まったら、この施策に必要なマーケティング・コミュニケーションの活動を組み立てる。

342　Ⅲ　課題B「広報・PR計画の立案と作成」の評価基準

○新製品発売時のマーケティング・コミュニケーションの活動

　まず、新製品発売時効果的なニュース報道を促す発表のタイミングと形態について検討する。流通施策との関連性や、発売のどのくらい前に発表するのが効果的なのかなどを考えて発表のタイミングを決定したい。同様に記者会見形式とするのか、リリース発表にするのか、新製品のニュースバリューを見極めて最適の形態を選択していく。自動車や家電、AV機器など高機能製品の場合は、メディアの記者や編集者に製品機能やデザインを体感してもらう試乗会や体験セミナーの開催も有効である。また、雑誌社を中心にメディアの編集部に製品を携えて訪問するメディアキャラバンも一般的な手法である。

　これらは、新製品発売時の「ニュース記事」を獲得するための手法だが、それだけでは発売時の単発的なマーケティング・コミュニケーション活動で終わってしまう。いわゆるニュース記事ではなく、新聞・雑誌の「企画記事」やテレビ番組の「特集コーナー」も対象とし、さらにWebメディアでの情報拡散も意識しておきたい。

　例えば、新製品誕生までの舞台裏をテレビ番組で密着取材してもらい、「新製品開発ドキュメント」として取り上げてもらう企画や、新製品の開発責任者を新聞や雑誌のトレンド情報誌にインタビュー取材してもらう「開発者インタビュー」、さらに製品カテゴリー全体の傾向を取り上げる「傾向記事」や、新しい消費トレンドを紹介する「特集記事」の中で自社の製品を取り上げてもらう企画も有効だ。その他、中元・歳暮やボーナス商戦、母の日、父の日など季節の歳時記や記念日に合わせた企画や、「日焼けケア特集」、「ダイエット特集」、「夏のカレー特集」など、メディアの定番特集のタイミングに合わせた企画も考えられる。

○施設開業時のマーケティング・コミュニケーションの活動

　新施設の開業がニュースとして報道される最大のタイミングは開業日である。開業日のニュースを最大化させるために、どのような演出がふさわしいのかを企画としてじっくり練り上げる必要がある。また、開業日のマスコミ報道を促

第14章　3次試験「課題 A」「課題 B」の対応策と参考解答例　　*343*

【図表 14-2　マーケティング・コミュニケーションの具体的活動プログラム】

		事前準備期	市場導入期	市場展開期
新製品発売		●プロジェクト立ち上げ 　例）・第三者機関との共同 　　　　事業 ● PR 調査		
		●関連情報の収集 ●基本広報資料の作成 ●マーケティング・コミュニ 　ケーション活動プログラム 　準備 ●自社 Web サイトでのコンテ 　ンツ構策準備 ●製品開発密着取材	●新製品記者発表 　（記者会見・ニュースリリース） ●体験型セミナー ●メディアキャラバン ● WebPR ●開発者インタビュー	● PR イベント ●企画特集
新施設開業		●プロジェクト立ち上げ ――――――――――――――――――→ 　例）・地域貢献活動 　　　　・環境対策		
		●関連情報の収集 ●基本広報資料の作成 ●マーケティング・コミュニ 　ケーション活動プログラム 　準備 ●自社 Web サイトでのコンテ 　ンツ構策準備 ●事業構想発表 ●施設テナント契約発表	●プレス内覧会 ●施設開業日セレモニー ● WebPR	● PR イベント 　・季節催事 ●企画特集

著者作成

　すためにも、事前のきめ細かな情報発信が欠かせない。事業構想段階での記者
発表、テナント企業との契約発表、施設着工・竣工のニュース、開業事前のプ
レス向け内見会の実施など、継続的にニュース発信できるプログラムを組み立

344 Ⅲ 課題 B「広報・PR 計画の立案と作成」の評価基準

てることによって、開業に向けた期待感が高まり、開業時の活況感のあるニュース報道を実現できる。また、開業後も継続して報道されるように、開業後の反響をニュースリリースにまとめて発信したり、来場客が見込めるタイミング（春休み、GW、夏休み、年末年始など）でイベントを企画するのも効果的である。

施設の規模や形態は、複合商業施設やレジャー施設、ホテルやレストラン、小売店までさまざまだが、共通しているのは、施設にはストーリーを形成する5W1H の要素が揃っていることだ。「バレンタインデー」「衣替え」「クリスマスライトアップ」など、製品広報ではなかなか仕掛けにくいストレートなニュース発信の機会がたくさんある。こうした機会をマーケティングの企画立案に生かしていきたい。

施設の広報では、特集記事や特集コーナーでのパブリシティを狙った企画も考案したい。「デパ地下グルメ特集」、「年末年始の福袋商戦」、「レディスプラン」などメディアの特集を狙った企画や、地域住民との交流催事、環境をテーマとした企画も考えられる。施設に関連するさまざまな情報を洗い出して、社会動向や市場環境に照らし合わせて PR ストーリーとして組み立てることによって、継続的で厚みのある活動プログラムが構築できる。

④ 問 4　的確性、独自性・適切性が問われる出題

出題内容は、「上記広報・PR 活動のスケジュール展開予定と各施策への予算配分を記しなさい。」となっている。

広報・PR 活動のスケジュールは、活動期間から逆算して、適切なタイミングでの発表が計画に組み込まれているかが問われる。

具体的な活動プログラムのスケジュールでは、計画全体のバランスに気をつけながら、実施期間だけでなく準備期間もスケジュール化しておくことが大切である。新製品や新サービスの認知から、検索、検討、申し込みまでのジャーニーを意識し、発表のプロモーションや実施のタイミングも検討しなければならない。さらに、「誰に」「何を伝えるか（＝どういったブランド認知を得たいと考えるか）」が押さえられており、個々の施策が到達したいゴールに設定さ

れているかどうかの視点も重要となる。

　各活動プログラムの予算の概算を算出するには、すでに類似の活動実績があれば、それを参考にしながら各活動プログラムの予算を積み上げ、全体の予算枠との整合性を確認する。

⑤ 問5　独自性・適切性が問われる出題

　出題内容は、平時と非常時は共通となり「上記以外に施策アイデアがあれば記しなさい。」となっている。例えば、課題では明記されていない内容で、インサイトに繋がる施策案等があれば加点要素となる。

6.　課題B「マーケティング課題」での立案事例

　これまでの出題傾向としては、新製品・サービスの市場導入に関する出題が多い。またBtoCの製品・サービスの出題が多いが、BtoBの製品・サービスの出題された例もある。BtoCとBtoBでは市場の構造、ターゲット顧客、競合製品との差別化戦略が異なるため、マーケティング・コミュニケーションの戦略立案、実行計画の策定に際しても、上位のマーケティング戦略との整合性を重視する必要がある。

　マーケティング課題の出題テーマは以下の4つに大別される。

① 新事業の開始、新製品・サービス・施設の市場導入（ローンチ）時の支援

　新事業の展開新製品・サービス・施設の市場導入にあたり、マスメディアやWebメディア、SNSなどの幅広いメディアを通じた複合的な情報発信により、対象となる事業、製品・サービス、施設等のブランド認知の向上を図る。市場導入時における認知度の数値が目標（KPI）となる。

② 市場の新しいカテゴリーに対する関心喚起、理解の促進

　事業や製品・サービスが新しいコンセプトや機能をもっていたり、市場に新しいカテゴリーを創出することをマーケティング戦略の重要な課題に設定して

いる際には、その価値を理解してもらうために、マーケティング・コミュニケーションは重要な役割を果たす。

市場に新たなカテゴリーが誕生することを、どのように生活者に訴求し印象づけていくのか。その戦略と実行計画の策定が課題となる。新しいカテゴリーの浸透度が目標となる。Google の検索ワードの数値や SNS を通じた口コミ件数などで浸透度を推測することができる。

③ 成熟期の製品・サービスの再活性化、リポジショニングの支援

成熟期にある製品・サービスのイメージを再活性化するために、時代環境や生活者インサイトを調べ、生活者の目に見えないニーズや欲求を掘り起こして製品・サービスの新たな価値を再構築し、マーケティング・コミュニケーションを通してターゲットとなる生活者に訴求していく。その製品・サービスへの望ましい連想形成が生活者に生じるかどうかが成否を決める。したがって戦略は、目標となる連想形成を明確にして構築する必要がある。

④ 製品・サービスへの評判や信頼性の付与

マスメディアなど影響力のある第三者の報道によって評判を高めたり、信頼性を付与したりする。一過性の活動では評判は形成されないので、中長期の活動計画を立てる必要がある。

第14章　3次試験「課題A」「課題B」の対応策と参考解答例　*347*

Ⅳ 過去問題（課題B）：コーポレート課題と参考解答例

1. 参考問題

＜ESGへの取り組み　2022年3月11日実施＞

ボーダーソン株式会社（本社：神奈川県横浜市　解答では「ボ社」と略して記述しても良い）は、日本全国にファストファッションブランドを展開するアパレルメーカーである。同社では、「暮らしにフィットする服装を」をコンセプトに、商品の企画から製造、物流、プロモーション、販売までを一貫して行い、お客様の衣生活をサポートしている。

ボーダーソンでは、これまでも古着の回収を行ったり、使用済みペットボトルからポリエステル・チップを製造してそれをリサイクル・ポリエステル繊維にし、新たな製品を作ったりするなど、原材料調達から製造・販売に至るサプライチェーンのすべての段階において、環境に配慮した取り組みを推進してきた。同社は2021年12月に発表した中期経営計画で、「循環型ファッションへの変革を強力に推進する」ことをかかげ、これまで以上に様々な取り組みを行っていくことを宣言している。

以下の経緯と情報をもとに、「循環型ファッション」をはじめとした新たな取り組みを通して、自社の企業理念の浸透を図りつつ、企業ブランドを向上させ企業レピュテーションを高めるボーダーソンの取り組みについて、同社広報部の担当者として広報・PR計画を立案し、以下の各問に答えなさい。なお、本計画の対象期間は、2022年4月からの3年間とする。

問1　これまでの市場や業界の動向をふまえた自社に関する現状分析と、目指すべき自社ブランド、企業イメージに関する目標と課題について、整理して記しなさい。（配点：5点）

問2　問1で整理した目標と課題に基づき、最も望ましいと思われる中期視点（3年間）での広報・PR計画案の基本方針を提案しなさい。（配点：12点）

問3　問2で提案した基本方針に基づき、必要となるコミュニケーション施策（アクションプランを含む）について、メディアを含むステークホルダー別に記しなさい。（配点：28点）

問4　上記以外に検討すべき要素があれば記しなさい。（配点：5点）

【アパレル業界の市場状況】

- 十数年前までは、ブランド品や高級なファッションアイテムを多く所有することが、ステータスとなる時代であった。そのため、ファッションにもたくさんのお金をかけ、ブランド品で着飾る人も珍しくなかった。
- しかし近年では、「モノへの執着」自体が薄れ、いわゆる「ミニマリスト」的志向が市場に浸透してきており、高級衣料品が売れにくい時代になっている。
- 以前は「低価格商品は品質が悪く、長持ちしない」という認識で敬遠されていたファストファッションも、最近ではユニクロやZARAなどを筆頭に、低価格でありながら機能性が高く、さらにデザイン性も優れた商品の高品質化により、「服やバッグなどにはお金をかけず、必要最低限の支出に抑えよう」と考える消費者の低価格志向が進んでいる。
- アパレル業界全体の売上は、1990年代から2010年ごろにかけて減少傾向にあったが、その後、コロナ禍前までの数年間は、インバウンド消費やECサイトの活用による需要拡大もあり、ほぼ横ばい状態となっていた。
- 低価格志向と業績の低迷に加えて、新型コロナウイルスの感染拡大はアパレル業界にも大きな影響を与えた。緊急事態宣言による外出自粛や営業時間の短縮は、実店舗から客足を遠のかせ、売上の減少や閉店の続出をもたらすこととなった。

【アパレル業界のサステナビリティ課題への取り組み】

- ファストファッションメーカー各社は、サプライチェーンの各段階における「環境」「社会」「ガバナンス」の諸問題を経営課題と捉え、「環境」「社会」「ガバナンス」のそれぞれについて、サステナビリティ課題に取り組む姿勢を示している。
- 各社とも環境課題では、省エネルギーや資源の再利用、廃棄物の削減をはじめとして、環境に配慮した事業活動を行う方針など、また社会課題では、「社員」が働きやすく、働き甲斐のある環境づくりを推進しながら、「お客様」「取引先」「地域」と共に発展・成長し続けることを目指す方針など、さらにガバナンス課題では、ガバナンス体制の強化、株主・投資家との対話の充実、リスクマネジメントを徹底する方針などを掲げている。

第14章　3次試験「課題A」「課題B」の対応策と参考解答例　*349*

【グリーン購入への課題】

- ・「グリーン購入」とは、市場に供給される製品・サービスの中から環境への負荷が少ないものを優先的に購入することによって、これらを供給する事業者の環境負荷低減への取り組みに影響を与えていこうとする、消費者一人一人の消費行動を指す。
- ・グリーン購入に対する消費者の意識は、今のところまだ十分な行動には結び付いていない。グリーン購入がいまだ消費行動の大きな潮流になり得ていない背景には、大きく分けると、「環境に配慮した製品は価格が高い」という価格面の問題と、「環境に配慮した製品に関する適切な情報が少ない」といった情報面の問題がある。

【ボーダーソンの新たな取り組みの概要】

　ボーダーソンでは、今後の3年間で以下の4つの取り組みを推進することを計画している。

1．店頭の使い捨てプラスチックをゼロに

　「サプライチェーン全体で、不要な使い捨てプラスチックを原則として撤廃するとともに、使わざるを得ないものについては環境配慮型素材に切り替える」ことを目標とする。具体的には2023年中を目処に、お客様の手に渡る使い捨てプラスチックを95%削減する。そのための取り組みは、以下の2つとする。

①プラスチック製ショッピングバッグの廃止と環境配慮型紙袋への切り替えと有料化

- ・現在、ボーダーソングループ各店舗で使用しているプラスチック製ショッピングバッグを、2022年5月から、FSC認証（森林認証）を受けた紙または再生紙を使用した環境配慮型の紙袋に順次切り替え。
- ・エコバッグの利用促進のため、国内全店舗でショッピングバッグを有料化し、大きさに関わらず1枚10円（税抜）で販売。

②商品パッケージのプラスチック撤廃・代替素材への切り替え

- ・2023年秋冬シーズンから、一部の商品で使用されているプラスチック製パッケージを廃止した上で、代わりの素材（紙など）に切り替える。

2．100%日本近海の海洋プラスチックごみから作られた服の製造

- ・日本近海で漁業を行う過程で収集される海洋ごみを回収・分別・再生して、服に変えるプロジェクト「オーシャンウェア プロジェクト」を立ち上げる。プロジェクトメンバーには、使用済みペットボトルから服を作るパートナーの繊維メーカー「帝国レイヨン」、全国の10カ所の漁業協同組合、海洋プラスチック除去ロボットを開発する大学発スタートアップであるシー

350 Ⅳ 過去問題（課題B）：コーポレート課題と参考解答例

ボット社のほか、漁業にも精通し無人島の開拓や横浜で干潟の再生に取り組んでいるアイドルグループ「JMK」が参加する。なお、このアイドルグループは、服の企画やデザインについても担当する。

・本プロジェクトの公表は、2022年7月18日（海の日）とする。2023年5月から、このオーシャンウェア プロジェクトから生まれたポロシャツなどの販売を開始する。

3. 循環型ファッションの情報発信の場「ボーダーソン SDGs スタジオ」の開設

・ボーダーソンの商品の中でも、循環型ファッションのみを取り扱うショップ兼コミュニティスペース「ボーダーソン SDGs スタジオ」を、2022年8月に横浜・みなとみらいにオープンさせる。ここでは「服から地球を学ぶ」をコンセプトに、生活者が環境課題や社会課題を身近に捉えるためのきっかけづくりの場として、「知る・学ぶ・買う」ためのモノ・コトを発信する。スタジオでの主な活動は、以下の①と②である。

① SDGs をさまざまな角度から切り取った情報発信・体験の場をつくり、「人と服と地球」をつなぐカルチャープラットフォームを構築する。

② SDGs に関する活動を行う団体などを対象に、展示スペースおよびSNS発信などの撮影に使えるスペースを無償で提供する。

4. 店舗で使用する電力を実質的に再生可能エネルギー 100％に

・2024年までに、首都圏のボーダーソン店舗で使用する電力について、実質的に再生可能エネルギー100％の実現を目指す。

・具体的には、発電事業者であるサスティナブルパワー社が2022年12月に稼働させる「茨城太陽光発電所」の電力を、ボーダーソン社が25年間専用に使う長期固定契約を結ぶ予定である。それでも足りない電力については、サスティナブルパワー社が全国に保有する茨城以外の再生可能エネルギー発電所の電力で補う。こうした、発電事業者が一般送電網を介して特定の一般需要家に再生可能エネルギー電力を提供する形態は「オフサイトPPA（電力購入契約）」と呼ばれるが、国内アパレルメーカーがオフサイトPPAを導入するのは、今回のボーダーソンが初めてとなる。

・2030年までに、首都圏以外を含む全ての店舗で、使用する電力を実質的に再生可能エネルギー100％にする予定。

第14章　3次試験「課題A」「課題B」の対応策と参考解答例　*351*

【ボーダーソン　会社概要】

社　　　名：株式会社ボーダーソン（東証1部。2022年4月4日以降は東証プラ
　　　　　　イムに移行）

本　　　社：神奈川県横浜市鶴見区XX

資 本 金：170億円（2021年3月末現在）

売 上 高：5,618億円（2021年3月期、連結）

設　　　立：1980年8月1日

代　　　表：XX（代表取締役社長）

事業内容：アパレル衣料品・バッグ・靴・貴金属その他雑貨の企画、製造、小
　　　　　　売販売、ならびに飲食店舗の運営

店 舗 数：1,260店舗（2021年3月時点）

※上記の社名、人名等は、すべて架空のものである。

352　Ⅳ　過去問題（課題Ｂ）：コーポレート課題と参考解答例

2. 参考解答例

問 1　これまでの市場や業界の動向をふまえた自社に関する現状分析と、目指すべき自社ブランド、企業イメージに関する目標と課題について、整理して記しなさい。（配点：5点）

1. 社会環境

○アパレル業界の現状と環境課題への取り組み

・アパレル業界全体の売上高は、1990年代から2010年ごろにかけて減少傾向にあったものの、コロナ前までの数年は、インバウンド需要やECサイトによる販路拡大もあり、横這い状態が続いていた。

・コロナ禍により、外出自粛や時短営業などにより、実店舗から客足が遠のき、売り上げの減少や閉店する店が増加。ポストコロナの生き残り策が求められる状況。

○顧客の現状

・近年はファストファッションの高品質化により、生活者の低価格志向が進んでいる。

・グリーン購入は、環境に配慮した製品は価格が高いという価格面の課題と、環境に配慮した製品に関する適切な情報が少ないといった情報面の課題があり、大きなトレンドとはなっていない。

○ファストファッションメーカーのサステナビリティ

・ファストファッションメーカー各社は、サプライチェーンの各段階における「環境」「社会」「ガバナンス」のそれぞれに取り組む姿勢を示している。

2. ボ社の現状と環境課題への取り組み

・ボ社では原材料調達から製造・販売に至るサプライチェーンすべての段階において環境に配慮した取り組みを推進。

・2021年12月に発表した中期経営計画では、「循環型ファッションへの変革を強力に推進すること」を掲出。

・具体的には今後3年間で、①店頭の使い捨てプラスチックゼロに、②100％日本近海の海洋プラスチックごみから作られた服の製造、③循環型ファッションの情報発信の場「ボーダーソンSDGsスタジオ」の開設、④店舗で使用する電力を実質的に再生可能エネルギー100％とする、4つの取り組みを計画している。

3. 目指すべき自社ブランドと、企業イメージの目標と課題

・循環型ファッションブランドを目指すボ社では、業界に先駆けた取り組みを積極的に展開するとともに、消費者の意識の中にある、グリーン消費

第 14 章　3 次試験「課題 A」「課題 B」の対応策と参考解答例　*353*

に対する価格面と情報面の 2 つの問題を解決する企業として、積極的な広報活動を展開し、顧客や地域社会に対して企業価値を高めていきたいと考えている。

問 2　問 1 で整理した目標と課題に基づき、最も望ましいと思われる中期視点（3 年間）での広報・PR 計画案の基本方針を提案しなさい。（配点：12 点）

○基本方針
・サステナビリティに関する取組みの認知向上および事業への共感の創出
・グリーン購入を応援する企業としてのコミュニケーション戦略の強化

サプライチェーンにおける各取り組みをブランディング活動と連動させ、自社の企業価値の向上を目指す。SDGs スタジオでの体験や各団体との共創、SNS でのキャンペーンや情報発信、店頭でのコミュニケーションをフックとして 3 年間活動する。

1.　初年度（2022 年）
企業として目指すべき方向と計画、展開を開始した取り組みについてメディア、オピニオンリーダー層に重点的に発信し、ボ社の循環型ファッションブランドとグリーン消費に対する姿勢の理解を促進する。SDGs スタジオでの体験や各団体との共創により、生活者の求める「環境に配慮した製品に関する適切な情報」を探り、継続的に発信をする。

2.　2 年度（2023 年）
店頭の使い捨てプラスチックゼロや、海洋プラスチックから生まれたポロシャツ販売など、ボ社で予定されている取り組みに合わせ、キャンペーンや SNS、および店頭で情報発信をする。

3.　3 年度（2024 年）
これまでのボ社の情報発信と事業活動により、「ボーダーソン＝循環型ファストファッションブランド」というイメージを浸透させる。消費者の中に、グリーン購入という概念が自然と浸透し、売上にも寄与している状態とさせる。

354 IV 過去問題（課題B）：コーポレート課題と参考解答例

問3 問2で提案した基本方針に基づき、必要となるコミュニケーション施策（アクションプランを含む）について、メディアを含むステークホルダー別に記しなさい。（配点：28点）

---

1. 方針説明会、新サービス発表会、新商品発表会
対象：メディア、消費者、株主、百貨店など業界関係者、社員
実施内容：※発表会同日には記者クラブへのリリース投函を実施する

① 2022年4月上旬　方針説明会
　内容：当社の目指すべき姿、2024年までの取り組み概要の説明、5月から開始するショッピングバックの環境配慮型紙袋への変更の詳細発表
　登壇者：代表取締役社長XX
② 2022年7月18日　オーシャンウェアプロジェクト発表会
　内容：共創プロジェクトの詳細、アイドルグループJMKをアンバサダーとする任命式
　登壇者：帝国レイヨン、シーボット、当社マーケティング担当役員、JMKメンバー
③ 2022年7月　SDGsスタジオ発表、内覧会
　内容：スタジオコンセプトの説明、施設体験、共創団体の紹介
　登壇者：SDGs共創団体の代表、当社担当役員
④ 2022年11月　サスティナブルパワー社との再エネ契約発表
　内容：国内アパレルメーカー初の「オフサイトPPA」の導入の発表。2024年までに首都圏の店100%、2030年までに全店舗での100%を実質的に再エネにすることを発表。
　登壇者：サスティナブルパワー社、当社代表
⑤ 2022年事業報告、2023年事業方針、2024年事業方針、2025年以降の新目標の発表など、順次計画していく。

2. 双方向コミュニケーションの場づくりと活用
対象：消費者、共創団体、業界関係者
実施内容：
① 2022年5月　ボーダーソンSDGsのSNS開設
　関連する新商品やサービスの最新情報、SDGsとファッションの連動記事、特別なクーポンの配信に加え、定期的なライブやオープンチャット機能を活用し、双方向のコミュニティとする。
　店頭での購入者への割引企画や、SDGs関連団体やWebサイトへのタイアップにより、フォロワーを集める。初年度の登録者数10万人を目指す。

第14章　3次試験「課題A」「課題B」の対応策と参考解答例　*355*

② SDGs スタジオの様子の配信や、新規企画の募集など、各取り組みの実施に合わせて内容を検討。

3. 勉強会の実施
対象：百貨店関係者、流通関係者など
実施内容：
① 2022 年 4 月　キックオフ
　内容：グリーン消費や SDGs のトレンド、当社の目指す方向について、業界関係者の理解を深め、ともに取り組んでもらうための勉強会を実施。
　オンラインと対面の両方で実施し、全国各地から気軽に参加し、特有の悩みを共有できる人脈、プラットフォームを形成する。
②以降、半期ごとにテーマを変えて実施する。

4. サステナビリティに向けた取り組みの浸透
対象：社員、流通関係者、地域住民、など
実施内容：
①インターナル・コミュニケーション
・店舗社員、生産している工場や物流拠点など、現地との共創姿勢をはぐくむために、年に一度「ボ社体感デー」を実施。「ボ社体感デー」では、物流や製造に関するサステナビリティの取り組みを説明。親子で参加できるワークショップも実施。
・来場者には、ボーダーソン SDGs スタジオの体験チケットをプレゼントし、理解醸成の場をスタジオにつなげる。
②海洋プラスチックごみの回収体験
・2023 年以降の海の日、もしくは海開き前に毎年、全国規模で海岸のゴミ拾いを行う。参加者は、ボ社の「オーシャンウェア　プロジェクト」の服を着てもらい、ゴミ拾いを通して、ボ社の取り組み、ボ社の製品、ごみによる環境汚染、の理解促進につなげる。

問4　上記以外に検討すべき要素があれば記しなさい。（配点：5点）

（省略）※内容により加点要素

※解答例は、模範解答ではなく、ニュースリリースの作成と合わせて2時間という試験時間の制約の中で必要な要素を盛り込んでほしい、というレベルを示したもので、参考解答例として掲載している。

356 Ⅳ　過去問題（課題 B）：コーポレート課題と参考解答例

3.　解説 ・・・・・・・・・・・・・・・・・・・・・・・・・・・・・・・・・・・

　ファストファッションメーカーが行うサスティナブルの取り組みを、企業理
念の浸透、企業ブランドの向上と企業レピュテーションを高める取り組みに紐
づける広報・PR 活動計画立案がテーマである。一方的な情報発信ではなく、
自社の活動に対して、広く知らしめ、理解と参画を求めるにはどのようにすれ
ばいいか、広報の本質が問われる難しい課題でもある。

　3 次試験問題課題 B［広報・PR 計画の立案作成］に対する解答は、前述の「課
題 B「コーポレート課題」で求められる回答」で示した。その視点から参考解
答例を解説していく。

問 1　的確性が問われる出題

　ここでのポイントは、サスティナブルのニーズや潮流、ESG 投資の盛り上
がり、自社の目指す循環型ファッションブランドという方向性と目標について、
経緯と目指すべき自社の課題がまとめられていることが必要となる。当出題に
限らず、広報・PR 計画の立案では、与件から「まず求められることはなにか」
を的確に把握し、中核となるテーマを洞察することが肝要で、それにより「課
題の抽出」に導き出すことができる。

問 2　戦略性、論理性・構成力が問われる出題

　ここでのポイントは、企業の中期経営計画方針とサプライチェーンにおける
各取り組み、および象徴的なブランディング活動を紐づけし企業価値の向上を
目指す中期視点での基本方針が述べられていることが必要となる。参考解答例
では、基本方針をもとに、「社会課題と自社の関り」と、「自社の取り組みから
顧客・取引先・地域社会への展開」を示しつつ、目指すべき姿への 3 年間の取
り組みのステップが、1 年ずつ例示されている。

問 3　実現性、独自性・適切性、論理性・構成力が問われる出題

　ここでのポイントは、コミュニケーション施策が、それぞれのステークホル

ダーに対して適切なツールとメッセージによるコミュニケーション施策が策定されているかが重要となる。参考解答例では、マスメディアへの発信プラン、顧客・地域社会・取引先・株主・従業員への施策、設問に登場するプロジェクト関与者・パートナー企業・団体と連携した施策が、目的・内容・スケジュールで概略が提示され、その詳細が付記されている。また、マスメディアとステークホルダーをつなぐ、SNSでのコミュニケーションプランが用意されていれば加点評価となる。

問4　独自性・適切性が問われる出題

　本文や問3で言及されていない要素で、課題解決と紐づく内容であれば加点対象となる。例えば、①本プロジェクトを実施するにあたってのリスクの検討であったり、②生活者意識や他社動向などの競争環境の把握であったり、③政策の動向、社会的認識、メディアの動向などの環境把握であったり、④プロジェクトに関与する各社企業や団体、アイドルグループとその先のステークホルダーを巻き込み社会課題を組み合わせた連携、もしくは新しい取り組みの検討等が記述できれば加点となる。

過去問題（課題 B）：マーケティング課題と参考解答例

1．参考問題

＜新市場参入　2021 年 11 月 19 日実施＞

スポーツクラブ業界最大手の「帝国スポーツ」は全国で総合スポーツ施設を運営しているが、自宅から気軽に参加できるオンラインフィットネスサービス「リモートフィット」を、2022 年 4 月 1 日（金）から開始することとなった。ついては、下の説明と参考データをもとに、帝国スポーツ社の「リモートフィット」サービスの浸透と会員獲得を図るマーケティング広報・PR 計画について、以下の各問に答えなさい。

広報・PR 活動の対象期間は、2022 年 1 月～ 2022 年 12 月の 1 年間とする。

広報・PR 予算は 3,000 万円を目途として組み立てる。メディアリレーションズ業務にかかる費用、広報・PR イベントを実施する費用、ネットプロモーションに要する費用はその中に含めるが、広告予算、販売促進予算は別途とする。

問 1　今回提案する広報・PR 計画の骨子を簡潔に記しなさい。（配点：5 点）

問 2　上記広報・PR 計画におけるターゲットと各ターゲットへの基本戦略を記しなさい。（配点：12 点）

問 3　上記広報・PR 計画のコンセプトと具体的な施策案を記しなさい。（配点：25 点）

問 4　上記広報・PR 活動のスケジュール展開予定と各施策への予算配分を記しなさい。（配点：5 点）

問 5　上記以外に施策アイデアがあれば記しなさい。（配点：3 点）

【オンラインフィットネス市場】

　スポーツクラブ業界は、コロナ禍以降、施設の休業や営業時間短縮などの影響もあり、入会者の減少、退会者・休会者の増加が続いている。

　一方で、オンラインフィットネス市場は、コロナ禍でテレワークや外出自粛をする人が増える中、運動不足による体力低下や体調不良、健康維持への不安を感じている人が増えていることを背景に、世界的に見ても成長している。日本でも、スポーツクラブ各社が続々とオンラインフィットネスサービスを提供し始めており、市場は急速に成長している。

　なお、帝国スポーツのフィットネスジムの既存会員は、男女比がほぼ同じで、年齢層は50歳以上がおよそ半数を占める（**図1**）。一方、近年急成長している代表的なスタートアップ系のオンラインフィットネスサービスでは、ジム通いが難しいワーキングマザーを中心に利用が増しており、20代から40代の女性が中心となっている（**図2**）。

　帝国スポーツでは、新型コロナの感染拡大以降、既存会員の退会・休会を防ぐ目的で、2020年10月から、既存会員向けにオンライントレーニング動画やオンラインライブレッスンを提供していた。しかしオンラインフィットネス市場の盛り上がりや競合の動きを背景に、今回、本格的に当該市場への参入を決めた。帝国スポーツは、本格参入によって、①フィットネスジムを退会したものの、健康維持への不安を抱えている「フィットネスジム経験者層」と、②フィットネスジム未経験の20代から40代の男女層の新規取り込みを狙う。

　オンラインフィットネスサービスといっても、各社が提供しているサービスの方式は様々であり、①リアルタイムかつ双方向コミュニケーションを重視した「ライブレッスン型」、②収録済の動画を24時間いつでも視聴できる「ビデオレッスン型（オンデマンド配信）」、③マンツーマンの「パーソナルトレーニング型」の3つに大別される。帝国スポーツの「リモートフィット」サービスは、市場への参入時期としては後発となるが、スポーツクラブ最大手の規模と既存会員向けにサービスを提供してきた豊富なノウハウを活かして、提供開始時から、業界最多規模のライブレッスンとビデオレッスンを提供し、総合オンラインフィットネスサービス市場でのポジション獲得を目指す。

【「リモートフィット」の特徴】

①日本最大級の動画SNSクリエイターのマネジメント会社であるVVVN社と提携し、同社所属の人気フィットネス系動画クリエイターたちによるライブレッスンやビデオレッスンの提供を行う。

②音声フィットネスアプリを提供する、国内スタートアップ企業「ボイスポーツ社」と提携して、収録済の音声のみでトレーナーがサポートする「音声レッスンサポート」の提供を行う。このサービスは、ランニングマシンやバイク

などの有酸素運動のほか、ヨガや瞑想でも気軽に使える。

③トレーナーと一緒に目標設定を行ったり、管理栄養士に日ごろの運動や食生活について相談できる「オンラインコーチングサービス」を提供する（月1回まで無償）。

④オンライン会員になると、最初の1カ月間は200円でライブレッスンが受け放題、レッスン動画は見放題となる（店舗会員であった人は、1カ月間、無償ですべてのサービスを受けられる）。

なお、この計画でマーケティング広報・PR活動を推進する上でのポイントは、以下の3つである。

1. 2022年4月にサービスを開始する帝国スポーツのオンラインフィットネスサービス「リモートフィット」のPRを通じて、当該サービスを認知・理解させていく。
2. ターゲット設定を明確にして、プランニングをする。
3. 総合オンラインフィットネスサービスとして、多数のプログラムや豊富なサービスの中から、自分に合ったスタイルで続けられることへの理解を通じた、オンライン会員の獲得を目指す。

【「リモートフィット」サービスの概要】

●サービス提供開始：2022年4月1日（金）

●目標会員数（2022年度末）：オンラインフィットネス会員5万人（既存の店舗会員を除く）

●サービス特徴

＜ライブレッスン＞

　自宅でトレーニングやヨガのレッスンを受講できる、双方向・リアルタイムを重視したオンラインフィットネスサービス。朝5時〜深夜24時まで、30分〜60分間のライブレッスンを毎週100本以上展開する。1レッスンに最大10人まで参加できるが、インストラクター以外の参加者には自分の姿を見られない独自システムを使用し、プライバシーが守られた環境で受講できる。インストラクターにチャットでメッセージを送り、双方向でコミュニケーションをとることも可能。

＜ビデオレッスン＞

　帝国スポーツの人気トレーナーがインストラクターになり、フィットネス系動画クリエイターが制作する、約500本の解説付きトレーニング動画を、いつでも見たいだけオンデマンド視聴ができるサービス。トレーニング動画は、順

次、内容を拡充していく予定。

＜オンラインコーチング＞

　どのレッスンを受けたらよいか分からない、あるいは自分に合った目標やコース設定したい、といったトレーニングの相談から、普段の食生活に至るまで、専門家がオンラインで相談に乗るサービス（月1回まで無償）。

●料金　月会費

・オンラインフィットネス会員

　価格：1,280円（税込）/ 月

　お試し：1カ月　200円（税込）

・店舗会員とのセット価格

　価格：店舗でのサービス料金＋350円（税込）/ 月

　　※一部サービスは無償で提供

　お試し：1カ月　無償

【帝国スポーツ　会社概要】

　社　　　名：株式会社帝国スポーツ（非上場）

　本　　　社：東京都港区南青山XX

　資 本 金：2億7,500万円（2021年3月末現在）

　売 上 高：932億円（2021年3月期）

　設　　　立：1997年9月1日

　代 表 者：XX（代表取締役社長）

　従業員数：13,950人（2021年3月末現在、契約社員を含む）

　店 舗 数：470店（日本国内）

362 V 過去問題（課題B）：マーケティング課題と参考解答例

【参考データ】　【図1　帝国スポーツ　店舗会員データ】
（2021年11月現在）

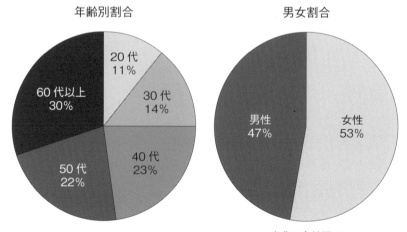

【図2　スタートアップA社のオンラインフィットネスサービス　会員データ】
（2021年11月現在）

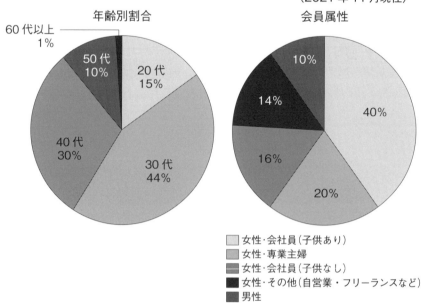

※上記の社名、人名、および関連データは、すべて架空のものである。

第14章　3次試験「課題A」「課題B」の対応策と参考解答例　*363*

2. 参考解答例

問1　今回提案する広報・PR計画の骨子を簡潔に記しなさい。（配点：5点）

コロナ禍によりスポーツを楽しむ機会の減少し、「テレワーク・リモートワークの推進」による運動不足も問題視されている。

メンタルを含む運動不足による健康不安の課題意識が顕在化する中、適度な運動を日常的に取り入れたいと考える個人をコアターゲットに設定。体を動かす喜びを通した健康管理を、コロナ禍でも安心してフィットネスが出来る帝国スポーツ社が提供するオンラインフィットネスが実現することを訴求する。訴求にあたっては全国470店のリアル店舗と、これまで培ったトレーニングノウハウの実績をエビデンスとして活用する。

広報・PR活動は以下の4つのフェーズに分けて展開。
・2022年1月〜3月：情報環境整備期（サービスローンチ前）
・2022年3月〜6月：情報拡散期（サービスローンチ時含む）
・2022年7月〜9月：顧客獲得期
・2022年10月〜12月：顧客獲得・維持期

・予算：年間の広報・PR予算規模は3,000万円。
※広報・PRイベントの実施費用、ネットプロモーション費用を含む。
※ただし、広告予算と販売促進予算は別途

問2　上記広報・PR計画におけるターゲットと各ターゲットへの基本戦略を記しなさい。（配点：12点）

○メインターゲット
「健康維持への不安を抱えている "フィットネスジム経験者層で40歳以上の男女"」
フィットネスジム効果を認識しつつ、新型コロナウイルスの感染拡大によって現在は通えない、健康維持への不安を抱えている40歳以上の男女

○サブターゲット1
「フィットネスジム未経験者層でジム通いが難しいワーキングマザー（20代〜40代)」

○サブターゲット2
「テレワークを導入している企業」
社員の健康管理と安全衛生を両立するテレワークの推進に関心が高い企業の担当者。

問3 上記広報・PR計画のコンセプトと具体的な施策案を記しなさい。（配点：25点）

○コミュニケーション・コンセプト
自分に合ったスタイルで、自分のスペースで、いつでも健康維持ができる！
「リモートフィット」は、体力低下や健康維持への不安を払拭できる多数の
プログラムや豊富なサービスを持ち、オンラインなので自分に合ったスタ
イルで自由な時間とスペースでフィットネスが続けられることを訴求し、
サービスの認知拡大・理解促進により会員獲得につなげる。

○具体的施策
・2022年1月〜3月：情報環境整備期（サービスローンチ前）
コロナ禍におけるフィットネスジム利用者へのインタビューや運動不足解
消に向けての課題など、PRの材料となる意識調査を企業・個人単位で実施。
リリース化によりプレス各社へのプロモートや情報の受発信となるWebサ
イトとSNSの開設を行う。

・2022年3月〜6月：情報拡散期（サービスローンチ時含む）
（記者発表の実施）
VVVN社所属インフルエンサーを公式アンバサダーとして、帝国スポーツ
社所有施設に招聘して記者発表を実施。記者発表では、事前にサービスを
体験した動画を公開しながらインフルエンサーのプレゼンテーションによ
りオンラインフィットネスの理解促進を図る。

（プレスリリースの配信等）
経済部をはじめ、ライフスタイル誌、ファッション誌およびオンラインメ
ディアに情報発信する。

（メディアタイアップ）
ビジネス誌を通して企業や健康保険組合に社員への健康支援やメンタルヘ
ルスへの取り組みとして「リモートフィット」との協業で課題解決に対し
前進でき、企業価値の向上にもつながることを発信する。

（マイクロインフルエンサーを活用した認知向上施策を実施）
より身近なイメージを強化するためにも、ターゲットとなるフィットネス
ジム経験者層で40歳以上の男女と、ワーキングマザー（20代〜40代）を、
マイクロインフルエンサーとして日本全国から募集し、全国各地のリアル
店舗への来訪も促進する。

第14章 3次試験「課題A」「課題B」の対応策と参考解答例　*365*

（自社 Web サイト・SNS での配信）
・マイクロインフルエンサーによる、ライブレッスンやビデオレッスンの体験の様子を動画コンテンツ化し、掲載していく。
・ライブレッスンやビデオレッスンだけでなく、音声のみでレッスンができる「音声レッスンサポート」や、栄養管理士に日ごろの運動や食生活について相談できる「オンラインコーチングサービス」など豊富な体験メニューを紹介していく。

・2022 年 7 月～ 9 月：顧客獲得期
利用者やインフルエンサーによる体験とタレントによる「リモートフィット」の活用術をインタビューし、Web サイト・SNS での配信を行う。
広告出稿も同時に行い、健康管理に関心が薄い層にもリーチする。

・2022 年 10 月～ 12 月：顧客獲得・維持期
利用者のアンケートを実施し、「リモートフィット」による効果エビデンスを自社の Web サイトと SNS で公開。
インタビューのアンケート結果を利用し、メディアプロモートを実施。。

問 4　上記広報・PR 活動のスケジュール展開予定と各施策への予算配分を記しなさい。（配点：5 点）

（2022 年　年間スケジュール）
○ 1 月～ 3 月：情報環境整備期（サービスローンチ前）
・Web サイト、SNS の開設準備
・調査、デプスインタビュー
・リモートワークを導入している企業や組合とのタイアップ折衝

○ 3 月～ 6 月：情報拡散期（サービスローンチ時含む）
・記者発表、プレスリリース配信
・公式 Web・SNS サイト公開、情報発信
・雑誌、およびオンラインメディアへのメディアプロモート
・「リモートフィット」タイアップ企業へのメディアプロモート
・マイクロインフルエンサー募集

○ 7 月～ 9 月：顧客獲得期
・広告出稿（販促キャンペーン）
・Web サイト・SNS での情報発信

366　Ｖ　過去問題（課題Ｂ）：マーケティング課題と参考解答例

○ 10 月〜 12 月：顧客獲得・維持期
・利用者アンケートを実施
・雑誌、およびオンラインメディアへのメディアプロモート
・Web サイト・SNS での情報発信

（予算計画案）
・Web サイト、SNS 開設および初回コンテンツ制作：300 万円
・Web サイト・SNS 運用（3 〜 12 月、9 カ月）：500 万円
・記者発表：400 万円
・アンバサダー契約：300 万円
・マイクロインフルエンサー起用：200 万円
・企業タイアップコーディネート：100 万円
・アンケート調査、デプスインタビュー：300 万円
・Web 動画へのタレント起用：500 万円
・雑誌タイアップ、Web メディアタイアップ：400 万円
・広告出稿：費用別途
合計：3000 万円

問 5　上記以外に施策アイデアがあれば記しなさい。（配点：3 点）

（省略）※内容により加点要素

※解答例は、模範解答ではなく、ニュースリリースの作成と合わせて 2 時間という試験時間の制約の中で必要な要素を盛り込んでほしい、というレベルを示したもので、参考解答例として掲載している。

3.　解説 ●●●

　オンラインフィットネスサービスの浸透と会員獲得に伴うマーケティング・コミュニケーションの活動計画立案がテーマである。活動計画には、ゴールに到達するための道筋を示すことと、道筋を確実に具体化しゴールに向かう活動プランの 2 つの要素、言い換えれば、①会員獲得と②総合オンラインフィットネスサービスとしてのポジション獲得についての戦略と実践計画が求められる。

　3 次試験問題課題 B［広報・PR 計画の立案作成］に対する解答は、前述の「課題 B「マーケティング課題」で求められる回答」で示した。その視点から参考解答例を解説していく。

問1 的確性、論理性・構成力が問われる出題

　マーケティング・コミュニケーションの戦略構築に欠かせないのは、広報・PRの上位にあるマーケティング活動の目標・目的を理解することである。そのためには、問題文で提示されている背景から的確に目的を抽出することが重要である。ここでは、広報・PR戦略の骨子として、①戦略コンセプト、②ターゲット、③全体スケジュール、④その他（期間、予算等）を提示している。

問2 戦略性が問われる出題

　マーケティング・コミュニケーションの戦略立案の要となるのが「誰に、どのようなメッセージを発信していくのか」であり、ターゲットとメッセージを明確にすることである。誰に何を伝えていくのかが不明確では、コミュニケーションは成り立たない。限られた時間の中で活動計画を組み立てようとすると、どうしても個別の手法になってしまうが手法優先で計画を組み立てると、戦略の一貫性や論理性が希薄になり説得力にかける内容になりがちである。

　さらに問題文では"目標会員数（2022年度末）：オンラインフィットネス会員5万人（既存の店舗会員を除く）"とマーケティング目標が示されている。新規会員数で5万人を獲得するためには、個人向けの施策だけではなく、企業や団体も含めターゲット設定を考える必要がある。参考解答例ではサブターゲット2として、「テレワークを導入している企業」を挙げている。

問3 実現性、独自性・適切性、論理性・構成力が問われる出題、および
問4 的確性、独自性・適切性が問われる出題

　問3では設定したターゲットのインサイトに刺さる訴求力のあるコンセプトが必要となる。オンラインフィットネスサービスの市場導入時の1年間の活動を、どのようなステップで組み立てていくのか、それぞれの時期ごとに目的を明確にして具体的な施策を配置していきたい。サービスローンチ時の記者発表を契機として、新聞・テレビなどのメディアで話題化を図りながら編集タイアップとSNS、Web施策でターゲット層に届けたい情報が届くようにメディアプ

368   V　過去問題（課題B）：マーケティング課題と参考解答例

ランを設計したい。

　メッセージ設計はマーケティング・コミュニケーションの戦略立案において難易度の高い課題といえるが、活動計画の中核をなす要素なので、おろそかにせず取り組んでもらいたい。

問5　独自性・適切性が問われる出題

　本文や問3で言及されていない要素で、インサイトに繋がる内容であれば加点対象となる。例えば、①ロイヤルカスタマーからの情報発信を利用した施策や、②フィットネス中のケガ・故障の課題啓発とそれらを減らす工夫等、③CSR を取り入れた施策（NGO・NPO との協働によるアスリートサポート支援施策、障害者支援施策）等が記述できれば加点となる。

［参考文献］（著者 50 音順）

アーカー（陶山計介他訳）『ブランド優位の戦略－顧客を創造する BI の開発と実践』ダイヤモンド社、1997 年

アーカー（陶山計介他訳）『ブランド・エクイティ戦略―競争優位をつくりだす名前、シンボル、スローガン』ダイヤモンド社、1994 年

アージェンティ（駒橋恵子他訳）『アージェンティのコーポレート・コミュニケーション』東急エージェンシー、2019 年

猪狩誠也編著『日本の広報・PR の 100 年・増補版』同友館、2015 年

猪狩誠也・上野征洋・剱持隆・清水正道『CC 戦略の理論と実践－環境・CSR・共生』同友館、2008 年

五十嵐寛『広報担当の仕事（新版）』東洋経済新報社、2014 年

伊澤佑美『デジタル時代の基礎知識「PR 思考」』翔泳社、2018 年

井上泉『企業不祥事の研究―経営者の視点から不祥事を見る』文眞堂、2015 年

井之上喬『パブリックリレーションズ第 2 版』日本評論社、2015 年

エクレス＆クルス（北川哲雄監訳『統合報告の実際』日本経済新聞出版社、2015 年

遠藤英樹・松本健太郎編著『空間とメディア』ナカニシヤ出版、2015 年

大槻茂『危機管理と広報―事例に見るこの 10 年』彩流社、2013 年

岡本浩一・今野裕之『組織健全化のための社会心理学』新曜社、2006 年

岡本大輔『社会的責任と CSR は違う！』千倉書房、2018 年

カトリップ＆センター＆ブルーム（日本広報学会監修訳）『体系パブリックリレーションズ』桐原書店、2008 年

川野憲一『企業不祥事―会社の信用を守るための対応策』竹内書店新社、2007 年

企業戦略研究所編『戦略思考の広報マネジメント』日経 BP コンサルディング、2015 年

企業戦略研究所編『戦略思考のリスクマネジメント』日経 BP コンサルディング、2016 年

企業戦略研究所編『戦略思考の魅力度ブランディング』日経 BP コンサルディング、2017 年

桑田耕太郎・田尾雅夫『組織論・補訂版』有斐閣、2010 年

経済広報センター編『経営を支える広報戦略』経団連出版、2009 年

國部克彦編著『CSR の基礎―企業と社会の新しいあり方』中央経済社、2017 年

ケラー（恩蔵直人監訳）『エッセンシャル戦略的ブランドマネジメント（第 4 版）』東急エージェンシー、2015 年

コトラー＆アームストロング＆恩蔵直人『コトラー、アームストロング、恩蔵のマーケティング原理』丸善出版、2014 年

コトラー＆アームストロング（恩蔵直人監修訳）『コトラーのマーケティング入門第 4 版』丸善出版、2014 年

コトラー＆ケラー（恩蔵直人監修・月谷真紀訳）『コトラー＆ケラーのマーケティング・マネジメント（第 12 版）』丸善出版、2014 年

コトラー、カルタジャヤ、セティアワン（恩蔵直人監訳・藤井清美訳）『コトラーのマーケティ

ング 4.0 スマートフォン時代の究極法則』朝日新聞出版、2017 年

児島和人 / 橋元良明編著『変わるメディアと社会生活』ミネルヴァ書房、1996 年

佐桑徹・江良俊郎・金正則『新時代の広報―企業価値を高める企業コミュニケーション』同
　友館、2017 年

佐藤淑子『IR ベーシックブック―IR オフィサーのための基礎情報』日経事業出版センター、
　2017 年

ジェフキンス『PR コミュニケーション管理』文眞堂、1990 年

柴山慎一『コーポレートコミュニケーション経営』東洋経済新報社、2011 年

柴山哲也『日本型メディアシステムの興亡―瓦版からブログまで』ミネルヴァ書房、2006 年

シャイン（梅津祐良・横山哲夫訳）『組織文化とリーダーシップ』白桃書房、2012 年

白石弘幸『脱コモディティへのブランディング』創成社、2016 年

高木修監修・竹村和久編『シリーズ 21 世紀の社会心理学〈7〉消費行動の社会心理学』北大
　路書房、2000 年

高木修監修・池田謙一編『シリーズ 21 世紀の社会心理学〈6〉政治行動の社会心理学』北大
　路書房、2001 年

田中洋『ブランド戦略論』有斐閣、2017 年

田中洋『企業を高めるブランド戦略』講談社、2002 年

田中正博『自治体不祥事における危機管理広報―管理職の心得と記者会見までの対応』第一
　法規出版、2018 年

トラウト＆ライズ（川上純子訳）『ポジショニング戦略（新版）』海と月社、2008 年

中島茂『社長！その会見、会社を潰します―「戦略的経営広報」の実際』日本経済新聞出版社、
　2016 年

中島茂『最強のリスク管理』金融財政事情研究会、2013 年

中嶋康博・氏家清和他『工場見学がファンをつくる』日本経済新聞出版社、2016 年

中野収『メディア空間―コミュニケーション革命の構造』勁草書房、2001 年

ヌーマン（北山節郎訳）『情報革命という神話』柏書房、1998 年

野中幾次郎・竹内弘高『知識創造企業』東洋経済新報社、1996 年

河炅珍『パブリックリレーションズの歴史社会学』岩波書店、2017 年

馬場昌雄・馬場房子・岡村一成監修『産業・組織心理学』白桃書房、2017 年

樋口晴彦『組織不祥事研究―組織不祥事を引き起こす潜在的原因の解明』白桃書房、2012 年

バラン＆デイビス他（李津娥・李光鎬監訳）『マス・コミュニケーションの理論＜上・下＞
　メディア・文化・社会』新曜社、2007 年

フリーマン（中村瑞穂訳者代表）『利害関係者志向の経営－存続・世界・成功』白桃書房、
　2010 年

ポーター（竹内弘高訳）『新訳　競争戦略論』ダイヤモンド社、2018 年

マコームズ＆マックスウェル（竹下俊郎訳）『アジェンダセッティング - マスメディアの議
　題設定力と世論』学文社、2018 年

三島真理『企業広報誌の世界―広報誌から企業コミュニケーションを読み解く』日外アソシ

エーツ、2018 年

水尾順一・田中宏司・清水正道・蟻生俊夫編『CSR イニシアティブ』日本規格協会、2005 年

ユーウェン（中野秀秋他訳）『PR！世論操作の社会史』法政大学出版局、2003 年

経済産業省「最近の CSR をめぐる動向について」2012 年

厚生労働省「新規学卒者の離職率に関する調査」2021 年

総務省「労働力調査」2022 年

総務省情報通信政策研究所「令和 2 年 情報通信メディアの利用と情報行動に関する調査」2021 年

内閣府「男女共同参画白書」2021 年

文部科学省『平成 27 年版科学技術白書』

経済産業省「第 50 回海外事業活動基本調査」2021 年

日本政府観光局「訪日外客統計」2021 年度

公益社団法人経済同友会「日本企業の CSR 自己評価レポート」2014 年

公益社団法人経済同友会「企業の社会的責任（CSR）に関するアンケート調査」2010 年

公益社団法人経済同友会「価値創造型 CSR による社会変革〜社会からの信頼と社会的課題に応える CSR へ〜」2008 年

公益社団法人経済同友会「CSR イノベーション―事業を通じた CSR による新たな価値創造」2007 年

一般財団法人経済広報センター「第 13 回企業の広報活動に関する意識実態調査」2018 年

一般財団法人経済広報センター「第 14 回企業の広報活動に関する意識実態調査」2021 年

一般財団法人経済広報センター「第 21 回生活者の“企業観”に関する調査」2018 年

一般財団法人日本規格協会 ISO/SR 国内委員会「やさしい社会的責任（解説編）」2011 年

一般財団法人企業活力研究所「企業における非財務情報の開示のあり方に関する調査研究報告書」2012 年

一般財団法人日本新聞協会『日本新聞年鑑 2017』

一般社団法人日本 IR 協議会「IR ベーシックブック」2017-2018 年版

一般社団法人日本 IR 協議会「IR 活動の実態調査」2021 年

一般社団法人日本 ABC 協会「ABC レポート」2021 年 1-6 月」

一般社団法人日本雑誌協会「マガジンデータ」2021 年 1-3 月

出版ニュース社『出版年鑑 2016 ①資料 / 名簿編』

出版ニュース社『出版年鑑 2016 ②目録・索引編』

公益社団法人日本パブリックリレーションズ協会『広報・マスコミハンドブック PR 手帳 2022』

公益社団法人日本パブリックリレーションズ協会編『広報の仕掛人たち―PR のプロフェッショナルはどう動いたか』宣伝会議、2016 年

公益社団法人日本パブリックリレーションズ協会編『広報・PR 概説』同友館、2018 年

あとがき

　本書は、公益社団法人日本パブリックリレーションズ協会が主催する「PR
プランナー資格認定/検定制度」の2次・3次試験に対応したテキスト（学習書）
として刊行したものです。毎日の業務や勉学に追われている受験者の利便性を
考慮し、科目の内容をより効率的に学べることを目指して、広報・PR にかか
わる諸分野の有識者、専門家の方々のご協力を得て編纂いたしました。

　我が国の経済社会で広報・PR が本格的に普及し始めたのは、高度経済成長
を背景に消費市場が拡大した 1960 年代です。1970 年代に入り、公害問題や消
費者問題の発生に対して企業批判が強まり、企業では社会の理解を得るための
コミュニケーション活動の推進が課題となりました。1980 年代には経済のグ
ローバル化をふまえ、海外に目を向けた広報・PR にも力が注がれ、一方、企
業による社会的貢献や文化活動が広報・PR との関わりを深めながら進められ
ました。1990 年代にはインターネットが急速に普及し、情報のボーダレス化
が大きく進展しています。2000 年代に入ってからは、バブル経済の崩壊や企
業の不祥事の頻発をきっかけに会社法の改正や金融商品取引法の施行など、企
業をとりまく法制度が改正されました。

　そして近年、世界の共通目標として設定された SDGs（持続可能な開発目標）
に関し、日本においても働き方改革等々さまざまな取り組みが 2030 年を到達
年として着々と進んでいます。

　このような変化を受けて、企業活動にはこれまで以上に公正かつダイナミッ
クな姿勢が求められる時代となり、これにともない広報・PR には、広範なステー
クホルダーへの対応、公正な経営を補完する適正な情報開示、それらに役立つ
ソーシャルメディアなどインターネットの活用などが不可欠な課題として改め
て浮上してきています。

　経営が環境変化に対応するのと同様、広報・PR も多面的な環境変化に対応
し変容し続けなければなりません。たとえば、コンプライアンスの遵守、グロー

バル化や IT・IoT の進展への対応、CSR、環境問題、危機管理への対応、IMC（統合マーケティング・コミュニケーション）との連動等々の局面で、広報・PR は日々、変容を遂げています。

広報・PR のこのような変化は、当然、広報・PR パーソンの意識改革につながります。広報・PR パーソンは、いっそう広い視野を持つと共にコミュニケーションに関わるさまざまな知識やスキルの習得が必要となっています。

そのような要請を踏まえて、本書では「PR プランナー資格認定検定制度」2 次試験に対応する課題として、経営が直面する諸環境の変化、CSR、インターナル・コミュニケーション、IR、グローバル広報、危機管理広報、マーケティング、ブランド、メディアリレーションズへの対応、自社メディアの活用など幅広い領域をカバーし、実務に直結する内容をまとめています。

3 次試験は、これらの知識やスキルを総合した実務力をニュースリリースの作成、コーポレート、マーケティング各領域での広報・PR 計画の立案作成により確かめるものですが、本書では広報・PR 計画の立案に関しては 3 次試験の出題範囲、答案の作成の際の考え方を示すと共に、実際の出題を使って、参考解答例とその解説を付記して、学習の便宜を充実させました。

当資格検定試験に対応した自己研鑽は、多くの業務に追われる広報・PR パーソンにとって、決して容易ではないでしょう。しかし日本の広報・PR の発展・充実のためにも、一人でも多くの広報・PR パーソンが本書を活用され、業務で活躍されることを念願いたします。

末尾になりましたが、本書発行に際し、東京経済大学コミュニケーション学部教授の駒橋恵子先生をはじめ、ご執筆いただきました先生方、また本書の発行をお引き受けいただきました同友館代表取締役社長の脇坂康弘氏、担当の佐藤文彦氏や同社スタッフの方々に厚く御礼申しあげます。

2022 年 3 月

公益社団法人日本パブリックリレーションズ協会

理事長　畔柳一典

PRプランナー資格認定制度について

　公益社団法人 日本パブリックリレーションズ協会では、広く社会の発展に寄与する広報・PRパーソンとしての知識、スキル、職能意識を有することを認定する資格として「PRプランナー資格認定制度」を導入し、2007年度からスタートしました。

　PR関連会社や企業の広報部門で広報・PRを担当されている方々はもちろんのこと、将来PR関連業界や広報・PR部門での業務を希望する方々やビジネスパーソンに求められる広報・PRに関する知識・スキルを持ちたいと考えている方々など、幅広い層の方々に受験いただき、個々の能力判定だけでなく、PR知識やスキルの向上に活かしていただきたいと考えております。

資格認定・検定試験実施概要

●目的

　本資格認定制度は以下の3つの目的に基づいて策定されました。

● 広報・PRパーソンの育成とレベル向上
● 専門職能としての社会的認知
● 広報・PR業務の社会的認知の拡大と広報・PRパーソンの社会的地位の確立

●資格

　次の「PRプランナー」「准PRプランナー」「PRプランナー補」の3つの資格があります。

●PR プランナー資格認定制度について● *375*

PR プランナー Public Relations Planner Accredited	日常的な広報・PR 実務を幅広くこなし、かつ広報・PR 責任者をサポートする知識・提案能力を有することを認定する資格で、下記の1次、2次、3次試験に合格し、「PR プランナー」取得申請と書類審査を経て取得できます。
准 PR プランナー Associate Public Relations Planner Accredited	広報・PR 実務に必要な専門知識を有することを認定する資格で、広報・PR に関する実務知識を問う2次試験に合格し、「准 PR プランナー」取得申請と書類審査を経て取得できます。
PR プランナー補 Assistant Public Relations Planner Accredited	広報・PR 実務に従事するために必要最小限の基礎知識を有することを認定する資格で、広報・PR に関する基礎知識を問う1次試験に合格し、「PR プランナー補」取得申請と書類審査を経て取得できます。

●試験

種　　　別	1 次試験	2 次試験	3 次試験
受　験　資　格	特に制限なし	1 次試験合格者	2次試験合格者、かつ3年以上の広報・PR実務経験者
試　験　方　法	CBT 方式	CBT 方式	CBT による記述方式
試　験　内　容	広報・PR に関する基本的な知識 ●企業経営と広報・PR ●コミュニケーション理論 ●メディアリレーションズ ●マーケティング ●インターナル・コミュニケーション ●インベスターリレーションズ ●グローバル広報 ●危機管理広報　等	広報・PR の実務に関する専門知識 ●科目 A：企業経営と広報・PR ●科目 B：マーケティングと広報・PR に関する知識 ●科目 C：コミュニケーションと広報・PR に関する実務知識 ●科目 D：時事知識 ※1	広報・PR に関する実践技能 ●課題 A：ニュースリリースの作成 ●課題 B：広報・PR 計画の立案作成 ※2
試　験　時　間	80 分	科目 A ＋科目 B　80 分 科目 C ＋科目 D　80 分	120 分
出　　題　　数	50 問	各科目 25 問	課題ごとに1問、計2問

※1　2次試験の受験科目は4科目一括のみで、科目別に受験することはできません。
※2　課題 B：広報・PR 計画の立案作成は、コーポレート課題、もしくはマーケティング課題からの選択となります。
注：「試験方法」「試験時間」「出題数」については変更する場合がございます。

●試験項目

◆1次試験：広報・PRに関する基本的な知識

広報・PRの基本	広報・PRの基本構造 企業の広報活動の役割と機能 パブリックリレーションズの歴史
企業経営と広報・PR	現代の企業と社会環境 企業とステークホルダーの関係 広報・PR部門の役割 日本の企業広報の歴史
広報・PR活動のマネジメント	経営における広報・PR戦略 PDCAによるマネジメント 広報・PR活動の調査・分析と計画策定 広報・PR活動実施の留意点と効果
コミュニケーションの基礎理論	コミュニケーションの基本 マス・コミュニケーションの歴史 コミュニケーション効果の諸理論
メディアリレーションズ	メディアの種類と特性 パブリシティの特徴 メディアリレーションズの手法
マーケティングの基礎理論	マーケティングの基本 消費者の購買行動 マーケティング・ミックス
マーケティングと広報・PR	マーケティング・コミュニケーションの役割 コーポレート・コミュニケーションとの連携 マーケティングにおける近年の潮流
ブランドとマーケティング	ブランドに関する諸概念
CSR（企業の社会的責任）	CSRの基本概念 CSRの発展と歴史的経緯 CSRに関する近年の潮流
インターナル・コミュニケーション	インターナル・コミュニケーションの戦略的位置づけ 企業文化とコミュニケーションの機能 社内広報の歴史
IR（インベスターリレーションズ）	IRの基本概念 IR活動の対象 ディスクロージャーの基本
グローバル広報	日本のグローバル広報の歴史 異文化理解のためのコミュニケーション課題 グローバル広報におけるメディア対応
危機管理広報	危機管理広報に関する基本概念 リスクマネジメントとしての広報の役割 クライシス・コミュニケーションの基本
行政・団体等の広報・PR	行政・団体等の広報の基本概念 行政広報における近年の動向 公共的な団体の広報の特徴

● PR プランナー資格認定制度について ● 　　*377*

◆ 2 次試験：広報・PR の実務に関する専門知識

＜科目 A：企業経営と広報・PR に関する知識＞	
経営環境の変化と広報・PR	近年の経済・社会環境の変化 ステークホルダーの多様化と広報・PR 戦略 コンプライアンスと広報・PR の課題
CSR と広報・PR	CSR の推進と広報・PR 活動の役割 CSR に関する企業の取り組みの変遷 世界的な CSR の潮流
インターナル・コミュニケーション戦略	労働環境の変化 インターナル・コミュニケーションの戦略的意義 グループ企業におけるインターナル・コミュニケーション
IR 活動の実務	コーポレートガバナンスの変化 IR の戦略と計画 株価と企業価値
グローバル広報の実務	海外進出企業の発展過程 グローバルな情報発信の必要性 日本企業におけるグローバル広報の留意点
危機管理広報の実務	近年の危機管理広報の動向 企業の危機管理における広報・PR の機能 クライシス・コミュニケーションの実務
＜科目 B：マーケティングと広報・PR に関する知識＞	
マーケティング・マネジメント	マーケティング・マネジメントの基本概念 市場環境と市場分析 ブランド・マネジメントの理論
マーケティング・コミュニケーションの実務	戦略的マーケティング・コミュニケーション 生活者との接触ポイントの活用 マーケティングの新概念
マーケティングと広報・PR の動向	マーケティングにおける KPI の考え方 ターゲット設定と広報・PR ソーシャルメディア活用術
＜科目 C：コミュニケーションと広報・PR に関する実務知識＞	
マスメディアとソーシャルメディア	新聞・雑誌・テレビ・Web ニュース・ソーシャルメディア 報道機関の組織体制 近年のメディア環境の変化
メディアリレーションズの実務	記者発表の実務 取材への対応 情報拡散の手法
自社メディアの種類と実務	紙媒体・Web サイト・公式 SNS 等の役割 自社メディア作成の実務 ソーシャルメディアの運営
広報・PR 戦略立案の実務	広報・PR 戦略の立案 広報・PR 関連調査 広報効果測定

＜科目 D：時事問題＞	
政治・経済・国際・社会・文化・スポーツ・芸能	時事問題の出題範囲は、6 月実施の前期試験では試験実施前 6 ヵ月（10 月〜3 月）、12 月実施の後期試験では試験実施前 6 ヵ月（4 月〜9 月）となります。

◆ 3 次試験：広報・PR に関する実践技能

＜課題 A　ニュースリリースの作成＞
課題 A「ニュースリリース作成」では、(1) 見出し、(2) 全体構成、(3) 必要事項、(4) 簡潔性、(5) 適切性（表現）についてそれぞれ採点いたします。

＜課題 B　広報・PR 計画の立案作成＞ 　　　※「コーポレート課題」もしくは「マーケティング課題」から選択
課題 B「広報・PR 計画の立案作成」では、コーポレート課題、マーケティング課題より 1 問ずつ提示されます。どちらか 1 つを選択し、課題解決のための広報・PR 計画を作成していただきます。(1) 的確性、(2) 戦略性、(3) 実現性、(4) 独自性・適切性、(5) 論理性・構成力についてそれぞれ採点いたします。

・試験時間は 2 時間です。 ・「課題 A」と「課題 B」について、それぞれ商品や企業を取り巻く環境についての前提と課題が出題されます。受験者各自にて時間配分をしながら解答を作成していただきます。 ・採点は A4・白黒にて出力された解答に対し行います。 ・2021 年 11 月実施の第 29 回 3 次試験から、従来の Word、Excel、PowerPoint で解答ファイルを作成する方式を見直し、試験専用アプリで各問に記述して解答する方式（テキスト記述式）に変更になりました。 ・システムの仕様上、解答欄で可能になるのは文章（テキスト）入力のみになります。文字修飾（太字・カラーなど）、行揃え（中央寄せなど）、見出し設定（インデントなど）、図形の挿入、表組みの機能はありません。また、問題文・解答欄の中でコピー＆ペーストする操作もできませんので、受験準備にあたっては十分にご注意ください。 ・ご用意するパソコンでインターネットへの接続はできません。試験中にインターネットへの接続が確認された場合は、不正とみなされ、失格となります。

●合格基準

試験の合格基準は、原則として、下記の通りとします。

1 次試験	正答率 70% 以上
2 次試験	全出題数に対して正答率 65% 以上かつ各科目の正答率がいずれも 50% 以上とします。
3 次試験	評価の配点を、課題 A：ニュースリリースの作成 25 点、課題 B：広報・PR 計画の立案作成 50 点とし、課題 A、B の総合評価が 45 点以上（60% 以上）、かつ課題 A、B とも 50% 以上とします。

◉ CBT 方式について

CBT とは「Computer Based Testing（コンピュータ ベースド テスティング）」の略称で、パソコンを使った試験方式のことです。受験者は、全国約300 カ所のテストセンターに設置されたパソコンを使って受験していただきます。受験する際は、各試験の試験期間内であれば、ご都合のよい日時・会場を選択できます。

◉ 申込の流れ

STEP1　受験種別をご確認ください
　　　　受験種別は「一般」、「日本パブリックリレーションズ協会会員」、「学生」と3種類あり、それぞれ受験料が異なります。

STEP2　画像データをご用意ください（該当の方のみ）
　　　　受験種別が「日本パブリックリレーションズ協会会員」の「正会員」の方で、お勤め先のメールアドレス以外（Gmail 等）でお申込みされる方、もしくは「学生」に該当する方は、「名刺」または「学生証」をスマートフォン等で撮影したデータをご用意ください。（対応形式：JPEG、PNG、GIF、PDF）

STEP3　仮申込フォームの送信
　　　　PR プランナー資格制度の Web サイトより、「仮申込フォーム」にてお名前、メールアドレス等をご入力ください。お申込み完了後、本申込みの際に必要となる「受験コード」を確認メールとしてお送りします。（確認メールが届かない場合は、お申込みが完了しておりませんので、必ず再度お申込みください。）

STEP4 CBTS の Web サイトでユーザー登録

本試験は、株式会社 CBT-Solutions（CBTS）の運営する、全国約 300 カ所のテストセンターで受験していただきます。そのため、CBTS の試験 Web サイトでユーザー登録をお願いします。

STEP5 CBTS の Web サイトで本申込み

受付期間中に、CBTS の試験 Web サイトにログインし、会場の空き状況を検索して、受験する会場・日時を選択してください。受験料のお支払いが完了しますと「受験予約完了のお知らせメール」が送信されますので、大切に保管してください（受験票の郵送はございません）。

STEP6 試験当日

本人確認証をご持参いただき、ご予約された試験会場で指定されたパソコンを使って受験していただきます。

STEP7 合否発表

CBTS の試験 Web サイトにログインして、合否を確認してください（郵送・メールでの合否通知はございません）。

◉問い合わせ先

公益社団法人　日本パブリックリレーションズ協会
PR プランナー資格制度事務局
〒 106-0032
東京都港区六本木 6-2-31　六本木ヒルズノースタワー 5F
Tel：03-5413-2148　Fax：03-5413-2147
URL：https：//pr-shikaku.prsj.or.jp　Mail：shikaku@prsj.or.jp
Facebook：https：//www.facebook.com/#!/PRplanner
Twitter：https：//twitter.com/PRSJinfo

執筆者一覧　　※敬称略

【総合監修・編集】

駒橋 恵子 東京経済大学コミュニケーション学部教授、博士（社会情報学）

【執筆者】　※以下五十音順

伊澤 佑美 株式会社しごと総合研究所 パーパスキャッチャー……………………………第9章

井口 理 株式会社 電通PRコンサルティング 執行役員…………………………………第9章

上木原 弘修 一般社団法人ワーク・アット代表理事……………………………………第8章

江良 俊郎 株式会社エイレックス 代表取締役………………………………………………第6章

大川 陽子 株式会社 電通PRコンサルティング コーポレートコミュニケーション戦略局
サステナブル・トランスフォーメーションセンター チーフ・コンサルタント………第2章

大島 愼子 国立大学法人 筑波技術大学監事………………………………………………第5章

黒田 明彦 株式会社 電通PRコンサルティング コーポレートコミュニケーション戦略局
企業広報戦略研究所 フェロー……………………………………第10章、第12章

駒橋 恵子 東京経済大学コミュニケーション学部教授……………第3章、第7章、第12章

篠崎 良一 共同ピーアール株式会社 広報の学校 学校長………………………………第11章

柴山 愼一 社会構想大学院大学 コミュニケーションデザイン研究科 教授／シダックス株式会社
取締役専務執行役員………………………………………………………………第4章

清水 正道 CCI研究所代表、元淑徳大学経営学部教授………………………………………第1章

萩原 千史 株式会社インテグレート 総合ソリューション部 シニアプロデューサー……第14章

福田 敏彦 元法政大学キャリアデザイン学部教授………………………………………第7章

細川 一成 株式会社 電通PRコンサルティング 情報流通デザイン局
デジタルアクティベーション部 シニア・コンサルタント………第10章、第12章

森戸 規雄 元（公社）日本パブリックリレーションズ協会
PRプランナー資格制度 試験専門委員会 事務局主幹…………第13章、第14章

【事務局】　（公社）日本パブリックリレーションズ協会

宮松 秀明、森戸 規雄

2022 年 4 月 25 日　第 1 刷発行

2022-2023 年度版
広報・PR 実践
PR プランナー資格認定制度 2 次・3 次試験対応テキスト

Ⓒ 編著者　公益社団法人日本パブリックリレーションズ協会

　　発行者　脇坂　康弘

発行所　株式会社 同 友 館

東京都文京区本郷 3-38-1
郵便番号　　113-0033
TEL　　03(3813)3966
FAX　　03(3818)2774
https：//www.doyukan.co.jp/

落丁・乱丁はお取替え致します。　　　　　三美印刷／松村製本

ISBN 978-4-496-05599-7　　　　　　　　　Printed in Japan

本書の内容を無断で複写・複製（コピー),引用することは,
特定の場合を除き,著作者・出版社の権利侵害となります。